LADRÕES DE BOLA

LADRÕES DE BOLA

25 ANOS DE CORRUPÇÃO NO FUTEBOL:

DA PRISÃO DE DIRIGENTES NA SUÍÇA À ELEIÇÃO DO NOVO PRESIDENTE, COMO O CASTELO DA FIFA DESMORONOU

Rodrigo Mattos

PANDA BOOKS

Diretor editorial
Marcelo Duarte

Diretora comercial
Patty Pachas

Diretora de projetos especiais
Tatiana Fulas

Coordenadora editorial
Vanessa Sayuri Sawada

Assistentes editoriais
Mayara dos Santos Freitas
Roberta Stori

Assistente de arte
Mislaine Barbosa

Diagramação
Carla Almeida Freire

Capa
Mislaine Barbosa

Preparação
Beatriz de Freitas Moreira

Revisão
Carmen T. S. Costa

Impressão
Bartira

CIP – BRASIL. CATALOGAÇÃO NA FONTE
SINDICATO NACIONAL DOS EDITORES DE LIVROS, RJ

Mattos, Rodrigo
Ladrões de bola / Rodrigo Mattos. – 1. ed. – São Paulo: Panda Books, 2016. 184 pp.

ISBN 978-85-7888-597-7

1. Federação Internacional de Futebol Associado. 2. Futebol – Corrupção. 3. Futebol – Aspectos políticos. 4. Futebol – Aspectos econômicos. 5. Reportagem investigativa. I. Título.

16-31567 CDD: 796.33406
CDU: 796.332: 061.2

2016

Um selo da Editora Original Ltda.
Rua Henrique Schaumann, 286, cj. 41
05413-010 – São Paulo – SP
Tel./Fax: (11) 3088-8444
edoriginal@pandabooks.com.br
www.pandabooks.com.br
Visite nosso Facebook, Instagram e Twitter.

Aos meus filhos Isabel e Miguel
e à minha mulher Caroline.

Sumário

FBI – A POLÍCIA NO HOTEL CINCO ESTRELAS

Amanhecia na cidade de Zurique em 27 de maio de 2015, e uma dúzia de policiais suíços, vestidos com roupas comuns, chegava à recepção do Baur au Lac, o hotel cinco estrelas situado à beira do lago que é cartão-postal da cidade. Sua missão era incomum: prender sete dirigentes da Federação Internacional de Futebol (Fifa) envolvidos em esquemas de corrupção relacionados ao futebol. Eles pediram pelos números dos quartos de Jeffrey Webb, Eugenio Figueredo, Eduardo Li, Julio Rocha, Costas Takkas, Rafael Esquivel e José Maria Marin. Subiram as escadas e de lá desceram com os acusados, sem algemas ou truculência, para levá-los escoltados por uma porta lateral do hotel.

Naquela ocasião eram detidos um então vice-presidente da Fifa, Webb, e um ex-vice-presidente, Figueredo. Ambos faziam parte do Comitê Executivo da Fifa, órgão máximo do futebol mundial, e já haviam comandado duas confederações continentais: Figueredo, a Conmebol (Confederação Sul-Americana de Futebol) e Webb, a Concacaf (Confederação da América do Norte, América Central e Caribe). Os outros cinco homens eram presidentes de associações nacionais que compunham o colégio eleitoral de 209 países da federação internacional. O mesmo grupo que, no final daquela semana, elegeria o novo presidente da Fifa, ou melhor, reelegeria o suíço Joseph Blatter, franco favorito para se manter no posto. Com cargos tão altos, tinham o poder de definir fórmulas, locais e tabelas de campeonatos de clubes e de seleções, incluindo a Copa do Mundo. Poderiam impor regras sobre os jogadores que afetariam suas vidas, determinar regulamentos para o futebol que seriam discutidos por torcedores do mundo todo. Enfim, gerir os rumos do esporte mais querido pela população global.

Durante dois anos o todo-poderoso do futebol brasileiro, Marin estava no quarto com sua esposa, Neusa, quando recebeu quatro policiais à porta. Informado da prisão, pediu para tomar banho enquanto a esposa preparava sua mala. Ela lhe arrumava uma maleta pequena com poucas roupas, como se o marido fosse passar pouco tempo fora. Os policiais recomendaram que juntasse mais peças e as pusesse em uma mala maior. O recado dos oficiais era claro: não havia data marcada para o fim da detenção.

Os funcionários do hotel se apressaram: correram com lençóis brancos para cobrir a saída dos cartolas por uma porta discreta até os carros da polícia.

Mãos sempre calçadas com luvas, ali fora afastavam os poucos curiosos que passavam – uma forma de proteger os hóspedes que lhes proporcionavam diárias acima de 2 mil reais, pagas, é óbvio, pela Fifa. Deu certo. A passagem dos dirigentes pela rua demorou segundos, tempo insuficiente para que câmeras amadoras pudessem pegar algum rosto. A imagem que ficou foi a dos lençóis.

Na recepção havia mais trabalho. Funcionários atendiam a telefonemas de pessoas que se hospedavam no local – na maioria cartolas. Um misto de surpresa e preocupação dominava os dirigentes da Fifa que ficaram no hotel. Duas esposas de detidos desceram até o saguão, uma delas chorava.

Isso foi o que se testemunhou pela manhã cedo até que os funcionários fossem instruídos a expulsar repórteres do hotel para preservar os hóspedes. Essa, sim, era uma cena comum. Quartel-geral de dirigentes da Fifa quando há encontros da entidade, o Baur au Lac acostumou seu *staff* a lidar com escândalos, ainda que um caso dessas proporções fosse inédito. Há uma orientação prévia para evitar que os dirigentes sejam alvos de perguntas indesejadas. "O senhor está incomodando os hóspedes. Pode se retirar, por favor", repetem para jornalistas, indicando a porta da rua. Não foram poucas vezes que fui alvo desse tipo de abordagem, que também é comum em outros hotéis ocupados pela cúpula do futebol mundial. Durante a Copa do Mundo de 2014, o Copacabana Palace era igualmente atento em tentar manter os dirigentes intocáveis ao escrutínio público feito por repórteres.

Em Zurique, os cartolas preferem o salão acarpetado do Baur au Lac, de móveis e quadros antigos, ao jardim aberto de frente para o lago. É por lá que se reúnem em conversas aos cochichos enquanto tomam xícaras de café ao custo unitário de 15 reais. Dali, na cerimônia habitual das reuniões da cúpula da entidade, saem direto para carros postados à porta da recepção para serem conduzidos até a sede da Fifa, a apenas vinte minutos de trajeto.

Não naquele dia 27 de maio de 2015. Após a detenção dos sete dirigentes no Baur au Lac, uma avalanche de informações dava a dimensão do que estava ocorrendo. A operação dos oficiais suíços era consequência de três anos de investigações da Agência Federal de Investigação (FBI) e do Departamento de Justiça dos Estados Unidos e envolvia 18 acusados de pagamento e recebimento de propinas por contratos de competições em todo o continente americano, com destaque para o Brasil. Em um típico "toma lá dá cá", os dirigentes embolsavam dinheiro e cediam direitos de marketing e televisivos de campeonatos como a Copa América e a Copa Libertadores da América para quem lhes pagasse. Isso era só o começo, avisavam as autoridades norte-americanas, já que um número maior de cartolas continuava a ser investigado e ainda poderia haver denúncias similares.

"Pagamentos encobertos e ilegais, subornos e propinas se tornaram o jeito de fazer negócio na Fifa", comentou James Comey, diretor do FBI.

Por que os Estados Unidos se encarregaram da tarefa? Primeiro, a maior parte dos crimes tinha sido cometida com transferências de dinheiro para o território norte-americano, ou mesmo por contratos realizados no país. As acusações giraram em torno de três delitos graves pela lei norte-americana: conspiração, fraude eletrônica e lavagem de dinheiro. Segundo, o fio da meada da investigação fora obtido ao se chegar ao norte-americano Chuck Blazer, ex-membro do Comitê Executivo da entidade e poderoso por mais de vinte anos no futebol até ser afastado por corrupção. Blazer atuava e caiu juntamente com seu parceiro Jack Warner, ex-vice-presidente da Fifa, cujos filhos Daryll e Darian também estavam bem enrolados na rede da polícia.

CHUCK BLAZER, O DELATOR QUE ABALOU A FIFA

Quando o FBI fechou o cerco sobre esse cartola, descobriu a base para sua investigação. Não foi à toa. Além de comer, o que Blazer mais gosta de fazer é falar. Sua figura alta, com a imensa barriga e barba no estilo profeta, impunha-se nas rodas do salão do Baur au Lac. Quando estive com ele por lá, chamava amigos para participar da conversa e não tinha a timidez e o receio dos outros cartolas. Discorria sobre mulheres e sobre a lentidão das obras no Maracanã com a mesma desenvoltura, até mesmo quando estava diante de jornalistas. Foi ele que revelou, por exemplo, atrasos não conhecidos na construção do estádio da final da Copa do Mundo no Brasil, enquanto a versão oficial da Fifa tentava mostrar um quadro róseo. Ressalte-se que não dizia nada que comprometesse o que ocorria na sala do Comitê Executivo da Fifa em Zurique, instalada metros abaixo do chão da sede e sem sinal de celular. Preservava a posição que por 17 anos lhe deu renda e prestígio para viajar pelo mundo com uma vida de glutão milionário.

Estava claro, no entanto, que em uma situação de aperto não morreria por um segredo. E a ocasião surgiu quando a polícia reuniu provas contra ele por conta de desvios de dinheiro da Concacaf, entidade da qual tinha sido o número dois por duas décadas. Em 2011, o FBI bateu na porta de seu apartamento de 8 milhões de reais na Trump Tower, um endereço popular entre cartolas como se verá mais à frente. Colocou na mesa uma oferta: “Podemos levá-lo em algemas agora ou você pode cooperar”. O cartola disse que ajudaria.

Foi feito um acordo com o Departamento de Justiça norte-americano no qual ele confessava seus crimes financeiros, contava o que sabia sobre os subornos do mundo Fifa, e até aceitava ser grampeado em futuras conversas com seus pares da cúpula do futebol mundial. Um microfone posto no molho de chaves de Blazer captava todas as suas conversas. Embora expulso da Concacaf por corrupção, o cartola continuava no Comitê Executivo da Fifa, uma dessas contradições do mundo do futebol mundial liderado por Joseph Blatter – e que dessa vez se voltava contra ele. No cargo, o norte-americano tinha acesso às reuniões nos porões da sede. Por dois anos ele frequentou a alta-roda dos cartolas como infiltrado. Em público, mantinha-se calado sobre as investigações. Esse era um compromisso do seu acordo com as autoridades norte-americanas.

Impossível saber quanto o FBI tirou de suas gravações. Certo é que seu relato confirmou as suspeitas sobre um submundo ativo na federação internacional. Contou sobre venda de votos para as escolhas das Copas do Mundo de 1998 e 2010, sobre negociações de ingressos ilegais dos Mundiais de 1994 a 2002, transações escusas envolvendo a eleição presidencial, e também sobre contratos de marketing cuja renda ia direto para a sua conta. Era com essas operações que Blazer sustentava uma vida de milionário que incluía a presença constante nos melhores restaurantes do mundo e um apartamento luxuoso em Nova York para abrigar seus gatos.

No total, segundo o Departamento de Estado dos Estados Unidos, foram pelo menos 11 milhões de dólares ganhos de forma irregular e não declarados ao imposto de renda norte-americano. Em seu acordo com os procuradores, o cartola se comprometia a devolver 2 milhões de dólares, valor que poderia aumentar conforme a investigação prosseguisse. O temor real era de que aquela fosse apenas uma fatia dos seus lucros.

Depois de grampear colegas e confessar seus crimes, e já excluído da Fifa, chegou o momento em que Blazer teria de encarar o juiz de Nova York Raymond Dearie, acostumado a lidar com casos de terrorismo quando era magistrado da corte secreta para vigilância dos Estados Unidos. Em 2013, na corte leste da cidade de Nova York, a confissão de Blazer não se parecia em nada com as bravatas do Baur au Lac. Naquela ocasião o ex-cartola sofria com um câncer e tratamentos de quimioterapia e radioterapia, além de diabetes e uma doença coronariana. Os anos de glutão cobravam seu preço. Mas os anos de armações na Fifa tinham um custo ainda maior: ele era alvo de dez acusações graves de procuradores do seu país, entre conspiração, fraude eletrônica e lavagem de dinheiro. As penas máximas previstas somavam 75 anos de prisão. Mesmo que consideradas as punições mínimas, qualquer sentença condenatória era uma pena de morte para ele.

Foi sob sigilo que Blazer depôs diante da corte do distrito leste de Nova York. Antes que ele começasse a falar, o juiz Raymond Dearie tomou o cuidado de pedir ao oficial da corte que verificasse os corredores: além dele, fiscais do imposto de renda, membros do FBI e procuradores estavam no salão. Acostumado a lidar com questões delicadas no país, o magistrado era uma pessoa dotada de senso de humor singular. Quando Dearie perguntou quantos anos Blazer tinha, o cartola hesitou antes de responder que estava com 68 anos. “Você é a segunda pessoa que eu conheço, sendo eu a primeira, que realmente para antes de responder a essa questão. Deve ser alguma espécie de bloqueio freudiano”, observou o juiz, para a concordância do ex-dirigente da

Fifa. Quebrado o gelo, fez uma série de perguntas ao cartola para garantir que todos os seus direitos eram respeitados e que ele entendia as consequências de seus atos. Blazer, dessa vez, não hesitou.

A história que ele contou começava em 1992, no Marrocos, e envolvia a escolha da sede da Copa do Mundo de 1998. Sim, o Mundial para o qual bilhões de pessoas voltam os olhos a cada quatro anos. Bem, até 2014, apenas um grupo de pouco mais de vinte cartolas do Comitê Executivo da Fifa decidia onde o campeonato aconteceria. Uma dessas pessoas era Jack Warner, o já mencionado presidente da Concacaf e vice da Fifa, que atuava ao lado de Blazer. Esse senhor natural de Trinidad e Tobago é um personagem essencial para entender a Fifa nos últimos vinte anos e ele voltará a aparecer mais à frente em outros episódios. Aqui, basta dizer que Warner era o chefe do cartola norte-americano. Foi nessa condição que levou Blazer para o Marrocos para ouvir o que o seu comitê de candidatura para 1998 tinha a dizer. A concorrência era forte: a França era a favorita para sediar a competição.

Warner recebeu uma oferta de suborno para votar pelo país africano e, de pronto, aceitou. Coube a Blazer servir de secretário e negociar os termos do pagamento pelo voto. Era do seu escritório dentro da Concacaf, em Nova York, que ele conversava com os marroquinos sobre as propinas. Os cartolas da Concacaf levaram o dinheiro como prometido, mas a França ganhou a eleição. Na Fifa, nem o suborno é garantia de nada, como os marroquinos tiveram que aprender seguidas vezes.

Em 2004, a dupla que mandava no futebol na América do Norte foi fazer nova visita ao país africano. Dessa vez discutiriam a escolha da sede da Copa do Mundo de 2010, que teria de ser no continente africano por conta de uma decisão da Fifa de estabelecer um rodízio. O comitê de candidatura de Marrocos concorria com a África do Sul e o Egito, e mais uma vez fez uma oferta de 1 milhão de dólares para Blazer e Warner votarem em seu favor na definição do vencedor. Eles toparam.

Só que, no mundo Fifa, há um verdadeiro leilão de subornos. Logo após, o governo da África do Sul chamou o chefão da Concacaf e lhe ofereceu um valor ainda maior. "Depois, Blazer descobriu por Warner que representantes da Fifa, do governo sul-africano e do comitê de candidatura estavam preparados para arranjar que o governo da África do Sul pagasse 10 milhões de dólares para uma organização de futebol controlada por Warner para apoiar a diáspora africana", contou o relatório do Departamento de Justiça dos Estados Unidos. Apesar da figura do líder Nelson Mandela à frente da candidatura sul-africana, o qual nada sabia dessas transações do submundo, o governo do país não tinha nenhuma intenção de apoiar afrodescendentes na América. Blazer, que nessa época já tinha direito a voto, confessou que o dinheiro era propina para garantir a vitória do país no Comitê Executivo.

Seu parceiro Warner aceitou a oferta e prometeu dar 1 milhão de dólares para o parceiro norte-americano, outro dirigente do continente que também seria beneficiado por um quinhão. Pela segunda vez eles passavam a perna nos marroquinos. Pela segunda vez levariam dinheiro por uma escolha de sede de Copa do Mundo, mas o vencedor seria outro país.

A África do Sul foi escolhida para a Copa do Mundo de 2010. Mandela festejou e Joseph Blatter pôde fazer discursos em sequência sobre o caráter universal do Mundial por ter conseguido levá-lo para o continente negro. Uma parte da sua campanha - acredite se quiser - por um Nobel da Paz.

Agora, só restava receber o dinheiro. Mas isso não seria tão simples, e mal sabiam os cartolas que aquela operação seria responsável por um terremoto na Fifa quase dez anos depois. Após quatro anos, em 2008, os cartolas não tinham recebido todo o suborno e começavam a ficar impacientes. O governo da África do Sul alegava que não tinha como enviar fundos diretamente do governo para a entidade controlada por Warner. Ora, o que fazer então? Os dois recorreram aos seus amigos na cúpula da Fifa. Acertaram com altos dirigentes que a própria Fifa destinasse os 10 milhões de dólares para a entidade comandada pelo chefão da Concacaf. O valor seria descontado de pagamentos que a federação internacional teria de fazer aos sul-africanos pela organização da Copa do Mundo. Genial, assim a conta fechava!

A Fifa, de fato, pagou os 10 milhões de dólares pelo projeto de Warner. Ou seja, havia uma conta da entidade envolvida em pagamento de subornos. Pior, o secretário-geral Jérôme Valcke, segundo homem da entidade e colado com Blatter, foi quem autorizou o pagamento. Até que a entidade tentou esconder essa realidade quando o escândalo estourou. Atribuiu-se a culpa ao morto Julio Grondona, argentino que acumulava a vice-presidência e o comando das finanças. A realidade, no entanto, é que a investigação já se transformava em um cerco para o presidente da entidade, tal era a proximidade com ele.

Em 2008, Blazer estava longe desse tipo de preocupação. A duras penas conseguiu arrancar de Warner 750 mil reais do suborno, pois o dirigente contou que já tinha gasto todo o restante do dinheiro. Oficialmente, os valores pagos pela Fifa iam para a Concacaf, controlada por Warner. Depois, ele desviava os montantes por seguidos empréstimos ou outro tipo de operação. Isso não era novidade. As instalações de futebol dos países da região serviam frequentemente para esquemas similares do dirigente.

Para Blazer, os recursos vieram de forma mais direta. Boa parte do dinheiro chegou às suas mãos por meio de cheques trazidos de bancos do Caribe por funcionários da Concacaf em voos para Nova York. Pegava-se um avião, desembarcava-se na cidade norte-americana, entregava-se o cheque nominal e voltava-se para as ilhas ensolaradas. Seu último pagamento foi recebido em 2011, um ano depois do Mundial sul-africano e sete anos após o acordo para receber propinas. Na Fifa, os subornos eram a prazo. E eram recebidos em dinheiro vivo ou por garantia de cheques. Afinal, Blazer tinha uma conta no First Caribbean Bank, isto é, poderia ter simplesmente requisitado um depósito. Mas o fato é que as notas de dólares, tinindo de novas, são incomparáveis para os cartolas.

Não era o único tipo de armação que Blazer confessou à Justiça norte-americana. Ele desviava dinheiro de contratos de marketing de competições como a Copa Ouro, realizada pela Concacaf, além de atribuir a si mesmo comissões por todos os contratos da entidade. "Alguns indivíduos empregados ou associados à empresa, incluindo Charles Blazer, conspiraram entre si para usar suas posições dentro da empresa para enriquecer por esquemas que envolviam oferta, aceitação e pagamento e recepção de pagamentos escondidos e ilegais, subornos e propinas, além de outros esquemas de fazer dinheiro como a venda não autorizada da Copa do Mundo", relatou o Departamento de Justiça dos Estados Unidos.

A história revelada pelo cartola norte-americano mostrou que essa era uma prática disseminada entre os homens da Fifa. Ninguém se surpreendeu. Mas era a primeira vez que se provava que o "por fora" era tão comum entre os dirigentes quanto seus discursos empolados em aberturas de campeonatos.

Isso valia para dirigentes nos Estados Unidos, na Suíça ou no Brasil. Era tal a amplitude do esquema que o juiz Dearie assim descreveu o caso sobre os cartolas do futebol durante o depoimento de Blazer:

"A Fifa e seus membros e organizações constituintes. As acusações relacionadas aos eventos são uma série de pagamentos ilícitos com um motivo ou outro. Eles identificam a Fifa e seus componentes ou suas organizações constituintes como algo que eles chamam de uma empresa, um Rico (organização para influenciar, conspirar e corromper) e empresa. Rico é uma denominação para – não vamos ter uma reação exagerada para isso como tenho certeza de que a maioria das pessoas tem – uma organização para influenciar e para a corrupção. Vou poupá-los da nota histórica."

A nota histórica é que a legislação para organizações criminosas como a Rico foi criada nos Estados Unidos para lidar com a máfia. Em resumo, a Justiça norte-americana equiparava os procedimentos dos cartolas de Zurique a organizações criminosas combatidas nesse país.

Não faltavam motivos para comparar a Fifa à máfia. Como qualquer manual de criminosos relata, esta não age apenas em um ramo de atividades, como também os cartolas. À venda de votos na escolha do Mundial somava-se o recebimento de propinas pela assinatura de contratos de marketing em uma rede de intermediários, a revenda ilegal de ingressos da Copa do Mundo, os desvios direto do caixa das entidades, em um novelo interminável de operações.

Outra similaridade entre a máfia e a Fifa foi a forma como os esquemas foram desvendados pelo FBI. Os filhos de Warner, Daryll e Darian, e Blazer serviram como delatores e espiões em troca de uma postura favorável do Departamento de Justiça dos Estados Unidos. Não eram só os grampos. Eles eram literalmente orientados pelos policiais sobre a quem deveriam procurar para conversar e extrair informações. Só a cooperação completa lhes garantia os benefícios do acordo com os procuradores. Foi assim que o FBI mandou Blazer marcar encontros com dirigentes da Rússia, da Hungria e da Austrália durante os Jogos de Londres de 2012.

É óbvio que o cartola norte-americano não estava em posição de sua vida ser ameaçada como os denunciantes da máfia. Mas, em um das discussões sobre o sigilo do seu processo, o governo norte-americano argumentou que sua segurança poderia ficar em risco caso dados fossem revelados porque os prejudicados saberiam onde encontrá-lo. Ao se entregar em Trinidad e Tobago, Warner, que conhecia a Fifa como poucos, afirmou que temia por sua vida sem explicar exatamente qual o motivo. Não houve até o momento nenhum atentado violento em meio a brigas da Fifa, mas essas informações deixam uma ponta de dúvida sobre o que causa tanta preocupação assim a denunciantes.

A colaboração dos delatores era uma forma de não ir preso imediatamente, como ocorreu com os outros dirigentes no Baur au Lac, mas não é certeza de que vão se livrar da detenção. "O escritório [de procuradores] não vai recomendar à corte uma sentença específica a ser imposta. O escritório não faz promessa de qual sentença será executada", diz um trecho do acordo em que Blazer confessa suas culpas.

Foi no meio das confissões do cartola norte-americano que surgiu uma ponta do novelo que ligava o esquema de desvio de dinheiro do futebol da América Central e da América do Norte com os seus colegas dirigentes da América do Sul. As Américas se uniam abaixo de um guarda-chuva poderoso chamado Traffic, empresa brasileira de marketing esportivo criada na década de 1990 por José Hawilla, ou apenas "J. Hawilla".

Essa história começou em 1991, quando Blazer e seu chapa Jack Warner decidiram organizar a Copa Ouro, competição de seleções nacionais da Concacaf em moldes similares ao que acontecia na Europa e na América do Sul. Um ano depois apareceu em cena, nos Estados Unidos, o brasileiro Hawilla, então dono de negócios esportivos em seu país. Ele queria se expandir para a sede da Copa do Mundo de 1994. Foi propor aos donos do futebol da América do Norte um acordo para a compra dos direitos da recém-criada competição. Estávamos já em 1994, em pleno Mundial, quando ele fechou o acerto para adquirir o campeonato até o ano 2000, o que, obviamente, envolvia o pagamento de propinas de seis dígitos para os dois chefões Warner e Blazer.

Era a internacionalização da empresa Traffic, construída por Hawilla no Brasil e da qual falaremos bastante adiante. Ciente de quanto dinheiro havia nos Estados Unidos, ele abriu duas filiais no país. Eram essas empresas que adquiriam os direitos de transmissão de rádio e TV e as receitas de marketing e TV da Copa Ouro. O Brasil entrava no marketing internacional. Pela porta dos fundos.

Em paralelo a esses contratos, a Traffic e suas filiais geraram várias transferências de centenas de milhares de dólares para contas conectadas a Blazer. O dinheiro, muitas vezes, fazia um caminho tortuoso, passando por países diferentes. Um dos pagamentos, no total de 200 mil dólares, saiu de uma empresa do Uruguai, chegou a uma conta nos Estados Unidos e foi parar nas Bahamas. Esse era um meio de evitar o rastreamento que ligaria o dinheiro aos cartolas máximos da Concacaf.

Mas nem todo mundo considerava aquilo natural. Um dos bancos de Blazer perguntou qual a origem daqueles recursos que não paravam de chegar em suas contas. Sua resposta foi uma mensagem de e-mail para um funcionário da Concacaf em que dizia: "Vamos ter que construir um contrato em relação a essas e outras transferências". E foi redigido um acordo de prestação de serviços entre uma empresa no Panamá, ligada à Traffic, e a firma de fachada do norte-americano. No mundo paralelo da Fifa, os contratos eram feitos após os pagamentos.

Todo o dinheiro que entrava era dividido entre Blazer e Warner, que recebia repasses do seu cúmplice. A relação se deu por cerca de vinte anos até 2011, ano em que Blazer perdeu seu cargo com as provas de todos os recursos que desviara da Concacaf. Em uma ironia do destino, Warner liderou o processo que o pôs para fora – eles haviam brigado por causa da disputa de poder dentro da Fifa.

Certo é que, naquele momento em que ultimava o contrato da Copa Ouro, há vinte anos, involuntariamente Hawilla colocava o Brasil no centro do maior escândalo do futebol mundial. Ao pegar Blazer, o FBI foi atrás dos comparsas com quem ele fazia negócios. E o empresário brasileiro era um alvo preferencial com duas empresas em solo norte-americano (Traffic Sports e Traffic International) e uma liga inteira sob sua responsabilidade, a North American Soccer League (NASL), uma espécie de segunda divisão dos Estados Unidos. A polícia norte-americana chegou a ele já com provas de seus negócios irregulares com a Concacaf. Mas essa era apenas a ponta do iceberg do império de Hawilla. No Brasil, entre cartolas, era comum ouvir que quando J. Hawilla começasse a contar tudo o que sabia seria uma avalanche de dirigentes caindo por todos os lados. Eles tinham razão.

JOSÉ HAWILLA, O HOMEM DE 151 MILHÕES DE DÓLARES

Era 12 de dezembro de 2014 quando José Hawilla sentou-se à frente do juiz Raymond Dearie na corte do Brooklyn. Assim como ocorrera com Blazer, o juiz foi cordato, bem-humorado até, e mostrou-se preocupado com o estado do réu. O executivo da Traffic fechara um acordo com o Departamento de Justiça dos Estados Unidos para reconhecer sua culpa por quatro crimes graves: conspiração, fraude eletrônica, lavagem de dinheiro e tentativa de obstrução da Justiça – as penas máximas somavam oitenta anos. Pelo acordo, ele se declararia culpado e abriria mão de qualquer recurso. Pagaria por isso a quantia astronômica de 151 milhões de dólares, valor calculado de acordo com os lucros que auferira com os contratos da Copa do Brasil, da Copa América e da Copa Ouro. Juntamente com isso, admitia ajudar em todas as investigações do tribunal, ratificando a conduta de colaboração que tivera durante o caso. Chegara até o tribunal para oficializar sua confissão.

"Nada do que acontecer aqui deve ser comentado fora desta sala", dizia o juiz Dearie para ressaltar o caráter secreto daquela sessão. Não demoraria, no entanto, para o mundo conhecer os efeitos daquele depoimento. Apesar dos anos de moradia nos Estados Unidos, e de ser dono de duas empresas gigantescas no país, Hawilla informou ao juiz que falava pouco inglês, apenas entendia o que era falado nessa língua. Tornou-se necessária, portanto, a presença de um intérprete para repassar as perguntas do juiz para Hawilla e traduzir suas falas para o tribunal quando necessário. Seu nome era Theodore Fink, um nome típico de norte-americanos, como eram todos os outros que estavam naquela sala fechada pelo sigilo. Mas a história que eles ouviriam era bem brasileira, com raízes fincadas em solo nacional.

Aos 71 anos, Hawilla tinha uma carreira de três décadas para contar como principal executivo do marketing esportivo do futebol brasileiro. A sua trajetória no esporte o elevou ao status de bilionário se considerarmos os bens que se espalhavam pelo interior de São Paulo, onde cresceu, dono de direitos de transmissão de eventos pelo mundo inteiro e até de uma rede de televisão em São Paulo. A ascensão cobrou seu preço ao levá-lo àquele tribunal para responder por crimes cometidos. Também afetou a sua saúde. "Eu tinha um câncer embaixo da minha língua, que eu tratei com radioterapia e quimioterapia por alguns meses. Fiz seis sessões de quimioterapia e 33 de radioterapia. E agora acabei minha recuperação. Os médicos disseram que eu estou livre da doença. Mas tenho que continuar o tratamento, o que faço duas vezes ao dia, e estou fazendo um tratamento para o meu pulmão. Tomo remédios, faço fisioterapia por uma hora por dia e tenho que dormir com um aparelho de oxigênio", contou Hawilla. Ele ainda precisaria colocar um *stent* para ajudar o funcionamento do seu pulmão. "É certamente muito para um homem", comentou o juiz Dearie.

Apesar da série de doenças, e dos remédios que tomava para combatê-las, Hawilla respondeu que conseguia se concentrar para depor. Quando o juiz explicou todos os procedimentos judiciais norte-americanos, que incluíam a possibilidade de que ele não fosse processado caso o grande júri não concordasse com a acusação do Departamento de Justiça dos Estados Unidos, Hawilla manteve sua intenção de confessar sua culpa e desistir da chance de enfrentar o júri. Não mudou de opinião nem quando o magistrado observou que poderia, assim, dar qualquer sentença de prisão contra ele sem possibilidade de recurso. Disse que contava com as chances de redução de pena tratadas com o Departamento de Justiça norte-americano por sua colaboração. O juiz então recebeu as 23 páginas de seu acordo para admitir a culpa. Mas, não satisfeito, como querendo ser redundante ao máximo para evitar dúvidas, Dearie perguntou ao brasileiro: "O senhor entende, senhor Hawilla, que neste momento este é um documento muito importante em termos da sua vida e do futuro?". Hawilla retrucou: "Sim".

Então Dearie explicou detalhadamente a primeira acusação, por conspiração. Pediu até que o brasileiro lhe contasse o que entendia por "racketering", o item da lei norte-americana criado para lidar com a máfia. Sua explanação sobre conspiração rendeu uma piada do magistrado: "Ok, o senhor ganha um A- por essa. É um acordo, puro e simples, com pelo menos uma pessoa, como o senhor notou, para fazer algo para quebrar a lei", comentou o juiz.

O humor de Dearie servia para amenizar uma situação complicada para o brasileiro. Com o acordo que assinara, e que era referendado naquele dia na corte de Nova York, ele abria mão de qualquer apelação da sentença. Poderia até ser condenado às penas máximas sem que pudesse recorrer, embora isso fosse improvável pela sua colaboração. Havia ainda a confirmação, no documento, de que Hawilla teria de pagar os 25 milhões de dólares já naquele momento em que fechava o acordo, e teria de paulatinamente vender seus lucrativos negócios nas três empresas Traffic, duas nos Estados Unidos e uma no Brasil, para saldar o restante da reparação milionária. Caso isso não fosse suficiente para quitar os outros 126 milhões de dólares, ele teria de aceitar o confisco de seus bens, o que poderia se estender até ao Brasil no novo cenário de cooperação entre as duas cortes de Justiça. Mais: depois de anos com residência nos Estados Unidos, provavelmente perderia sua cidadania do país. "A consequência mais provável de sua condenação será a de ser extraditado dos Estados Unidos", disse Dearie.

Hawilla, no entanto, estava mais preocupado em fugir da cadeia: poderia responder em liberdade ao processo se topasse tudo o que lhe havia sido proposto. Por isso, respondeu em sequência com a palavra "culpado" a cada uma das quatro perguntas do juiz relacionadas às acusações que enfrentava no país. Assim, retirava aquela carga de seus ombros e viveria à espera de uma sentença da Justiça em seu refúgio em Miami, onde, aliás, teria a mesma vida abastada que o dinheiro do futebol sempre lhe proporcionou.

Foi só então que o advogado Lewis Liman informou que o seu cliente queria fazer uma declaração. Com a tradução de seu intérprete, ele descreveu sua carreira e os crimes cometidos no futebol desta forma:

> "Meu nome é José Hawilla. Desde aproximadamente 1980 comecei a desenvolver o projeto de marketing esportivo por meio da minha companhia Traffic. Eu comprei os direitos de eventos de futebol e comecei a promovê-los de forma legítima pelo mundo.
>
> Aproximadamente em 1991, quando fui renovar o contrato para um desses eventos, a Copa América, um dirigente associado à Fifa, a agência que é encarregada do futebol mundial, e uma das suas federações, a Conmebol, me requisitou uma propina para que eu assinasse o contrato. Eu precisava do contrato porque tinha assumido compromissos futuros e mesmo assim eu não queria concordar em pagar a esse dirigente.
>
> Depois disso e até 2012, outros dirigentes de futebol vieram a mim e a outros com quem me associei para fazer negócios e pediram propinas para assinar ou renovar contratos. Eu concordei que pagamentos de subornos encobertos fossem feitos a dirigentes por contratos de direitos de marketing de vários torneios e outros direitos associados ao futebol.
>
> Eu concordei em fazer os pagamentos de subornos e propinas encobertos pelos contratos da Copa América, da Copa do Brasil e do patrocinador Nike da Seleção Brasileira.
>
> Eu usei as instituições financeiras e os meios eletrônicos dos Estados Unidos para fazer alguns desses pagamentos de subornos e propinas, assim como para pagamentos legítimos relacionados a direitos de esportes, todos para promover esses esquemas."

Nesse momento há comoção entre o procurador Norris e o juiz Dearie ao ouvir o nome da Nike no meio da confissão. "Você disse Nike?", pergunta o magistrado. "Sim", responde Hawilla. Era a primeira vez que o nome da multinacional com base nos Estados Unidos entrava no processo. Tal era a repercussão desse fato que o nome foi mantido em sigilo nas transcrições do depoimento, já que a intenção seria investigar mais o caso antes de envolver uma empresa norte-americana desse porte. Mas só havia uma empresa que patrocinava a Seleção Brasileira desde 1996 em acordo fechado por Hawilla: a Nike. Mais tarde, a própria empresa viria a dizer que ajudaria nas investigações, mas o constrangimento era inevitável. Na sequência, Dearie mandou que Hawilla continuasse, e ele foi adiante:

> "Durante esse período, a Fifa, a Concacaf e outras entidades relacionadas à organização de futebol e empresas de marketing esportivo estavam engajadas na promoção e na regulação do esporte no mundo como uma organização em vigor. Entre outras coisas, essas organizações mantinham eventos relacionados ao esporte e conduziram negócios nos Estados Unidos usando suas instituições financeiras baseadas nos Estados Unidos.
>
> Em relação às acusações dois e três, eu conscientemente e de própria vontade concordei com outros dois membros de companhias similares em me comprometer ao pagamento de subornos em conexão com a Copa América para a qual a Traffic contribui com o pagamento de propinas. Esses pagamentos encobertos de propinas foram feitos a dirigentes em posição de autoridade e confiança na Fifa e em duas confederações, Concacaf e Conmebol, para assegurar direitos de marketing relacionados ao torneio da Copa América. Eu concordei em usar e usei contas da Traffic em bancos nos Estados Unidos e por meio das instalações eletrônicas norte-americanas para reembolsar parte dessas despesas pagas pelas outras empresas de marketing, transferindo dinheiro para instituições financeiras em outros países. As transferências foram feitas de bancos de Nova York.
>
> Finalmente, em relação à acusação quatro (tentativa de obstrução da Justiça), antes da minha prisão, quando eu fui informado de que alguém do FBI estava fazendo perguntas sobre pagamentos de propina pela Traffic, eu pedi a ele para não mencionar o meu nome ou o nome da Traffic para o FBI. Também, depois da minha prisão, quando fui questionado pelo governo no Brooklyn em relação à investigação desse grande júri, eu omiti informações dele incluindo crimes que estavam em curso, relevantes para a investigação [...]
>
> Ao fazer isso eu dificultei a investigação do grande júri de forma internacional. Eu sabia que era uma conduta errada. Eu me arrependo muito e me desculpo pelo que fiz."

Essas declarações dadas por Hawilla implicavam praticamente toda a cúpula do futebol das Américas, do Sul até o Norte do continente, com especial foco no Brasil. Simples nove parágrafos. Não era à toa que havia polvorosa entre dirigentes quando a investigação estava em curso e se descobriu que o empresário abrira a boca para falar à Justiça dos Estados Unidos.

O primeiro implicado era o ex-presidente da Conmebol, Nicolás Leoz, que era o cartola que pedira o suborno inicial a Hawilla, segundo o seu relato. Quase toda a sua gestão à frente da Conmebol, no período de 1991 a 2012, estava comprometida. Na sequência, Ricardo Teixeira, ex-presidente da Confederação Brasileira de Futebol (CBF) e negociador do contrato com a Nike, era outro que voltava a enfrentar acusações, mesmo em seu ostracismo por renunciar à confederação. Seu nome não era citado, mas era claro seu envolvimento no acordo com a empresa norte-americana. Dirigentes da Argentina, da Venezuela, dos Estados Unidos e das Ilhas Cayman estavam no mesmo barco: tinham uma espada sobre suas cabeças, uma sombra que viria pegá-los cerca de um semestre depois daquele depoimento.

Ao terminar sua declaração, Hawilla ouviu o que queria: Dearie determinou que ele ficasse em condicional sob vigilância, mas solto em sua casa. Não iria para a prisão desde que não descumprisse os termos do acordo ou da condicional. A partir daí, tornou-se até distraído e não percebeu novas perguntas do magistrado. Ainda houve tempo, no entanto, para explicar como ganhara tanto dinheiro com aqueles negócios de futebol. Contou que seu empreendimento na Traffic consistia, basicamente, em adquirir direitos sobre competições e revendê-los a redes de televisão e patrocinadores. Um mercador, um intermediário, um sujeito que fazias as conexões no mundo do futebol para aproveitar seu potencial junto ao público e fazer todos os participantes ganharem montanhas de dinheiro.

Televisões ganhavam com a venda de propaganda, patrocinadores se esbaldavam com a exposição que o futebol proporcionava, Hawilla levava de várias fontes diferentes, cartolas faturavam propinas. No entanto, nenhum benefício era recebido justamente pelas entidades que controlavam o esporte e que deveriam usar esses meios para promover o futebol pelo mundo. Falamos de associações como a Conmebol, a CBF e, por consequência, seus filiados, os clubes que atuavam na Copa do Brasil.

Para Hawilla, chegara a hora de pagar a conta. Seus termos do acordo de confissão eram duros e permitiam que o Departamento de Justiça norte-americano retomasse qualquer acusação contra ele caso não cumprisse o que estava previsto no documento, incluindo levantar 126 milhões de dólares para os pagamentos restantes de sua restituição aos prejudicados. Como previsto pelas leis norte-americanas, todos os recursos estariam disponíveis para que prejudicados pelo esquema de corrupção pudessem reivindicar o ressarcimento dos valores: entidades como a CBF, a Conmebol e a Concacaf. Essas associações, no entanto, continuavam a ser comandadas pelos mesmos homens que fecharam acordos com Hawilla. Pelo menos era assim naquela data, 12 de dezembro de 2014. Contudo, como vimos, chegaria a hora de boa parte dos cartolas pagar a conta.

Como temido pelos dirigentes, o depoimento de José Hawilla trouxera muitas respostas sobre como funcionavam o futebol mundial e o futebol brasileiro. Não explicara, no entanto, como J. Hawilla conseguira montar um esquema tão grande no submundo do esporte. Para entender isso é preciso voltar ao Brasil, para então contar a história de sua ascensão no país em parceria com cartolas bem conhecidos do povo brasileiro.

A NOVA CBF, UM PRESENTE DO SOGRO

A partir da década de 1990, o futebol deu um salto sem precedentes em relação a ganhos financeiros. Sim, naquela época João Havelange, presidente da Fifa desde 1974, já tinha instalado o sistema de exploração comercial por meio da televisão e de contratos de patrocínio com a ajuda de seu parceiro Horst Dassler, criador da Adidas. Nada que se comparasse ao volume de dinheiro que chegou até o esporte na última década do século, seja no cenário internacional, seja no Brasil, com a explosão de agências de marketing e uma disputa acirrada por direitos televisivos e patrocínio por parte de grandes empresas.

No país tricampeão, a Confederação Brasileira de Futebol deixava para trás anos de intervenção estatal durante o período de ditadura e de gestões atrapalhadas de Octávio Pinto Guimarães e Nabi Abi Chedid para cair nas mãos do empresário mineiro Ricardo Teixeira. Ele não tinha nenhuma relação com o futebol, fora as peladas que disputara nas areias cariocas com o apelido de Mineiro. Era operador financeiro em Belo Horizonte e no Rio de Janeiro, cidade onde crescera. Sua ligação com o mundo da bola se deu por meio de Havelange: casou-se com sua filha única, Lúcia Havelange, na década de 1970. A relação entre os dois começara ao se conhecerem em 1966, em um baile de Carnaval em Teresópolis. Estreitou-se a ligação entre os cartolas quando nasceram os três netos de Havelange – Ricardo, Roberto e Joana. Como agrado ao sogro, Ricardo permitiu que os últimos nomes das crianças fosse Havelange, contrariando a lei brasileira, que dava preferência ao sobrenome do pai.

O poder de Havelange não o impedia de estar próximo dos netos. Quando estava no Rio de Janeiro, passava bastante tempo com eles, e até tentava transformar Ricardo, o mais velho, em torcedor do Fluminense – o garoto adotou o sobrenome do avô, mas preferiu o time do pai, o Flamengo, escolhido apesar de sua mineirice e de sua falta de gosto pelo futebol. O xodó de João Havelange pelo neto mais velho era tanto que o levou em seu colo, quando tinha três anos, para sortear os grupos da Copa do Mundo de 1978, no Teatro San Martín, em Buenos Aires. Adiante, quando podiam, avô e neto nadavam juntos. Com essa proximidade, era forjado o laço entre sogro e genro: eram comuns jantares e almoços dos dois com Lúcia e Ana Maria, esposa de Havelange. O presidente da Fifa apenas se preocupava com a falta de uma atividade bem-sucedida para o genro, cuja carreira no mercado financeiro não engatava.

Suas personalidades, no entanto, são bem diferentes. Durante as aparições públicas, Teixeira exibe na maior parte das vezes uma cara fechada, com o cenho franzido. Há um misto de mau humor com proteção para esconder sua timidez. Quando confrontado em perguntas, responde de forma ríspida e rápida, demonstrando estar em uma situação desconfortável. Em geral, evita falar com qualquer pessoa que o contrarie, utilizando-se de barreiras como assessores ou seguranças. Se puder, descarta esses embates diretos e prefere ameaçar os desafetos com processos judiciais. Entre amigos, longe dos holofotes, Teixeira gosta de contar piadas e consegue ser bem descontraído quando bebe um pouco mais de álcool.

Havelange é igualmente sério, mas construiu um personagem imperial que se impõe nas situações públicas: em qualquer reunião da Fifa em que estiver, a maioria dos cartolas vai beijar a sua face. Não foram poucas as ocasiões em que ele se postava na porta de festas para apertar as mãos de todos os que chegavam, enquanto Teixeira fugia dessas cerimônias. Um dos maiores orgulhos de Havelange na Fifa era olhar nos olhos de todos os delegados e tratar brancos e negros de forma igual, uma vez que havia acusações de racismo na entidade. Sua rede de proteção também inclui assessores e seguranças, mas não é incomum que opte por enfrentar desafetos com respostas pausadas e duras.

A estratégia dos dois foi realizar uma campanha para a CBF de três anos iniciada em 1986 – a "força-tarefa" incluiu Pelé, um jatinho e doações milionárias a presidentes de federações que tinham voto na entidade. Com o avião cedido por um dos cartolas aliados, Luiz Miguel Estevão, parente do ex-senador Luiz Estevão, Teixeira viajou pelo Brasil distribuindo cheques e bolas para os eleitores. Antes disso, admitira que dava dinheiro para ajudar na realização de competições estaduais pelo país: "Doar material esportivo a clubes pobres não é suborno", alegava o dirigente. O apoio conquistado levou o outro candidato, Nabi Abi Chedid, a desistir de sua candidatura. Na sessão da eleição, o presidente da Federação do Estado do Rio de Janeiro, Eduardo Viana, o "Caixa D'Água", declarou sem interrupções: "[...] submete à Assembleia o nome de Ricardo Teixeira. Está eleito".

Ao assumir a entidade em 1989, Teixeira prometia uma gestão inovadora calcada no aumento de renda para a entidade por meio do marketing esportivo – como fazia Havelange na Fifa –, e na volta aos tempos vitoriosos, já que se somavam quase vinte anos de ausência de títulos mundiais da Seleção Brasileira. Em seu primeiro dia na CBF, afirmou que iria acabar com "esse horário de funcionário público", alegando que a entidade tinha que "abrir as portas" mais cedo.

Teixeira já era rico quando chegou ao poder na CBF, mas o quanto seu patrimônio tinha relação com Havelange nunca ficou claro. Na origem, antes de conhecer Lúcia, ele era de uma família de classe média. Quando chegou à confederação já possuía a Fazenda Santa Rosa, em Piraí, no interior do Rio de Janeiro, como seu principal bem, e comia caviar, segundo diziam seus assessores. Sua fonte de renda era a Minas Corretora, na qual era sócio de Havelange. Na versão dada por ele, retratava-se como uma espécie de gênio das finanças que ganhava um carro por dia em dinheiro com operações na bolsa de valores. Há controvérsia em relação a esse ponto, já que Havelange dizia a interlocutores que ele não era bem-sucedido na carreira. Fato é que Ricardo Teixeira abandonou uma profissão em que supostamente tinha ganhos milionários para assumir uma entidade falida.

Em 1989 era irrisório o dinheiro privado disponível na CBF. A situação financeira da entidade era de tal forma frágil que ele admitia ter dificuldades para pagar a campanha do time brasileiro nas eliminatórias para a Copa do Mundo de 1990. O que havia ali de receita era um contrato de transmissão de eliminatórias que não chegava a 500 mil dólares, outro de placa de publicidade, mordidas nas rendas de bilheteria de times de futebol e nos contratos do Campeonato Brasileiro. E só.

RICARDO TEIXEIRA, A ALAVANCA PARA OS NEGÓCIOS DE JOSÉ HAWILLA

Apesar de se dizer um empresário com habilidades, o novo presidente da CBF não se utilizou delas para tentar obter esses recursos sozinho: ou por falta de capacidade, ou por falta de vontade, Ricardo Teixeira foi procurar em José Hawilla, empresário que negociava direitos comerciais de jogos e tinha pequenos contratos com a confederação, o caminho para gerar dinheiro.

Ex-repórter de campo, José Hawilla descobriu o negócio de venda de placas de publicidade em volta do gramado em jogos do Brasileiro ao comprar, ainda no início da década de 1980, a Traffic, empresa que vendia anúncios em pontos de ônibus. Sua parceria com a CBF nessa época era feita apenas em contratos pontuais de publicidade – foi a chegada de Teixeira ao poder que alavancou os seus negócios. O então novo presidente contava que "a Traffic foi a primeira a trazer patrocínio para a entidade que não fosse o governo".

A empresa tornou-se a representante extraoficial da CBF para obter acordos vantajosos. O primeiro deles foi com a Pepsi e rendia 1 milhão de dólares para exibição nos uniformes de treino da Seleção Brasileira pouco antes da Copa do Mundo de 1990. "Criamos a figura do patrocinador oficial da seleção", contou Hawilla. A novidade não foi bem-aceita pelos jogadores. Sem receber nenhum percentual desse patrocínio, eles taparam a marca de refrigerantes em fotos posadas, e houve até ameaças de não participar do Mundial. Uma negociação com Teixeira, relacionada a prêmios, acalmou os ânimos. Essa era só a primeira polêmica da forma de gerar dinheiro inventada pela dupla dentro da confederação.

Ainda nascente, a parceria começou a ficar sob questionamento quando Pelé deu uma entrevista à revista *Playboy*: acusava a CBF de cobrar comissões para fechar contratos e de favorecer a Traffic nas negociações. O maior jogador de todos os tempos não era santo. Suas declarações eram de quem se sentia prejudicado nos negócios com a sua Pelé Sports, que tinha como objetivo realizar o mesmo tipo de transação que a empresa de Hawilla. O discurso do rei gerou barulho, criou uma inimizade de anos com Teixeira, mas não abalou o voo de cruzeiro da dupla que já mandava no futebol brasileiro.

Um passo maior foi dado por eles com um contrato com a Umbro para fornecimento de material esportivo à Seleção Brasileira: era o triplo do valor pago pela Pepsi e substituía a Topper, que fornecia apenas os uniformes. Até aí, Hawilla fazia negócios sem receber comissões, segundo a sua versão, mas a verdade é que já dominava e lucrava com a recém-criada Copa do Brasil, como se verá mais à frente.

Já esse segundo acordo para a camisa do time nacional só lhe rendeu dinheiro por meio do patrocínio à Copa América, para onde os braços da Traffic já tinham se estendido. "[Fiz os contratos] apenas para atender à CBF, e iniciar um amplo relacionamento com a CBF era o nosso objetivo", explicava. Sua aposta era que o dinheiro grosso ainda estava por vir. Tinha razão.

Com Teixeira, o Brasil conseguiu recuperar o título mundial depois de 24 anos ao ganhar a Copa do Mundo nos Estados Unidos. Não havia a polêmica da marca de refrigerantes, não havia as escalações atrapalhadas de Sebastião Lazaroni, nem o excesso de contusões, nem Maradona, parado pelo doping no meio do caminho. O pragmatismo de Carlos Alberto Parreira na armação da defesa e o talento de Bebeto e Romário conseguiram levar a Seleção Brasileira de volta ao topo.

Vitória esportiva era sinal de lucro certo. O presidente da CBF revelou sua forma de fazer negócios quando foi acusado de tentar forçar a passagem pela alfândega de todo um equipamento de bar no retorno ao Brasil após a conquista, no episódio que se tornou conhecido como "voo da muamba". O objetivo era aparelhar um misto de discoteca, restaurante e bar que mantinha no Jockey Club Brasileiro, no Rio de Janeiro. A Receita Federal barrou, criou um imbróglio com o dirigente, mas o equipamento acabou passando e ele foi inocentado em processos por sonegação. Mais tarde, investigações da Comissão Parlamentar de Inquérito (CPI) do Futebol demonstraram que havia indícios de lavagem de dinheiro no empreendimento, visto que nunca dava lucros, mas continuava a receber investimentos e a operar em alta. A preocupação de Teixeira era menos o seu barzinho do que os contratos da Seleção Brasileira.

Em 1996, Teixeira começou a faturar alto com a CBF. O contrato da Umbro tinha sido renovado com pequeno reajuste – não atingia nem 5 milhões de dólares –, mas a empresa já não tinha o tamanho das ambições de Teixeira e Hawilla. E os dois já sabiam o que os esperava quando assinaram, em 1995, um contrato entre a confederação e a Traffic que dava à empresa 5% dos acordos futuros da entidade.

Afinal, durante a Copa do Mundo de 1994, a Nike já procurara a CBF e a sua parceira para demonstrar interesse em fechar patrocínio: queria transformar o time brasileiro em seu carro-chefe na expansão no mercado do futebol. Uma negociação de dois anos levou a uma oferta de 200 milhões de dólares por dez anos de contrato. Teixeira ouviu até de Joseph Blatter, então secretário-geral da Fifa, que aquele era um acordo acima dos padrões do futebol mundial naquela época. A rescisão com a Umbro não foi difícil: foi só colocar outros 10 milhões de dólares na mesa em uma reunião em Zurique.

Em Nova York, em julho de 1996, às vésperas de um amistoso da Seleção Brasileira contra um time do restante do mundo, cercado por quatro diretores da Nike, com a presença de Hawilla e nenhum outro dirigente da CBF, Teixeira assinou o contrato de 44 páginas que mudaria os rumos do futebol brasileiro. Em troca dos milhões que receberia, cedia um controle inédito sobre a seleção de futebol: a empresa passava a ter direito a marcar cinco amistosos por ano e a exigir oito titulares em todos os jogos. Teixeira negava que isso fosse representar prejuízo para o time, porque a comissão técnica continuaria a dar a palavra final sobre os amistosos. Isso era uma meia verdade. A partir daí, a equipe brasileira passou a peregrinar por campos e adversários insignificantes pelo mundo inteiro.

Nada que incomodasse Teixeira. O que mais lhe interessava era o acordo paralelo sobre o qual não havia nenhuma referência no contrato principal: uma carta de uma página assinada três dias depois do documento de patrocínio da Nike. Seu texto dizia: "A CBF autorizou a Traffic, ou os seus respectivos agentes bancários, a receber pagamentos diretamente pelas comissões de marketing ganhas com o sucesso das negociações [...]". Esse documento previa um pagamento extra de 40 milhões de dólares para a companhia de Hawilla em uma conta na Suíça.

Esse total foi dado pela Nike à Wabern Corp., empresa filiada à Traffic na Suíça. "Hawilla concordou em pagar e pagou ao acusado Ricardo Teixeira metade do dinheiro do acordo, totalizando milhões, como propina e suborno", registra um documento do Departamento de Justiça dos Estados Unidos. De início, os norte-americanos não revelavam a identidade de Teixeira, classificando-o apenas como alto dirigente da CBF, da Conmebol e da Fifa. Não havia dúvida: era Teixeira. Seu nome apareceu no inquérito norte-americano no final de 2015. A amizade entre Hawilla e o cartola máximo da CBF desviava um quinto do dinheiro do maior contrato do futebol brasileiro para seus bolsos: a confederação ficava com 160 milhões de dólares, e eles, com 40 milhões de dólares.

DA CPI À ISL – TEIXEIRA, O ETERNO SUSPEITO

Cinco anos depois, pressionado por uma CPI na Câmara dos Deputados (CPI da CBF/Nike) e uma no Senado (a primeira CPI do Futebol), Ricardo Teixeira reconheceu erros no contrato com a Nike apenas relacionados ao número de partidas que tinha cedido à empresa. Em horas de depoimento, também admitiu que cometera um equívoco ao se opor à realização de uma investigação sobre o tema: "Achava eu que duas empresas que não recebem recursos públicos de nenhuma forma e que já são alvos de investigação permanente por parte da Receita Federal, do Ministério Público, do Banco Central, entre outros, estavam sob o necessário controle das instituições nacionais, sem prejuízo, portanto, para o interesse público. Mas devo reconhecer que minha visão durante o ano que precedeu a CPI estava desfocada. Esse é um mea-culpa público que faço aqui", disse ele.

Só que, em seu mea-culpa público, Teixeira nunca mencionou o pagamento de 15 milhões de dólares em seu favor em uma conta no exterior, feito pela Traffic. Sem acesso a quebras de sigilo bancário no exterior, os investigadores das duas comissões de inquérito também não foram capazes de rastrear esse dinheiro. O FBI por fim desvendou o segredo mais bem guardado do futebol brasileiro: quanto dinheiro o cartola tinha levado no mais importante contrato da CBF.

Com a independência financeira na CBF, o presidente da entidade iniciou um voo solo em sua vida privada. Separou-se de Lúcia Havelange em 1997, o que gerou uma briga com Havelange. O rompimento ia além da mera desavença familiar: era o cartola mais poderoso do Brasil em disputa com o chefe da Fifa. A relação dos dois era tão próxima que a RLJ Participações, empresa que fazia todos os negócios do presidente da confederação no país, representa as siglas dos nomes de Ricardo, Lúcia e João. Mais tarde, essa empresa viria a ajudar na ruína do dirigente. Àquela época, desgostoso, Havelange não queria mais saber do ex-genro, entre outros motivos, porque houve rumores de que ele tinha uma amante nos Estados Unidos em uma história que envolveu um acidente automobilístico com a morte da mulher que gerara a cisão familiar. Esse distanciamento entre os cartolas durou quase dez anos.

No Brasil, a máquina de fazer negócios da Traffic não parava. "Nós vivíamos para gerar recursos para a CBF. Nós fomos, na nossa empresa, ao longo do tempo – está demonstrado –, o maior gerador de recursos para a CBF", descreveria Hawilla anos depois na CPI da CBF/Nike. Antes mesmo da Nike, a Traffic foi atrás de outro gigante norte-americano – a Coca-Cola –, e foi fechado um contrato de 8 milhões de reais. Dessa vez, a comissão "por dentro" teve um salto considerável: a empresa recebia 20% do total, o quádruplo da comissão da Nike. Esse acordo com a Coca-Cola foi renovado também por quase o quádruplo do valor, e Hawilla continuava a faturar os seus 20%.

Isso não era uma exceção. Àquela época, os valores dos contratos do futebol mundial cresciam exponencialmente, e a perda do título mundial em 1998 irritou a população e até políticos, mas não afetou a atratividade da Seleção Brasileira. Ela era o carro-chefe da Nike no mundo. Mais, João Havelange abriu espaço para seu pupilo Joseph Blatter na presidência da Fifa naquele mesmo ano. Ele era o homem encarregado dos negócios da Adidas no início de sua carreira, e sempre esteve ansioso por expandi-los cada vez mais. Sobrava dinheiro no futebol mundial, mas a CBF e a Fifa iam mal das pernas com seguidos prejuízos, apesar dos contratos milionários. Essa realidade, no entanto, não abalava a roda da fortuna criada por Hawilla e por Teixeira.

Apesar da situação financeira delicada da entidade que dirigia, Teixeira esbanjava o dinheiro da CBF pelo mundo. Suas idas a Nova York tinham estadas no Plaza, mundialmente um dos hotéis mais conhecidos, com direito a aluguel de limusines. Suas refeições custavam em média setecentos dólares, o que representava gastos de mais de 10 mil dólares somente com alimentação em viagens em nome da confederação. Em Paris, a realidade não era diferente. Cada diária sua custava 2 mil dólares ao futebol brasileiro. Mesmo no Brasil, o cartão corporativo da entidade servia para alimentar seu apetite por bebidas e produtos finos com despesas de até 17 mil reais na Lidador, loja tradicional do Rio de Janeiro. Nunca houve uma explicação de como esse dinheiro ajudaria no desenvolvimento do esporte no país.

Enquanto Teixeira gastava o dinheiro da bola, o futebol brasileiro nos campos não progredia. Não é que o que se apresentasse em campo fosse ruim: a década de 1990 viu florescer times fortes no país, como o Palmeiras da Parmalat, o Corinthians da Hicks Muse e o São Paulo de Telê Santana. Do ponto de vista de organização, era como se ainda vivesse nos dias de Octávio Pinto Guimarães e Nabi Abi Chedid. O Brasileiro teve três viradas de mesa desde que Teixeira assumiu. Em 1992, beneficiou o Grêmio que estava na segunda divisão para alçá-lo de volta à elite, apesar de o time não ter ficado entre os dois primeiros. Quatro anos depois, o Fluminense manteve-se na primeira graças a um cancelamento do rebaixamento, com a alegação de que houve escândalo de arbitragem. Lembre-se: Ivens Mendes, chefe dos árbitros, foi pego conversando sobre subornos em troca de favores no campo com dirigentes do Corinthians e do Atlético Paranaense.

Por fim, em 1999, a Justiça Desportiva tirou pontos do São Paulo por causa de um jogador irregular, beneficiando o Botafogo, que ficaria na primeira divisão. O time brasiliense Gama, que seria rebaixado sem ter perdido a vaga em campo, entrou na Justiça e causou uma confusão jurídica para o Brasileiro de 2000. Resultado: novo inchaço do campeonato e um torneio organizado pelos clubes (Copa João Havelange), já que a CBF foi impedida juridicamente de fazê-lo. A verdade é que ninguém sabia direito o que aconteceria no ano seguinte no Brasileiro, então sob o poder de Teixeira. Ele era eleito por aclamação a cada quatro anos com os votos dos clubes das federações, e só se metia no campeonato nacional quando dava confusão. O estatuto da confederação, baseado no poder burocrático das associações no Brasil, era modificado a cada vez para lhe dar mais poder sobre os times. Houve tentativas de ligas entre alguns cartolas de clubes, de revoltas como a Copa União de 1987, mas todas elas acabaram sob o poder da CBF.

Além das leis ao seu lado, o presidente da confederação tratava de garantir um ambiente político favorável. A partir do momento em que tinha algum dinheiro em caixa, passou a distribuir doações a políticos das mais diversas correntes, formando uma temida "bancada da bola". Sua influência na Justiça também crescia com convites para desembargadores e juízes irem a jogos da seleção. Era a eles que recorria sempre que havia algum questionamento da independência da CBF dos diversos governos. Assim se passou a primeira década de Teixeira na organização de fato do futebol nacional.

Até que uma conjunção de fatores fez a maré mudar contra eles, e Teixeira, literalmente, caiu do cavalo. Sofreu uma queda em 1998, acompanhado da nova namorada, a *socialite* Narcisa Tamborindeguy – aquela do bordão "Ai, que loucura". Isso tornou uma de suas pernas mais curta, o que dificulta sua locomoção e mostra um andar arrastado. Pior do que isso era o que lhe esperava no Congresso do Brasil.

Se não abalou o preço da seleção, a queda do time de Zagallo diante da França, na final da Copa do Mundo, passou a gerar uma série de questionamentos sobre a forma como o time era gerido. Até porque o mal-estar de Ronaldo, no dia da decisão, desencadeou uma série de suspeitas e teses alucinadas. Não havia nenhum indício de que a Nike tivesse alguma relação com o problema de saúde do jogador, mas se tornou verdade nos botequins que aquele Mundial teve algo de anormal. Era a explicação da vez em um país que se acostumou a não aceitar derrotas como uma prova de superioridade dos adversários em campo.

Enquanto a nação se colocava no divã pelo fracasso, fatos reais pressionavam Teixeira. O contrato da Nike foi tirado das cavernas dos cartórios brasileiros pelo jornal *Folha de S.Paulo* e parlamentares passaram a se interessar pelo assunto. A gota d'água foi o técnico escolhido pelo presidente da CBF para dirigir o time nacional: Wanderley Luxemburgo tinha complicações que começavam pelo seu nome. Na verdade, a grafia era com "v" e "i", mas havia uma certidão de nascimento falsa da época em que era jogador e tinha mudado seu nome e idade. Sua presença gerou o aumento do escrutínio sobre a seleção em meio à crise técnica por que passava o time brasileiro. E então surgiram a CPI da CBF/Nike, na Câmara dos Deputados, e a primeira CPI do Futebol, no Senado. Sigilos bancários foram quebrados e quase todos os dirigentes passaram por depoimentos duros nas comissões, transmitidos em rede nacional. O cenário se tornou tão tenso que, quando Luxemburgo foi demitido, não havia quem assumisse o cargo por causa da certeza de ser investigado. No futebol brasileiro, não importa o que se faça, dirigente só é ameaçado de verdade quando os resultados em campo são desastrosos.

Teixeira tinha perdido o controle sobre o terremoto e, pressionado pelo governo, cogitou renunciar em 2001, ainda antes da Copa do Mundo. Ao final da primeira CPI do Futebol no Senado, aquela que sobreviveu à "bancada da bola", havia 27 pedidos de indiciamento contra o dirigente feitos para o Ministério Público Federal. Sim, esse era o resultado da variedade de operações bancárias suspeitas feitas pelo dirigente. Swap, Banco Delta, Ameritech, RLJ Participações, Sanud: os nomes estranhos de empresas no Brasil e no exterior eram listados revelando como os negócios do presidente se enredavam com o da CBF. Sua contabilidade fiscal mostra o crescimento patrimonial que acontecia em minutos em operações na bolsa de valores e os documentos da confederação descreviam um endividamento contínuo, apesar do crescimento de renda. Até a Rede Globo, parceira em contratos, abandonou o cartola com um programa *Globo repórter* arrasador sobre seu enriquecimento e uma casa em Miami nunca declarada à Receita Federal. A queda parecia certa e chegou a ser prevista pelo então ministro do Esporte Carlos Melles.

Nessa época ele ficou sob as asas do presidente da Federação de Futebol do Estado do Rio de Janeiro (Ferj), Eduardo Viana, professor de direito constitucional, que lhe garantiu a base jurídica e o apoio político em meio à CPI. Aceitar a derrubada de um de seus pares seria ver ruir o sistema de proteção à cartolagem brasileira calcado no artigo 215 da Constituição brasileira: essa iniciativa de garantir "a todos o pleno exercício dos direitos culturais e acesso às fontes da cultura nacional" era fruto da necessidade de retirar o intervencionismo estatal da ditadura. Com a decisão de ficar, Teixeira armou-se com o que de melhor o dinheiro poderia pagar – claro, com recursos da confederação. Basta dizer que um dos advogados que se encarregou de sua defesa pública foi Luís Roberto Barroso, hoje ministro do Supremo Tribunal Federal. Foi ele quem deu a entrevista em nome da CBF no auge da pressão.

Sua sorte seria decidida em campo. Ela estava nas mãos do técnico Luiz Felipe Scolari, que fora contratado com apresentação em Brasília para abafar os trabalhos de investigação parlamentar. O papel de escudo caía bem a Felipão. O destino do time em campo é que não parecia lá muito promissor. A caminho da Copa do Mundo na Coreia do Sul e no Japão, Pelé dizia que era a pior seleção que via chegar a um Mundial. A declaração irritou os jogadores. Eles, no entanto, tinham problemas maiores com que lidar: Ronaldo, havia considerável tempo afastado dos campos por causa de uma contusão grave no joelho, além de eliminatórias "capengantes".

Todos os males de Teixeira foram embora quando Scolari encontrou uma forma de Ronaldo, Rivaldo e Ronaldinho jogarem bola e assim conquistou o segundo título da era do cartola na CBF. A vitória redime tudo em um Brasil boleiro. Na festa da vitória, no hotel em Yokohama, Teixeira demonstrava seu fortalecimento quando seus assessores retomaram a arrogância habitual enquanto confrontavam jornalistas e excluíam todos de sua festa, que varou a madrugada. Da humildade nos depoimentos durante comissões parlamentares, o cartola passou à ameaça ao então presidente Fernando Henrique Cardoso de que não apareceria em Brasília para a festa da vitória. Brasil campeão, véspera de eleição. Essa era a mensagem, mas a ameaça ficou apenas como ameaça: o time apareceu na capital do país. A foto registrava Vampeta rolando bêbado na rampa do Planalto enquanto Teixeira sorria ao lado do presidente do Brasil, cujo partido apoiara a investigação contra o cartola.

Isso era passado. O futuro era promissor para o dirigente. As quatro ações propostas pelo Ministério Público Federal contra Teixeira foram trancadas pelos tribunais federais do Rio de Janeiro. Um dos desembargadores chegou a escrever na decisão que torcia pelo hexacampeonato. O procurador Marcelo Freire, encarregado do caso, insistiu: pediu que a Polícia Federal abrisse dez novos inquéritos para aprofundar as investigações da CPI. A Polícia Federal, a mesma que mais tarde pôde jogar uma pelada na Granja Comary e teve congressos e viagens pagos pela CBF, mandou engavetar todos eles.

Nem no auge da pressão de parlamentares Teixeira deixou de fazer negócios. Apenas mudou a forma de agir e os parceiros. O principal contrato entre a CBF e a Traffic foi rompido em 2002, entre outros motivos, por causa da insatisfação do cartola com declarações de Hawilla na CPI. Não era só isso. Após mais de dez anos, tanto a confederação quanto a empresa de marketing esportivo tinham feito crescer suas receitas de forma exponencial. Cada um deles queria lucrar ainda mais, e para o presidente da confederação era mais interessante seguir sozinho. Ou melhor, bem acompanhado. Mas os laços não estariam completamente rompidos: era apenas o acordo principal que caía.

A Traffic continuava a ter, por exemplo, todos os direitos de marketing e de transmissão dos jogos da Seleção Brasileira até a Copa do Mundo de 2010. Mediante um contrato assinado em 2000, ganhava a exploração dessas propriedades e das placas publicitárias com a possibilidade de revendê-las a quem quisesse. Em troca, pagaria 900 mil dólares por partida. Como estavam previstos nove jogos a cada uma das edições do torneio, seria pago um total de 16,2 milhões de dólares, em parcelas anuais, até 2010. Como de praxe, Teixeira antecipava a assinatura de acordos que venceriam apenas dez anos depois, quando havia tendência de crescimento dos direitos de eventos esportivos.

Só não era assim no Brasil. Um pouco antes do Mundial de 2002, a Traffic e a CBF assinaram um acordo em que aceitavam uma redução do contrato. No documento estava dito que "[...] considerando os efeitos e as consequências que a crise mundial do mercado publicitário vêm acarretando à comercialização de eventos esportivos [...]". Em troca, a confederação dava um abatimento de 30% no valor do contrato, derrubando para 630 mil dólares o valor por partida. Havia, de fato, uma crise econômica mundial da qual o Brasil era epicentro. A questão é que o reflexo sobre os direitos esportivos não eram tão sentidos. Tanto é que a Traffic declarava ter ganhos recordes na Copa América de 2001, apenas um ano antes. E eles eram igualmente jogos sul-americanos vendidos para o mercado internacional.

Mais surpreendente, em 2003, quando o Brasil entrava em recuperação econômica, no que viriam a ser os melhores anos do governo Lula, a CBF favoreceu a Traffic em nova modificação do contrato. Pelo novo acordo, assinado em janeiro daquele ano, o preço dos jogos da seleção nas eliminatórias caía para 460 mil dólares. De novo, a crise mundial era a justificativa. No geral, os valores pagos pelas empresas de Hawilla pelas eliminatórias sofreram um corte de 50%. Se Teixeira já não estava tão próximo do grande empresário, continuava a lhe proporcionar ótimos negócios.

Basta comparar com o que acontecia nos outros contratos da CBF que, na verdade, aumentavam de valor. A troca da Coca-Cola pela Ambev como principal patrocinador da seleção gerou um acordo mínimo de 10 milhões de dólares por ano, em um total que poderia chegar a 22 milhões de dólares, dependendo da participação ou não do Guaraná Antarctica. O montante era bem superior ao pago anteriormente pela Coca-Cola, tanto que levou a confederação a romper o contrato mesmo que isso tenha lhe rendido um processo judicial. Quem assinava como interveniente do acordo com a Ambev era a Traffic, já que, em 2000, a empresa ainda detinha os direitos comerciais da seleção. Mas, pelo menos nesse negócio, Hawilla não tinha nenhuma compensação. Outra parte desse negócio futebolístico era a Nike, que tinha tal poder sobre o time brasileiro que precisava autorizar a cessão de alguns direitos em favor do outro patrocinador. Claro, com alguma compensação financeira, porque a Nike não era generosa como Teixeira à frente da CBF.

Mais interessante nesse acordo era a participação de uma pequena empresa chamada MB Consultoria. Em meio às empresas gigantes, essa firma que ocupava uma sala no centro do Rio de Janeiro entrou no negócio em abril de 2001, graças a um documento assinado pelo presidente da CBF dando-lhe poderes para intermediar a negociação. O dono da MB Consultoria era Renato Tiraboschi, amigo de Teixeira e responsável por alguns de seus negócios financeiros. Recebida a procuração do "dono" da CBF, depois de apenas um mês Tiraboschi já assinava um contrato com a Ambev – auxiliar ao acordo principal feito pela confederação. Por esse documento ele receberia 8 milhões de reais pelo trabalho de um mês. O cartolão da CBF se esqueceu de mencionar o nome da MB Consultoria e do seu amigo quando foi depor na primeira CPI do Futebol e negou que houvesse qualquer comissão a ser paga por esse acordo.

Com o fim da comissão parlamentar no Senado, e a sessão de que tinha saído ileso apesar das inúmeras denúncias e da exposição do *modus operandi* da CBF, Teixeira se via fortalecido a ponto de indicar querer acabar com velhas querelas e surpreendia com atitudes conciliadoras. Até com a imprensa ele estava mais ameno. Em 2003, propôs encerrar três processos criminais que ele e um dos seus diretores moviam contra mim por matérias relacionadas à CBF, com a exposição de dados do seu imposto de renda que claramente mostravam seu enriquecimento. Tudo obtido de forma legal e publicado no jornal *Lance!*. Após as acusações lidas no tribunal pelo seu advogado José Mauro do Couto, Teixeira me fez a proposta de assinar um termo em que eu me comprometia a nunca mentir sobre sua vida pessoal. Como eu não tinha mentido em nenhuma das matérias citadas, e o acordo não implicava aceitar nenhuma culpa, topei.

Saímos do tribunal conversando sobre assuntos relacionados à gestão da CBF e à seleção. Eu me comprometi a sempre ouvi-lo quando houvesse uma denúncia contra ele, o que tentara fazer sem sucesso até então porque ele não atendia aos meus telefonemas. Teixeira disse que abriria um canal para falar com mais frequência e responder a quaisquer dúvidas que surgissem sobre a confederação. Não se parecia em nada com o dirigente que se recusava a atender veículos críticos à sua administração. Ofereceu para que seu assessor Alexandre Silveira, conhecido como seu "carrega-pastas", por sempre levar os documentos e pertences do patrão, se tornasse um canal de comunicação. Nós nos despedimos. E o assessor das pastas não atendeu aos meus telefonemas ou desligou quando eu me identificava. Teixeira nunca mais voltou a conversar sobre assuntos da confederação, os quais só tratava com repórteres e veículos "amigos".

Um canal muito mais importante, no entanto, foi aberto por Teixeira com o governo federal. O cartola se fortaleceu quando ofereceu ao presidente da República, Luiz Inácio Lula da Silva, a chance de realizar em 2004 um amistoso da seleção no Haiti. O jogo foi visto como uma realização do governo na sua campanha de se tornar um país de relevância na política mundial, juntamente, claro, com a presença de tropas brasileiras naquela parte da ilha caribenha. Em troca, Teixeira ganhou um canal direto com o presidente da República, em um momento em que fazia os preparativos finais para obter a chancela para a Copa do Mundo no país. Era necessário o apoio do governo para levar adiante o projeto iniciado ainda no final da década de 1990. O sindicalista e o cartola tomavam uísque e conversavam sobre futebol em encontros ocasionais, em uma aliança improvável se levarmos em conta as críticas do político ao presidente da CBF antes de ele chegar ao poder.

Nem o fracasso da seleção galáctica de Ronaldinho, Kaká, Ronaldo e Adriano na Copa do Mundo de 2006 afetou a trajetória ascendente de poder e dinheiro da CBF e de Teixeira. Longe de investigações, ele enterrou o fracasso esportivo nas costas do técnico Carlos Alberto Parreira e dos jogadores. Acusou-se de fazer festas em um clima que nada tinha a ver com uma disputa esportiva. E apontou a preparação do time na cidade suíça de Weggis, um ambiente excessivamente aberto, como um dos fatores que prejudicou o rendimento do time. Não comentou o fato de que esteve no mesmo hotel em que se hospedou a seleção em uma temporada de férias, de graça, como presente dos donos do estabelecimento. Nem mencionou que ele foi o autor da ideia de instalar o time ali.

Na verdade, ele não gostava muito de futebol. Seus olhos sempre brilharam apenas em discussões sobre a política dos mandachuvas da Fifa. Teixeira passou a dar ainda menos importância ao que ocorria no campo a partir de 2007. Pôs o linha-dura Dunga para dirigir o time e foi cuidar do seu projeto da vida inteira: realizar uma Copa do Mundo no Brasil. Após conchavos políticos realizados com Blatter, ele elevou o país ao posto de candidato único na escolha da Fifa, o que foi confirmado em outubro daquele 2007. A chancela da federação internacional de que o país seria sede do Mundial em 2014 representou um *boom* de dinheiro para a CBF, já que todas as empresas queriam se ligar ao time nacional no período do evento único. Até 2007, a receita da confederação era de 114 milhões de reais. Em 2012, último ano do cartola à frente da entidade, esse valor tinha sido praticamente triplicado: atingiu 301 milhões de reais.

A maior parte do dinheiro era dos patrocinadores, o que representava mais de dois terços do total. Os parceiros da confederação sofisticaram-se: a *socialite* Bia Aidar, o consultor político Mário Rosa, a empresa DC Set Promoções do empresário Dody Sirena faziam o papel que antes era de Hawilla. Todos se tornaram intermediários de um ou outro contrato da seleção, com comissões. Nada ilegal, tudo fruto do relacionamento com o chefão da CBF. O dono da Traffic ainda estava por ali – manteve alguns contratos laterais como a Copa do Brasil e transmissões de jogos do time brasileiro.

Igualmente regulares, ou legais, eram os contratos em que Teixeira vendeu por dez anos os amistosos da seleção para a International Sports Events (ISE), empresa com sede em paraíso fiscal nas Ilhas Cayman. Seus controladores eram xeques catarianos que saíam pelo mundo comprando direitos sobre eventos esportivos. O preço: cerca de 1 milhão de dólares por jogo. Quem organizaria as partidas não seriam os árabes: tudo ficaria a cargo de empresários suíços que, teoricamente, tinham *know-how* para esse tipo de evento. Feitas as contas, a CBF ganhava muito menos do que se pusesse o time para jogar no próprio país ou se tomasse providências por conta própria para fazer as partidas. Mas, desse jeito, levava o dinheiro limpo sem ter trabalho e sem nenhum controle sobre que tipo de contrato paralelo a ISE faria em relação aos amistosos brasileiros. Mais tarde, o repórter Jamil Chade, do jornal *O Estado de S. Paulo*, descobriu que os contratos davam à ISE poderes similares sobre a seleção aos que tinha a Nike lá atrás: havia exigência de titulares nos jogos. E o time brasileiro seguiu para o seu "Global Tour" – esse era o nome dado pela empresa. As reclamações dos técnicos da seleção eram inúteis, já que não tinham poder de decidir nada. Apesar das negativas da CBF de que isso interferisse em convocações, a presença de Neymar nos amistosos do Brasil em setembro de 2015 nos Estados Unidos indicava que não era possível deixar o astro de fora. Ele não participaria dos próximos jogos das eliminatórias, mas ainda assim foi chamado para atuar no segundo tempo das partidas e garantir o show que o público esperava ao ir ao estádio.

Esse contrato foi feito sem concorrência, como todos os outros. Basta dizer que o acordo com a Nike foi renovado em 2005 sem que nenhuma das concorrentes tenha sido sequer ouvida, como se a Adidas ou a Puma não pudessem ter interesse na seleção. Nessa época já estava na empresa multinacional norte-americana o novo companheiro de Teixeira: Sandro Rosell. Misto de cartola e executivo, o espanhol tornou-se um parceiro ainda mais íntimo do que Hawilla. Os registros de empresas como a Ailanto Marketing e a Brasil 100% Marketing revelavam que a relação entre ambos não era apenas de amizade: formavam um intrincado grupo de sócios em que constavam a mulher de Teixeira, Ana Carolina Wigand, Rosell, o presidente da confederação, e um tal Cláudio Honigman, figura misteriosa que surgiu e sumiu do mundo do futebol como em um passe de mágica. Impossível saber todos os negócios da sociedade, mas havia até trocas de avião envolvidas em sua operação. Era tempo da opulência: a própria confederação já ostentava um jatinho comprado para os passeios do chefão do futebol brasileiro.

No topo do mundo, bajulados por políticos e poderosos, Teixeira e Rosell quebraram uma regra de ouro do cartola da confederação: foram mexer com dinheiro público. Esse seria o início de sua ruína. Em 2008, o então governador do Distrito Federal José Roberto Arruda forneceu 40 milhões de reais para a construção do Bezerrão, um estádio auxiliar na capital federal onde nem sequer há futebol profissional. Quem gasta tanto dinheiro em algo tão inútil não deixaria de custear um rega-bofe para comemorar. Foi assim que surgiu a ideia do amistoso Brasil X Portugal na capital federal.

A organização do jogo ficou a cargo da Ailanto, empresa criada por Rosell em maio de 2008 com o capital de oitocentos reais – isso mesmo, oitocentos reais. Apesar de sua existência recente, o governo do Distrito Federal não fez nenhuma licitação para contratá-la: alegou que havia notório saber na execução de jogos. Detalhe: o acordo foi fechado apenas sete dias antes da realização da partida, quando a maior parte das providências já tinha sido tomada. Por quê? A Ailanto, e seu capital diminuto, recebera os direitos do amistoso da seleção da Bonus Sports Marketing, que, por sua vez, ganhara a partida das mãos da ISE, aquela dos árabes. Entenderam? O objetivo era justamente este, que ninguém entendesse nada.

A Procuradoria-Geral do Distrito Federal classificou o processo de contratação como "imprestável" para viabilizar algo "lícito": havia uma ordem de que a contratação não poderia ser realizada. Foi ignorada: Arruda, governador que depois sofreu um processo de *impeachment*, assinou o acordo para favorecer a Ailanto e lhe pagou integralmente. Em resumo, o amigo de Teixeira levava um contrato que lhe destinava 9 milhões de reais em dinheiro público pelo jogo realizado em novembro de 2008: praticamente 1 milhão de reais para cada um dos oito gols no amistoso em que o Brasil goleou por 6 X 2. Naquela noite, Luís Fabiano superou o futuro melhor do mundo, Cristiano Ronaldo. Mas quem se deu bem de verdade foi o futuro presidente do Barcelona, Sandro Rosell.

Além de receber uma fortuna pelo jogo, a Ailanto não teve de pagar quase nenhuma despesa. "Surge, então, a seguinte constatação: a empresa Ailanto, esquivando-se de sua responsabilidade, não arcou com as despesas de organização previstas no contrato. Essas eram custeadas com a renda decorrente do amistoso", descreveu o Ministério Público Federal em ação de improbidade contra Arruda. E para onde ia o dinheiro recebido pela empresa?

Isso começou a ser revelado quando Teixeira assinou um contrato de arrendamento de sua fazenda para Vanessa Almeida Precht. Tratava-se da sócia da Ailanto, ao lado de Rosell. Ela nunca utilizou a fazenda, como foi constatado, mas mesmo assim pagou 10 mil reais mensais para seu dono por um contrato de quatro anos, de 2009 a 2013. Depois, surgiram informações sobre pagamentos de Rosell para a mulher de Teixeira. Foi a primeira vez que, indiretamente, o cartola se apoderou de dinheiro público. O inquérito chegou à Polícia Federal e sua situação se complicou.

Mas os negócios não paravam: a Copa se aproximava e era hora de lucrar mais. Em 2009, mesmo ano em que recebia pela ocupação da inexistente fazenda, o cartola da CBF conseguiu outra ótima transação: comprou uma cobertura na Barra da Tijuca por 700 mil reais. Seu preço de mercado girava em 2 milhões de reais – houve corretores que falaram em 4 milhões de reais. Quem cobrou o preço camarada foi Claudio Abrahão. Ainda não mencionada aqui, a família Abrahão, liderada por Wagner, irmão de Claudio, foi a mais fiel parceira de Teixeira em sua gestão na confederação. Por meio de uma série de agências de viagens que mudavam de nome com frequência – todas pertencentes ao Grupo Águia –, organizou a vida da seleção, além de fechar contratos de transporte do Campeonato Brasileiro. Segundo a primeira CPI do Futebol, suas passagens sempre saíam mais caras que os preços praticados no mercado, mas isso não impedia que a confederação fizesse todas as suas viagens com o Grupo Águia.

A transação do imóvel na Barra da Tijuca foi recompensada anos depois, quando Claudio e sua empresa Top Service assinaram o contrato de venda de pacotes de hospitalidade da Copa do Mundo de 2014. Havia um parceiro: a

Traffic. O acordo era concedido pela Fifa, por meio da Match, e teoricamente houve concorrência para a contratação. O parceiro de Teixeira, então presidente do Comitê Organizador da Copa de 2014, levou o prêmio. O ganho era estimado em 30 milhões de dólares somente para as duas empresas brasileiras. A Match ficaria com o grosso dos 300 milhões de dólares de lucro. Explica-se: a empresa tem conexões societárias com Philippe Blatter, sobrinho do presidente da Fifa, por meio de sua controladora, a Infront.

A empresa foi se instalar na Barra da Tijuca, ao lado do Grupo Águia – um verdadeiro negócio entre amigos. Foi da carga de ingressos recebidos pela Match que saiu boa parte dos ingressos posteriormente apreendida pela Polícia Civil durante a Copa do Mundo de 2014, em um esquema de cambistas. Seu diretor, Ray Whelan, chegou a ser preso, mas depois foi solto e inocentado.

A escolha da Traffic e da Top Service para participar desse quinhão era mais uma prova de como Teixeira, considerando-se cada vez mais impune, perdia os limites. Isso veio a se comprovar em meados de julho de 2011, quando ele aceitou que a jornalista Daniela Pinheiro, da revista *piauí*, o acompanhasse em uma das suas idas a Zurique, visita na qual Blatter seria reeleito à presidência da Fifa. Esse acesso ao dirigente, nunca antes concedido a um jornalista, ocorreu por conta de uma combinação com o diretor de comunicação da CBF, Rodrigo Paiva. A ideia era fazer um perfil como o que tinha sido escrito sobre o presidente do Comitê Olímpico Brasileiro Carlos Arthur Nuzman pela mesma revista, pouco antes. Mas o quadro que a repórter pintou não foi agradável aos ouvidos da opinião pública.

O cartola atacou a imprensa e seus inimigos com ferocidade: "Meu amor, já falaram tudo de mim: que eu trouxe contrabando em avião da seleção, a CPI da Nike e do Futebol, que tem sacanagem na Copa de 2014. É tudo da mesma patota: UOL, *Folha*, ESPN ficam repetindo as mesmas merdas". Ele ia além: "Não ligo. Aliás, caguei de montão. O neguinho do Harlem olha para o carrão do branco e fala 'Quero um igual'. O negro não quer que o branco se foda... e perca o carro. Mas no Brasil é assim. É coisa de quinta categoria". Os palavrões eram seguidos de ameaças de "maldades maquiavélicas" durante a Copa do Mundo de 2014, já que ele ia "se mandar" mesmo em 2015. Seu projeto era a presidência da Fifa.

Teixeira queria derrubar Blatter da presidência e sua estratégia era apoiar o catariano Mohammed bin Hammam para o seu lugar em 2011. Em troca, mais à frente, esperava receber o apoio do catariano para ascender ao posto mais alto do futebol. Essa estratégia era conhecida no mundo futebolístico. Foi confirmada por um diálogo relatado pela *piauí* à mesa de jantar quando a filha do cartola entregou que ele "preferia" o árabe. O problema é que o plano não deu certo: Blatter pôs investigadores para achar pacotes e pacotes de dinheiro da campanha de Bin Hammam, distribuídos por aquele mesmo Jack Warner, sócio de Chuck Blazer e poderoso na Fifa, para os eleitores do Caribe. E o presidente da CBF voltou a se aliar a Blatter, como anunciou publicamente depois. Afinal, na Fifa, ninguém entra em eleição para perder: não existem ideologias por trás das candidaturas, é só um jogo de poder.

Sempre foi um jogo para Teixeira. Em 2001, quando o Mundial no Brasil estava a anos de distância, ele já articulara para tirar a candidatura do país em favor da África do Sul. Motivo: garantir à postulação brasileira apoio no pleito seguinte. Não importava que deixasse o ex-jogador Zico, a quem chamou para ser cabeça do projeto, com o papel de bobo a defender uma ideia que seu chefe na verdade boicotava. Os movimentos do cartola brasileiro para levar a Copa para o seu país começaram, portanto, mais de dez anos antes de o evento se realizar. Quanto ele mais se aproximava, no entanto, o Mundial da sua vida escorregava pelas suas mãos.

Após a *piauí*, o pior ainda estava por vir. Havia uma bomba-relógio à porta chamada International Sport and Leisure (ISL). A falência da gigante de marketing, que fora a principal parceira da Fifa, já tinha mais de uma década, mesmo tempo em que se arrastava o processo relacionado aos mais de 100 milhões de dólares em subornos recebidos por dirigentes da entidade. Havia suspeita sobre Ricardo Teixeira e João Havelange desde 2010, ano em que o processo foi encerrado na Justiça suíça. Então, dois cartolas da federação internacional tiveram que devolver uma parte das propinas como uma multa para os credores da companhia.

Os dois dirigentes eram descritos como B1 e B2, já que o Judiciário quis manter sigilo sobre seus nomes, mas os personagens se encaixavam em Teixeira e Havelange. Nenhuma outra pessoa do mundo detinha as credenciais deles. Não demorou muito para que o jornalista escocês Andrew Jennings confirmasse, no final de 2011, quem eram os dois dirigentes envolvidos no caso. Estava lá na sua matéria a Sanud, empresa em paraíso fiscal europeu, conhecida desde a CPI da CBF/Nike. Tratava-se da acionista majoritária da RLJ Participações, empresa em que Teixeira fazia todos os seus negócios no Brasil. Ela era a dona da sua mansão no Itanhangá, bairro isolado do Rio de Janeiro e com segurança para evitar jornalistas.

O processo continuava sigiloso, mas veículos suíços e britânicos já estavam perto de ganhar acesso a ele por meio de ações nos tribunais suíços. Era uma questão de tempo. Quando seu nome se tornasse público, Teixeira teria de abandonar seus cargos na CBF e na Fifa, com desonra. Assim, ao final de 2011, ele começou a preparar a sua saída: renovou contratos da CBF por períodos longos para garantir que seus amigos continuassem a usufruir do caixa da entidade, repassou negócios para o filho e limpou os rastros em sua empresa que o ligavam ao caso ISL, ao se desligar da Sanud.

Entre as operações feitas na CBF, a mais emblemática foi a tentativa de rompimento definitivo com J. Hawilla e sua empresa Traffic. Em dezembro de 2011, a mando de Teixeira, o departamento jurídico da confederação enviou uma carta anunciando que seria rescindido o contrato da Copa do Brasil com a agência de marketing. Essa não era uma relação qualquer: a firma de Hawilla detinha esses direitos desde 1990, isto é, dominava a Copa do Brasil praticamente desde o momento em que Teixeira criara esse evento esportivo. Foi sob o comando da Traffic que a competição se tornou relevante. E como se construiu essa longa relação?

"De tempos em tempos, durante esse período, Ricardo Teixeira pedia e Hawilla pagava propina em conexão com os contratos da Copa do Brasil", diz um dos trechos da investigação do FBI. Não há especificação de quanto era dado ao presidente da CBF, nem a forma como o dinheiro lhe era entregue. O cartola nega esses recebimentos. Ao portal Terra, em entrevista ao repórter Silvio Barsetti, em 24 de julho de 2015, Teixeira classificou as acusações do dono da Traffic de "mentira" e "pura vingança". O FBI, no entanto, detém comprovantes de pagamentos fornecidos por Hawilla.

Fato é que, "durante esse período", como mencionado, a Copa do Brasil explodiu, assim como a receita de Hawilla, a ponto de o último contrato ter sido assinado em 1999 por 55 milhões de reais em cinco anos, com término previsto para 2015. A verdade é que Teixeira se incomodava com esse lucro excessivo do seu ex-parceiro, com quem tinha relações estremecidas já havia alguns anos. Por isso, tentou tirar a Traffic da Copa do Brasil.

Os fatos: no mínimo eram estranhos os motivos alegados pela entidade para romper o contrato. A argumentação era que a empresa tinha posto como patrocinador da competição a Kia Motors, que era concorrente do seu parceiro Volkswagen. Detalhe: quando a Kia assumiu o nome do torneio não havia compromisso entre a confederação e a montadora alemã. Outro motivo apontado pelo jurídico da entidade era um processo movido pela Traffic contra a CBF relacionado à Copa América. Em resposta, a empresa de Hawilla rebateu os argumentos e ameaçou com um processo caso isso fosse adiante.

O empresário já sabia que, pelas suas costas, Teixeira fechara um contrato para a Copa do Brasil com a Klefer, empresa de seu amigo Kléber Leite, ex-

-presidente do Flamengo. Esse compromisso passaria a valer a partir de 2015, mas a intenção do dirigente da CBF era antecipá-lo.

Aqui, uma pausa para explicar quem era Kléber Leite. Sua trajetória inicial é similar à de Hawilla. Começou como repórter de rádio para depois saltar para o marketing esportivo e a comercialização de placas publicitárias, profissão bem mais lucrativa. Em sua ascensão, tornou-se presidente do Flamengo de 1995 a 1998. Nessa gestão, imprimiu suas principais características: a agressividade nas negociações e a total irresponsabilidade com os bens do clube. Para contratar o atacante Edmundo, utilizou-se de uma intrincada transação pela qual concedia parte da sede do clube na Gávea para um consórcio construir um shopping. O empreendimento não saiu e sobrou uma dívida de 80 milhões de reais para o clube na Justiça, uma das muitas criadas pelo dirigente.

Com perfil parecido com Hawilla, Kléber tornou-se seu sócio na Traffic no final da década de 1990. Eram amigos. Nas disputas por negócios esportivos, acabaram em lados opostos e concorrentes dez anos depois, pois Kléber tornou-se ainda mais próximo de Ricardo Teixeira e passou a fazer parte do seu círculo mais íntimo.

Oficialmente, Kléber prometia o pagamento de 128 milhões de reais por sete anos de contrato da Copa do Brasil. Por fora, acertara um aumento das propinas para Teixeira. Pelo menos é o que mostram as investigações do FBI. "Conspirador [Kléber Leite] informou a Hawilla que a propina inicialmente negociada com Ricardo Teixeira aumentou depois que outros dirigentes da CBF, José Maria Marin e Marco Polo Del Nero, exigiram pagamentos também", conta o documento do Departamento de Justiça dos Estados Unidos. Veremos mais adiante quem serão os outros beneficiários do esquema da Copa do Brasil. Investigado no Brasil e nos Estados Unidos, Kléber nega esses pagamentos e atribui as denúncias a vinganças de Hawilla contra ele. Seus negócios, no entanto, tornaram-se alvo da Justiça brasileira, que fez apreensões de computadores e bloqueio de seus bens em uma batalha jurídica que o dirigente levaria a tribunais superiores para impedir que sua vida fosse devassada.

Diante do leilão na CBF, Hawilla e Kléber Leite resolveram se acertar e fechar uma parceria em relação à competição em agosto de 2012. Dividiam os pagamentos de subornos e os ganhos e a promoção do campeonato pela versão do FBI. Mantinham os direitos de televisão e de marketing da Copa do Brasil. À margem dessa negociação, ignorantes de tudo, estavam os clubes de futebol que punham os times em campo.

Pelo acordo, segundo o Departamento de Justiça dos Estados Unidos, Teixeira dividia com Marco Polo Del Nero e José Maria Marin um pagamento anual de 2 milhões de reais por ceder a Copa do Brasil aos dois executivos.

Essa era apenas uma das operações financeiras que Teixeira estava de olho para a sua aposentadoria na CBF. Ele ainda prorrogou outros contratos, entre eles o que fez com os árabes da ISE, que estendia por mais dez anos o poder da empresa sobre os amistosos da Seleção Brasileira. Por cerca de 1 milhão de dólares anuais, eles podiam definir onde o time brasileiro teria de jogar, sem grande possibilidade de resistência de técnicos e dirigentes da confederação. Os direitos das eliminatórias da seleção foram para o amigo Kléber Leite, em outro acordo que se estendia bem além da sua permanência na confederação.

Politicamente, negociou com Marco Polo Del Nero, presidente da Federação Paulista de Futebol (FPF), a mais poderosa do país, como seria a sua sucessão. O paulista não era íntimo, mas não havia outra forma de amarrar o pacote. Sua saída significaria a posse do vice mais idoso, o político José Maria Marin, ex-governador de São Paulo e aliado de Del Nero. Dar o futebol do país nas mãos da dupla paulista tinha que ser acertado de forma que mantivessem intactos os contratos acertados na sua gestão e seus aliados permanecessem na diretoria da entidade.

A pressão aumentou quando reportagens da *Folha de S.Paulo* iniciadas em fevereiro de 2012 se aprofundaram nas investigações sobre o amistoso de Brasília, seu calcanhar de aquiles no Brasil. Um grupo de repórteres do jornal, composto por Sergio Rangel, Filipe Coutinho, Leandro Colon, Julio Wiziack e eu, levantou uma série de negócios que provavam como o dinheiro do jogo, por meio de intermediários, tinha ido parar nas mãos de Teixeira. A Polícia Federal levantava suas movimentações financeiras e fazia conexões com a partida. Não havia mais condições de ficar. Em 12 de março de 2012, José Maria Marin levou sua carta de renúncia à presidência da CBF e ao comando do Comitê Organizador da Copa de 2014, posto que o elevaria ao centro do país na abertura do Mundial. Seu texto tinha um tom que misturava a autoexaltação dos seus feitos com a amargura pelos ataques sofridos como cartola. Enumerava realizações como os pontos corridos e troféus da seleção. Só que deixava claro como as seguidas denúncias o tinham abalado ainda que tentasse minimizá-las, pública e privadamente.

"Hoje, deixo definitivamente a presidência da CBF com a sensação do dever cumprido. Não há sequência de ataques injustos que se rivalizem à felicidade de ver, nos rostos dos brasileiros, a alegria da conquista de mais de cem títulos, entre os quais duas edições da Copa do Mundo, cinco edições da Copa

América e três edições da Copa das Confederações. Nada maculará o que foi construído com sacrifício, renúncia e dor. A mesma paixão que empolga, consome. A injustiça generalizada machuca. O espírito é forte, mas o corpo paga a conta. Me exige agora cuidar da saúde", dizia o documento.

Oficialmente estava na sua saúde a explicação para sua saída, já que era atingido por diverticulite, entre outros problemas. A verdade era que cumpria o ritual dos cartolas pegos com provas irrefutáveis que abandonam o barco para não ter de responder com seus bens pelo que fizeram. Três meses mais tarde, após longa batalha em que Blatter fez tudo para esconder documentos do caso, a Justiça suíça tornava público o relatório da ISL. E o que contavam esses papéis?

Por sete anos, de 1992 a 1999, Teixeira recebeu uma mesada da ISL enquanto era membro do Comitê Executivo da Fifa e do Comitê Organizador da Copa do Mundo da Fifa. Esse dinheiro era pago quando ele tinha poder de decisão sobre firmar e renovar contratos relacionados aos direitos de transmissão e de marketing do Mundial. A ISL era justamente a empresa que obtivera os direitos sobre esses acordos e podia revender a Copa do Mundo com exclusividade, o que lhe gerava renda acima de todas as outras agências de marketing esportivo mundiais. Por isso, a Justiça suíça considerou que esse dinheiro era propina para convencê-lo a manter os acordos.

"O acusado Ricardo Terra Teixeira usou dinheiro irregularmente confiado a ele para o seu pessoal enriquecimento por várias vezes", dizia o texto. "Ele agiu com a intenção de enriquecer irregularmente." No total, a ISL depositou 12,7 milhões de francos suíços (26,4 milhões de reais pela cotação de 2012) nas contas da Sanud, empresa que ele controlava. Era a mesma companhia usada por ele para levar o dinheiro para o Brasil, como mostrara a CPI. O caminho do dinheiro era complexo: da ISL ia para a Sanud, que o emprestava a fundo perdido para a RLJ Participações. A empresa brasileira abastecia as contas pessoais de Teixeira e nunca pagava esses supostos empréstimos. Havelange foi mais direto: recebeu em seu nome 3,1 milhões de reais desse dinheiro, que pôde ser encontrado pela Justiça suíça no rastreamento feito.

Ressalte-se que esse escândalo só veio à tona porque a ISL faliu de tanto pagar suborno para cartolas. Com sua falência, o sistema judicial suíço nomeou um administrador para representar os credores. Seu nome era Thomas Bauer. Nos contatos que tive com ele, o auditor tentava desvendar um novelo de transações em paraísos fiscais para achar o dinheiro perdido pela empresa. Seus destinos eram desde operações suspeitas envolvendo o Flamengo e o Grêmio no Brasil (com quem a empresa fizera parceria) até os pagamentos secretos para os dirigentes da Fifa. Foi ali que ele achou as transferências feitas para os todo-poderosos do futebol mundial.

Até o relatório do Comitê de Ética da Fifa era duro com os cartolas ao afirmar: "Está claro que Havelange e Teixeira, como dirigentes de futebol, não deveriam ter aceitado subornos, e deveriam devolver o dinheiro, já que ele estava em conexão com a exploração dos direitos de mídia". Esse documento da Fifa surgiu quase um ano depois, em abril de 2013, e pouco valia. Avisado, Teixeira, em sequência à sua renúncia da CBF, abdicara também do cargo na Fifa. Havelange havia abandonado seu posto de presidente de honra da entidade um mês antes. O mesmo destino teve Nicolás Leoz, o presidente da Conmebol, que recebera outros pagamentos da ISL.

A Fifa fingia que tomava providências, mas na prática deixava todos escaparem livres. A renúncia de Teixeira possibilitou que ele tivesse uma aposentadoria como ex-membro do Comitê Executivo que se estenderia até os 82 anos, com ganhos de até 60 mil reais por ano. Levava ainda uma remuneração de cerca de 100 mil reais mensais da CBF, estipulada pelos novos poderosos da entidade Del Nero e Marin, a título de consultoria para acompanhar os contratos de marketing da entidade. Não haveria nenhuma punição, já que todos tinham se retirado do mundo do futebol e as leis suíças não tinham sanção para corrupção em empresas privadas. Somente depois do caso Fifa, a lei sofreu mudança na Suíça. Desse modo, àquela época, os dirigentes brasileiros escaparam da cadeia porque estavam em um buraco jurídico no país da federação internacional.

No período final em que dirigiu a CBF, Teixeira movimentou 460 milhões de reais em suas contas no Brasil, como revelou uma investigação de autoridades fiscais brasileiras. Cerca de dez anos antes, quando foi investigado pela primeira CPI do Futebol, seus ganhos na bolsa de valores somavam 1,3 milhão de reais em 1999, o que mostra o tamanho do salto de seus negócios.

Após deixar a confederação, o dirigente viajou para Miami com receio do que as autoridades poderiam fazer com ele no Brasil. Ao chegar lá, não quis mais ficar na sua casa antiga em Boca Raton. Trocou-a por uma propriedade de 22 milhões de reais no bairro de milionários Sunset Island, na baía de Biscayne, como revelado pela *Folha de S.Paulo*. Comprada da ex-tenista Anna Kournikova, a casa tinha sete quartos e oito banheiros, com um total de 615 metros quadrados. Um barco de 2 milhões de dólares e carros Porsche e Mercedes completavam o cenário. Sua movimentação para qualquer lugar fora dali era por meio de jatinhos e helicópteros, todos comprados pela opulência de seus cargos na CBF e na Fifa.

Teixeira tinha dinheiro que dava para gastar a perder de vista, mas sua vida tinha a amargura do sonho perdido. Foi embora do Brasil pouco antes da estreia do Mundial de 2014. Não poderia acompanhar o evento nos estádios, embora sua filha Joana Havelange e os netos pudessem ainda circular em carros oficiais da Fifa. Explica-se: deixara de mimo para a filha o cargo no Comitê Organizador da Copa de 2014 e ela desfrutava dele. Separou-se da segunda mulher, Ana Carolina Wigand, e acumulou algumas namoradas mais novas, mas estava longe dos jogos de poder que sempre lhe interessaram. Voltou ao Brasil mais para ficar próximo a amigos do que para tentar retomar alguma atividade: a saúde o afetava e não havia cenário possível para voltar a atuar. Preferia se isolar na sua fazenda em Piraí a entrar em uma briga. Ainda tinha aliados poderosos como o senador Aécio Neves e o ex-jogador Ronaldo na roda do poder. E mantinha contato com o novo homem forte da CBF, Del Nero, em reuniões esporádicas no Brasil e em Miami. No entanto, seu escopo de atuação era bem limitado.

Na CBF e na organização da Copa do Mundo, era a vez da nova dupla poderosa: Marin e Del Nero. Eles ainda andavam com o antigo assessor Alexandre Silveira, mas cada vez prestavam menos contas ao antecessor. O ex-presidente da CBF mostrava-se desgostoso com a destituição de aliados como José Carlos Salim e Antônio Osório de cargos-chave da entidade. Os dois novos mandachuvas da confederação não queriam mais saber de dividir o poder, e passaram a substituir os contratos de patrocínio fechados por Teixeira, trocando-os, sempre que possível, por novas empresas. A cada novo acordo ficava mais claro quem passara a controlar a entidade.

Irritado, ele até parou de falar com Del Nero durante alguns meses. Houve um encontro no final de 2014 para discutir questões da entidade, mas Teixeira não gostou do que ouviu, nem da forma como os cartolas geriam a CBF. Mantinha a conexão por uma questão de negócios em comum, mas estava contrariado. E saía desgostoso do “seu reino”.

Nem a aposentadoria milionária Ricardo Teixeira poderia curtir em paz. Se em maio de 2015 tornou-se suspeito nas investigações do FBI sobre propinas, em dezembro daquele ano o cartola transformou-se em acusado de fato no caso Fifa, investigado pelo Departamento de Justiça dos Estados Unidos. Foi apontado como réu pelos crimes de conspiração, lavagem de dinheiro e fraude eletrônica. As acusações estavam relacionadas às propinas recebidas por contratos da Copa do Brasil, da Copa América e da Copa Libertadores da América. Ainda havia relatos sobre dinheiro indevido que recebeu pelo patrocínio da Nike à Seleção Brasileira. No total, Teixeira foi citado trinta vezes no relatório do FBI, o que mostrava sua influência no esquema criminoso descrito pelas autoridades norte-americanas.

"Durante aproximadamente o mesmo período de tempo de Jack Warner [ex-presidente da Concacaf da década de 1980 até 2011], os acusados Nicolás Leoz, Ricardo Teixeira e o conspirador 1 [Julio Grondona] se estabeleceram como poderosos dirigentes da Conmebol e da Fifa", registrava o documento norte-americano. "Como Jack Warner, os acusados Nicolás Leoz e Ricardo Teixeira, junto com o conspirador 1, usaram seu poder e influência para enriquecerem deslealmente." A linguagem até repetitiva do texto de acusação desenrolava como funcionava o esquema de conspiração criminosa que tinha tomado conta do mais alto escalão da Fifa. No Brasil, presidente da CBF por 23 anos, Teixeira era o dirigente com os braços mais longos sobre todos os negócios da Seleção Brasileira e dos clubes de futebol.

Isso a ponto de até a convocação da seleção estar submetida a acordos por propinas feitos por Teixeira. Está lá descrito como o presidente da CBF recebia da Traffic para garantir que os melhores jogadores da seleção estariam presentes nas edições da Copa América durante dez anos. Pode parecer óbvio que os jogadores de maior qualidade sejam chamados para defender o time brasileiro, mas o excesso de edições do maior torneio do continente tinha desgastado seu prestígio com os jogadores. Alguns deles, como Kaká e Ronaldinho, entre outros, resistiam a passar seu único mês de férias do disputado futebol europeu jogando em gramados irregulares na América do Sul. Por isso, pediam dispensa. Por esse motivo, Teixeira receberia "por fora" para garantir suas presenças e assim incrementar a qualidade do torneio.

"Hawilla [José] aceitou fazer pagamentos para a CBF para assegurar os seus melhores jogadores nas edições de 2001 a 2011. Nessa época, Ricardo Teixeira orientou Hawilla a pagar em contas que não eram conhecidas de Hawilla e que o departamento financeiro da Traffic informou não serem da CBF."

Faturando com a seleção, Teixeira ainda teria outra fonte de renda na Libertadores, de cotas reduzidas para os clubes. Ele e Hawilla também faziam parte da empresa que adquirira os direitos televisivos sobre o torneio, a T&T Sports Marketing, que pagaria a eles e a outros dirigentes sul-americanos para manter os contratos. Enquanto isso os clubes, que não conheciam as negociações, praticamente pagavam para jogar.

Teixeira teria de responder por delitos que somavam vinte anos de pena máxima, um período ainda menor do que o que ficou à frente da CBF. Àquela altura já havia uma ordem de prisão contra ele, mas ela não era cumprida porque o cartola saiu dos Estados Unidos e se mandou para o Brasil assim que soube que estava sob a mira do FBI. E não há acordo de extradição do país com os Estados Unidos.

Isso, no entanto, não significava que não enfrentaria consequências. Sua vida de magnata na Flórida estava acabada. O Departamento de Justiça dos Estados Unidos deixava claro que perseguiria os acusados onde estivessem, especialmente se aparecessem em território norte-americano. Teixeira já se prevenira ao vender sua mansão para evitar o confisco que as autoridades iniciaram contra todos os envolvidos no escândalo. Não seria mais possível pisar em solo norte-americano ou mesmo viajar para países que tivessem tratado de extradição com os Estados Unidos. E não pararia por aí. O FBI prometia investigar novamente o caso ISL, aquele mesmo escândalo de propinas que tirara Teixeira do mundo do futebol.

No Brasil, não se sabia qual seria o desenrolar das investigações norte-americanas, visto que a colaboração com os Estados Unidos era incerta por barreiras judiciais. A única certeza era que o homem que por mais tempo reinou na CBF, temido por clubes, jogadores e até políticos, estava condenado a uma vida de sobressaltos com notícias que viessem da Justiça, sem poder viajar, e torcendo para não acabar preso.

JOSÉ MARIA MARIN, O "ZÉ DAS MEDALHAS"

Com a renúncia de Ricardo Teixeira, o estatuto da CBF mandava que o vice-presidente mais velho assumisse o seu cargo, uma dessas bizarrices das regras antidemocráticas da entidade. Tratava-se de José Maria Marin, político da época da ditadura. O ex-presidente, no entanto, queria ter certeza de que não largaria a CBF nas mãos de alguém que desfizesse o seu "legado", digamos assim. Tradução: não poderia mexer nos contratos e parcerias feitos por ele que, como já vimos, eram imensamente lucrativos.

Por isso o presidente da FPF, Marco Polo Del Nero, e o então vice-presidente da CBF, José Maria Marin, se encontraram com Teixeira para lhe dar garantias de que seriam fiéis a ele. Acertaram até um salário de 100 mil reais para o ex-presidente a título de consultoria para os contratos em curso. Como se fosse necessário que alguém ficasse acompanhando acordos que já estavam assinados. Ainda mais um cartola que tinha se mudado para Miami. Del Nero se tornaria assim a eminência parda na CBF, detentor do poder de fato. Mas a nova cara pública da confederação era Marin. E quem era esse meio político, meio cartola que assumiria a confederação após 24 anos de domínio de Teixeira? Representaria alguma renovação para o futebol com seus quase oitenta anos à época?

José Maria Marin não foi um jogador de habilidade quando tentou carreira no São Paulo e em times do interior, mas ninguém pode lhe negar o talento para oportunismo social que desenvolveu fora dos gramados. Nas diversas vezes em que estive com o cartola, nunca se irritou. É daqueles que cumprimenta o interlocutor com as duas mãos para manter intimidade, e o elogia logo de cara para mostrar simpatia: "Você é fogo. É o melhor", repetia a cada um. Cochicha no ouvido das pessoas para lhes transmitir essa sensação de proximidade com o poder que encanta a muitos. Não se compromete, não responde a perguntas espinhosas. É um "sabonete", como se diz na gíria. Seus discursos são demagógicos, cheios de referências a autoridades presentes e a realizações de seus feitos e de outros políticos. Quando faz críticas, são dirigidas aos inimigos do poder ou dos seus interesses. Costuma repetir palavras algumas vezes como uma forma de dar ênfase, ou simplesmente para enrolar o público. Não diz praticamente nada pelo que possa ser cobrado depois. Um típico político formado na ditadura brasileira. Até seu cabelo acaju, os óculos escuros grandes em ocasiões de sol e os ternos antigos remetem à década de 1970. Essa é sua figura pública.

Seus negócios privados revelam outra face: um homem que nasceu pobre e acumulou uma fortuna em imóveis em São Paulo, capital e praias, no Rio de Janeiro e em Nova York, sem que as fontes dos recursos tenham ficado claras. Em 2002, na sua última declaração de bens públicos, somava cerca de 10 milhões de reais em valores atualizados para 2015, mas é certo que tinha muito mais que isso, já que espalhou imóveis pelo filho ou pela esposa, além de um ou outro que escondeu. Suas únicas carreiras de fato foram a de político e a de cartola, posições em que tinha salários fixos, ou nem isso, no caso da Federação Paulista de Futebol. E enriqueceu bem além da possibilidade dessas remunerações.

Sua trajetória começou a se desenhar quando o técnico campeão com a Seleção Brasileira Vicente Feola, então no São Paulo, recomendou que largasse o futebol para estudar, já que identificava nele mais perspicácia do que talento com os pés. Formou-se em direito em 1955 e casou-se com Neusa, de família tradicional, em 1958. Ele reconheceu que, naquela época, ela tinha recursos e ele era apenas "um jogador de futebol".

Ajudado por aliados de Santo Amaro, bairro da zona Sul da capital, lançou-se candidato a vereador por São Paulo em 1964, aproveitando-se da nascente ditadura. Ocorrida no mesmo ano do golpe militar no Brasil, sua eleição foi pelo Partido de Representação Popular (PRP). Dois anos depois passou para o partido do governo, a Arena (Aliança Renovadora Nacional).

Sua ascensão se deu com a ajuda do núcleo da ditadura. Chegou à presidência da Câmara Municipal graças a manobras nos bastidores do Ministério da Justiça, comandado pelo jurista Gama e Silva e por seus companheiros militares. Sim, tratava-se do jurista que redigiu o AI-5 (Ato Institucional nº 5), responsável por cassar direitos políticos e instituir o período mais negro da ditadura no final de 1968. A truculência de um assessor do ministro é que ajudou a elegê-lo.

Um documento do Serviço Nacional de Informações (SNI) descrevia Marin naquela época da seguinte forma: "É considerado fraco por seus pares. Consta que sua candidatura tem apoio de círculos militares e de elementos ligados ao ministro da Justiça". Em seguida, o organismo afirmava: "[...] todos os atos de Marin [...] são 'sugeridos' pelo esquema que o elegeu presidente da Casa".

Logo traiu a corrente que o sustentava na Câmara Municipal para se aliar ao prefeito biônico Paulo Maluf, e nele "colou" a sua carreira política. Mas se manteve próximo da cúpula militar. E, em privado, não exibia os sorrisos públicos que se viam. Consta dos registros documentais em seu nome que, em 1970, Teresa de Carvalho pediu proteção ao Departamento de Ordem Política e Social (Dops) por ter sido "prejudicada e ameaçada" por Marin por fazer campanha para outro político. Sua ligação com a truculência pôde ser percebida mais de perto pelos elogios públicos, já como deputado estadual, aos delegados Rubens Liberatori e Sérgio Paranhos Fleury, ambos ligados a operações de tortura ou truculência policial durante a ditadura.

Um dos seus discursos inflamados na Câmara dos Deputados, no caso contra a diretoria da TV Cultura, pedia providências contra jornalistas acusados de plantar notícias contra o governo militar e fazerem propaganda comunista. Logo após esse discurso, o diretor de jornalismo da Cultura, Vladimir Herzog, foi preso e morto nos porões da ditadura. Marin sempre negou ter tido influência na morte do jornalista.

Certamente isso não prejudicou sua carreira no regime militar: a ascensão continuou até se tornar vice-governador na chapa do companheiro Maluf, cargo que ele só obteve após uma disputa interna no partido que envolveu um incêndio e acusações de fraude eleitoral. Para se ter ideia, havia um número maior de votos do que de presentes na convenção do Arena. O caso foi parar no Tribunal Regional Eleitoral, mas não deu em nada.

No poder, Marin envolveu-se em um caso de fraudes na Caixa Econômica Estadual. Uma CPI investigava empréstimos vultosos feitos pelo banco público a empresas da região de Santo Amaro, área de influência do político. As firmas faliram e nunca ressarciram os cofres públicos. O diretor responsável por conceder os empréstimos chamava-se Plínio Schmidt. Era sócio e assessor de Marin, que o indicara para o cargo. Pressionado por parlamentares, Marin afirmou em depoimento que era impossível relacionar as operações a ele. Com maioria na Câmara dos Deputados, por ser o partido do governo, saiu ileso da investigação e tornou-se governador quando Maluf renunciou para tentar voos mais altos.

Acusações de corrupção se avolumavam, todas registradas em documentos do temido SNI. Nos papéis, apontava-se que ele pressionava funcionários da Eletropaulo a desviar dinheiro para a campanha da Arena. Outra investigação indicava que recursos da Paulipetro, outra estatal, tinha bancado viagens e banquetes para o partido e para o governador, sem que houvesse nenhuma relação com fins governamentais. Mais uma vez saiu sem arranhões, já que durante a ditadura nenhuma investigação ia a fundo.

Quando não estava metido nesse tipo de confusão, Marin gostava mesmo era de futebol. Nunca se constrangeu de usar seus cargos políticos para tentar interferir na gestão do esporte, ainda que de forma infrutífera. Chegava a tomar o palanque da Assembleia Legislativa para fazer críticas ao esquema tático de Zagallo, ou à eleição de João Havelange para a Fifa. "Até hoje o povo brasileiro não compreende os motivos reais do afastamento do consagrado Edson Arantes do Nascimento, e o que há entre o nosso 'Rei Pelé' e o presidente João Havelange. Já existem comentários de que tudo se resume no interesse pessoal do senhor João Havelange de assumir a presidência da Fifa, utilizando-se ele do prestígio do consagrado Edson Arantes do Nascimento", discursava em 1973. Mas não era do seu feitio ficar muito tempo contra o poder: logo passou a elogiar Havelange, depois que ele havia se consolidado na federação internacional.

Sua aspiração a cartola era tal que tinha surtos intervencionistas pregando que deveria obrigar-se a CBF a deixar sua sede no Rio de Janeiro para fortalecer o futebol de São Paulo. O bairrismo sempre foi um traço forte de Marin. Foi pelas portas da FPF que iniciou sua carreira de cartola.

Ainda vice-governador, enfrentou Nabi Abi Chedid (outro ligado a políticos da ditadura) em uma eleição pela presidência da FPF, em 1982. Não foi uma campanha limpa. Não faltaram acusações do uso da máquina pública em favor de Marin. O governo estadual firmou mais de cem convênios com cidades do interior para consertos de alambrados, construção de campos de futebol, ampliação de estádios, entre outros benefícios – sempre para favorecer dirigentes de ligas amadoras e clubes do interior, os membros que compõem o grosso do corpo eleitoral na entidade. Até churrascos e festas foram bancados no interior. A verba do governo estadual foi recorde naquele período.

"Há coações e imposições que estão sendo feitas no interior pela máquina governamental em benefício do meu adversário", atacou Nabi em entrevista à revista *Placar*. Contudo, Nabi também utilizava dinheiro da federação para tentar vencer esse pleito. A disputa chegou ao auge da sujeira no dia da eleição. Marin chegou à federação com quatro ônibus e uma viatura da polícia para se proteger. Marin rechaçava ter usado a máquina pública, apesar das evidências. "Consegui tudo, na política, sem precisar do futebol. Não preciso usar a federação para me promover, ao contrário do atual presidente [Nabi]", dizia ele.

As disputas eleitorais nas federações e confederações do futebol brasileiro, ressalte-se, costumam descambar para a baixaria. Os cartolas não parecem saber lidar com pleitos, visto que a maior parte das votações é decidida por chapas únicas registradas com o apoio de quase 100% dos votantes. Ligas amadoras e clubes do interior, às vezes de quarta divisão, juntam-se para formar um corpo eleitoral sólido em que só os favores garantem as vitórias. Como exemplo, o atual presidente da Federação do Rio de Janeiro

(Ferj), Rubens Lopes, foi eleito a primeira vez com a oposição de grandes clubes. Apoiou-se nas ligas, algumas acusadas de serem fantasmas, para ser elevado ao cargo. O sistema vem desde a época de Eduardo Viana. E isso se repete em outras federações estaduais, onde times que estão longe de serem profissionais se impõem sobre as grandes equipes.

Ao final, Marin foi eleito e fez uma composição com o próprio Nabi para mandarem juntos na federação, mesmo que tenham trocado acusações graves durante a campanha. No futebol brasileiro, como na política, a guerra pelo poder justifica tudo, mas, muitas vezes, os dois lados são bastante parecidos.

Transformado em cartola, Marin deixou o seu único cargo importante na política em 1983. Estava rico: tinha casas no litoral paulista e apartamento nos Jardins, fora os terrenos que começava a acumular pelo Jardim Europa, alguns em nome da esposa e outros no do filho. Ainda levava uma concessão de rádio em São Paulo dada pela ditadura, que lhe rendeu milhares de reais por mês em aluguéis. Levou também uma sonora vaia quando passou a faixa para o governador eleito André Franco Montoro. Estava claro: com o poder do voto novamente com o povo, seria difícil para Marin ganhar novas eleições. Tanto é assim que ele perdeu votações para prefeito, para senador e para vereador nas duas décadas seguintes. Restava-lhe o futebol.

Na FPF sua gestão foi caracterizada pelo desrespeito a regulamentos, por arranjos políticos e pela tentativa de sufocar movimentos de clubes, afinal, desde a ditadura, ele tinha se tornado especialista em repressão. Em 1987, o Campeonato Paulista tinha regras que previam o rebaixamento dos quatro últimos times. O Corinthians ficou na lanterna no primeiro turno. Marin não se constrangeu: mudou o regulamento durante o campeonato para reduzir para dois o número de times rebaixados, o que salvaria o clube alvinegro.

Outra atitude foi se opor à Copa União, torneio criado pelos clubes no mesmo ano para substituir o Brasileiro, já que a CBF reconhecera que não tinha condições de realizá-lo por estar falida. Marin ameaçou não permitir que a Rede Globo, que fizera um acordo pelos direitos da competição, pudesse transmitir os jogos em estádios na capital. "O futebol paulista não pode ficar subordinado aos interesses de uma emissora de TV", bradava. As ameaças foram em vão e o campeonato saiu contra a resistência do cartola.

Ao se retirar da FPF, em 1988, Marin deixou como herança o imbróglio jurídico relacionado à virada de mesa no caso do Corinthians – times como a Ponte Preta foram à Justiça por causa de prejuízos sofridos pelo regulamento anterior. E transformou Eduardo José Farah em seu sucessor por meio de um acordo político com o então governador Orestes Quércia. Esse compromisso entre o Partido da Frente Liberal (PFL), de Marin, e o Partido do Movimento Democrático Brasileiro (PMDB), de Quércia, tinha pouco sentido e se centrava nos seus interesses na carreira pública. Ainda assim ele empossou o homem que ficaria 15 anos à frente da federação e que, coincidência do destino, seria o responsável por marcar Del Nero no mapa dos cartolas poderosos do país.

Esses acertos de bastidores não foram suficientes, no entanto, para manter Marin em cargos públicos. Longe das benesses da ditadura, foi apenas o quarto colocado na eleição para o Senado em 1986, atrás do futuro presidente da República Fernando Henrique Cardoso e do futuro governador do estado de São Paulo Mário Covas. Eram novos tempos os da democracia, e Marin ficava para trás. Como consolo, restavam todos os imóveis que comprara durante a década de 1980.

No entanto, estava destinado a um longo ostracismo. Instalado no pequeno Partido Social Cristão (PSC), perdeu outras eleições das quais participou, para prefeito da capital e senador por São Paulo, em posições humilhantes.

José Maria Marin só veio a reaparecer para o público em janeiro de 2012, em um episódio nada nobre. No palanque de premiação da Copa São Paulo, a competição de juniores mais importantes do país, as câmeras o flagraram embolsando uma das medalhas dos jogadores. Quando enfiou o prêmio no bolso de seu terno, estava no palco na condição de vice-presidente da CBF para o Sudeste, por uma dessas conveniências políticas da entidade. Esse episódio rendeu a Marin o apelido de "Zé das Medalhas". Marco Polo Del Nero, presidente da Federação Paulista de Futebol, tratou de salvá-lo ao afirmar que se tratava de um presente da entidade a ele. Ninguém se convenceu, mas, como sempre acontecera em sua vida, "Zé das Medalhas", digo Marin, saiu ileso.

O público não sabia então que em poucos meses os holofotes estariam de novo voltados para o cartola do cabelo acaju. Quando assumiu a CBF, após o já mencionado discurso de Teixeira, ele afirmou: "Assumo a presidência de acordo com o estatuto da entidade e cumprirei o mandato até o final para fazer uma gestão de continuidade ao que vinha sendo feito". Isso significava que Marin ficaria à frente da entidade até 2015, ano em que se encerrava a última gestão de Teixeira. Esse mandato fora estrategicamente prolongado por uma reforma do estatuto da confederação para abranger a Copa do Mundo de 2014, o que garantia que o cartola chegaria até lá sem ter de enfrentar nova eleição. Não enfrentou, só que seria outro a usufruir dessa armação.

Marin não assumiu apenas a CBF: tornou-se também presidente do Comitê Organizador Local (COL), cargo destinado em outras edições a figuras como Michel Platini e Franz Beckenbauer. Seria a sua face que o Brasil apresentaria para o mundo no evento esportivo mais importante que se organizara nestas terras. Marin pouco se importou com o seu cargo relacionado ao Mundial: limitava-se a ir a entrevistas coletivas em que trocava os nomes das pessoas presentes e cometia gafes. Pouco atuava de fato como executivo, embora seus assessores tentassem passar a imagem de que era muito ativo. Ele nem sequer falava inglês para participar das reuniões com os cartolas da Fifa sobre os preparativos do Mundial. Durante esses encontros, dizia algumas palavras em espanhol e deixava que executivos cuidassem do restante.

Nem por isso ele deixou de lucrar 985 mil reais, além dos salários, por sua participação como executivo do COL. Essa distribuição de dinheiro só foi descoberta depois, com as investigações das comissões de inquérito. Havia dúvidas sobre a regularidade do pagamento visto que o comitê, na prática, estourou o orçamento e necessitou de caixa extra da Fifa para concluir os seus trabalhos. Marin tinha apenas 0,01% das cotas do COL, sendo o restante pertencente à CBF. Em uma distribuição proporcional de lucros, isso significaria que o comitê teria de ter um lucro de quase 10 bilhões de reais para ceder esse dinheiro ao cartola. Isso, óbvio, nunca aconteceu, visto que o orçamento inteiro do COL girou em torno de 1 bilhão de reais. Marin era o administrador da associação e poderia ter autorizado esse bônus, mas as contas eram auditadas pela Fifa. Não houve explicação de como esse dinheiro foi parar na conta do presidente da CBF. Enquanto dirigia o COL, Marin não estava preocupado com isso, nem com o andamento da organização do Mundial, como ressaltou diversas vezes.

"Claro que estádios são importantes, mas são obras para a Fifa e para o governo. Para nós, o que importa é a formação da seleção. É a obra mais importante para Copa no Brasil", repetiu, seguidamente, logo depois de assumir. Com a caneta mais poderosa do futebol brasileiro na mão, Marin parecia uma criança em um parque de diversões. Trocou o semblante carrancudo de Teixeira por uma série de aparições públicas marcadas pelo sorriso fixo do político que cumprimenta eleitores. E quebrou uma regra do antecessor que não interferia na condução da seleção, deixando-a sempre a cargo dos seus técnicos. Marin e Del Nero não gostavam do então técnico da seleção, Mano Menezes. Com uma fala treinada por *media training* e um raciocínio bem mais sofisticado sobre futebol do que seus patrões, ele não se encaixava no padrão "setentista" dos novos comandantes, ambos acima dos setenta anos e apegados aos clichês de um futebol ultrapassado.

E Marin gostava de participar, e de falar com boleiros. Em uma conversa comigo, admitiu que procurara o meia Ronaldinho Gaúcho para debater sobre a sua volta à seleção. O mesmo fizera com o centroavante Fred. Nada disso passava pelo técnico, e Mano ficava cada vez mais incomodado. Mas se calava. O diretor de futebol Andrés Sanchez, um dos que convenceram Teixeira a levá-lo para a seleção, tentava minimizar as interferências, mas a força dos dirigentes era maior: Mano foi demitido no final de outubro. Andrés saiu junto com ele e tornou-se um inimigo político e aspirante a substituir a dupla, ainda mais com a sua ligação com o antecessor Teixeira.

Sem eles, Del Nero e Marin estavam livres para trazer um técnico daquele padrão sargentão que admiravam: Luiz Felipe Scolari foi o nome escolhido. Preferido da torcida, tinha a imagem suficientemente forte para blindar os dois cartolas, mas não representaria incômodo para o poder, pois já se acostumara ao papel de escudeiro com Teixeira em 2002. Tanto que Marin criou uma regra pela qual o treinador tinha que lhe apresentar a lista de convocados dois dias antes de torná-la pública, e o treinador nem a questionou. À época, não se sabia que o contrato da ISE com a CBF previa que as cotas dos amistosos só seriam mantidas caso todos os astros da seleção estivessem presentes nos jogos.

De uma forma ou de outra, a ordem gerou uma cena constrangedora gravada pela CBF em que Felipão dava a lista para Marin como se fosse um presente de aniversário. Dois dias antes da convocação para a Copa do Mundo de 2014, ele aparecia juntamente com Del Nero e outros membros da CBF batendo palmas e cantando parabéns para os 82 anos completos de Marin: "O que é combinado a gente sempre vai fazer. Sua convocação está aqui. Depois o senhor vai lá para o cantinho e pode ler", disse o treinador para o então presidente da CBF. O cartola recusou e fez piada, dizendo que estava em forma para integrar o grupo de Felipão. Esse clima de descontração tinha um motivo: em um ano e meio de gestão, o treinador ganhara a Copa das Confederações e retomara a confiança do público. Marin surfava na onda, aparecendo em revistas e voltando ao período de político em que os holofotes estavam voltados para ele. Sempre gostou de estar no centro das atenções.

Com a presidência da CBF conseguiu atrair figuras importantes, como o governador de São Paulo, Geraldo Alckmin, e a primeira-dama Lu, para comemorar os 55 anos do casamento com Neusa (bodas de ametista) em setembro de 2013. As festas da confederação também contavam com autoridades públicas e celebridades, em uma recuperação do prestígio perdido nos anos finais de Ricardo Teixeira. Claro, perto do Mundial, todos queriam estar bem com o chefe da seleção, fonte de ingressos e de proximidade com os jogadores.

A exceção era a presidente Dilma Rousseff. Militante de esquerda e torturada durante a ditadura, ela não aturava a presença de um homem tão ligado ao regime militar em cargo vital para o Mundial. Negou-se a recebê-lo em audiências e fazia boa ginástica para evitar aparecer ao seu lado publicamente. Preferia colar sua imagem à de Felipão. Outro que não ia com a cara do presidente da CBF era Ronaldo, membro do Comitê Organizador, que lhe fez críticas públicas e pediu sua saída da entidade.

Seu maior incômodo, no entanto, era o ex-atacante Romário. Deputado e depois eleito senador, tornou-se opositor ferrenho de sua gestão como fizera com Teixeira. De início, até celebrou sua chegada por representar a saída do eterno presidente da confederação. Mas, durante sua administração, passou a adotar um discurso duro contra Marin e Del Nero, inclusive com pedidos de prisão. A briga iria até uma disputa judicial e se transformaria em uma CPI. Mas não havia como impedir: Marin seria a face que o Brasil apresentaria ao mundo na Copa. As piadinhas públicas com Felipão e os discursos demagógicos ajudavam a esconder os negócios que não eram filmados.

Como presidente e vice da CBF, Marin e Del Nero tomaram as rédeas da gestão das principais receitas da entidade. Isso envolvia acordos com patrocinadores, direitos televisivos e amistosos da seleção. Naturalmente, foram afastando os homens de confiança de Teixeira como Antônio Osório e José Carlos Salim, que tinham cargos nas finanças e no marketing. E montaram sua nova diretoria com homens vindos de São Paulo, como Rogério Caboclo e Gilberto Ratto, entre outros. Era uma confederação com cara paulistana, mas a meta principal era aumentar a renda com renovações e novos acordos. Não era muito difícil, com a seleção às vésperas de disputar uma Copa do Mundo no Brasil.

No último ano de gestão completa de Teixeira, em 2011, a receita da CBF era de 301 milhões de reais. No ano do Mundial, em 2014, atingiu o total de 519 milhões de reais. Esse crescimento ocorreu principalmente por conta de patrocínios. Os parceiros representam 70% do total arrecadado pela entidade. E a maioria dos acordos foi fechada na gestão de Marin, com participação de Del Nero.

Basta dizer que, dos 14 principais contratos de patrocínio da entidade durante a Copa, dez foram renovados ou firmados durante a administração de um ou de outro. É longa a lista e inclui grandes empresas nacionais: Vivo, Sadia, Chevrolet, Itaú, Samsung, Unimed, Michelin, English Town, Gol e UltraFarma – alguns viriam a deixar a CBF depois. No total, eles geraram 359 milhões de reais em dinheiro para a CBF, um aumento de 100 milhões de reais em relação a 2012.

E como foram assinados esses compromissos? A CBF autoriza algumas agências de marketing a captar parceiros no mercado: são quatro ou cinco eleitas. Essas empresas têm direito a comissões. Na nova gestão, a bonificação por intermediação chegou a um percentual entre 15% e 20%. Um incremento substancial em relação aos 4% a 10% que eram pagos na época de Teixeira. Quando questionado, Del Nero costuma dizer que o percentual é menor, mas a questão é que não há nenhuma transparência sobre esses valores.

"Não vou entrar no mérito da parte administrativa. Trabalho no marketing, e no marketing os contratos foram relidos assim que eu assumi. Não tem problema nenhum. Todos estão citados em contrato – inclusive a pessoa [que recebe]", contou Gilberto Ratto, diretor de marketing da CBF, ao UOL. Mas nenhum desses beneficiários ou os valores pagos é público. O balanço da CBF de 2014 registra astronômicos 81 milhões de reais em pagamentos de serviços de terceiros que não são especificados. Outras despesas administrativas, com altos valores, também são obscuras.

Até porque, a partir da chegada da dupla Marin e Del Nero à CBF, os negócios se tornaram ainda mais escondidos do que na gestão de Teixeira. Antes era possível saber quanto cada empresa pagava à entidade, e em alguns casos os intermediários, quando estes eram responsáveis pelos repasses. Isso sumiu da prestação de contas da confederação. Os contratos da entidade deveriam ser públicos, mas são raríssimos os que estão registrados em cartórios, com o Cadastro Nacional de Pessoas Jurídicas (CNPJ) da entidade, pois há o esforço por camuflar esses documentos e espalhá-los em lugares onde jornalistas não vão encontrá-los.

O primeiro escândalo real da gestão de Marin foi a compra da sede da CBF. Essa era uma operação que já se desenrolava desde a era Teixeira, mas foi concretizada com Marin. A sede própria era um projeto desde que a confederação tirara sua administração do caquético prédio no centro do Rio, com seus elevadores de portas pantográficas e uma portaria minúscula. Além de velho, permitia uma pressão indesejada sobre técnicos e dirigentes: Felipão quase apanhou por lá por não convocar Romário antes da Copa do Mundo de 2002. A entidade se mudou de aluguel para a Barra da Tijuca, mas, milionária, foi buscar um prédio próprio. Após um negócio malsucedido, achou um imóvel próximo ao Barra Shopping.

Marin fechou a operação por 70 milhões de reais pelo prédio com dez salas em junho de 2012. A *Folha de S.Paulo* descobriu diversos intermediários no negócio, o que gerava uma suspeita de superfaturamento. Empresas como BT Empreendimentos, Zayd 2015, D'Araújo e Aprazível compraram os imóveis e os repassaram à entidade. O lucro delas girou em torno de 31 milhões de reais. Os donos das empresas alegam que compraram as salas em 2008, antes de uma elevação geral de preços de imóveis na região, e os revenderam à confederação em 2012, quando o empreendimento estava pronto. A CBF apresentava documentos para comprovar que tinha pago o valor de mercado. Marin chegou a chorar em uma reunião com presidentes de federações estaduais em que jurava inocência. Como sempre obedientes, os cartolas das federações aprovaram o negócio com elogios ao cartola e consideraram tudo explicado, sem maiores investigações.

A sede foi mobiliada de forma luxuosa com móveis de Sergio Rodrigues e quadros de Romero Britto. Havia mármore por todos os lados e a privacidade era garantida por cancelas de seguranças orientados a só deixar entrar quem tem autorização – algo similar ao que acontece na Fifa. Na fachada da nova sede estava o nome de José Maria Marin. Sim, os presidentes das federações, que compõem o poder de fato na entidade, decidiram dar o nome do local ao presidente em exercício. Talvez isso se explique pelo aumento de mesadas dado pela confederação às suas filiadas durante a gestão de Marin. Resolvido ou não, o caso ficou por isso mesmo.

Pouco mais se sabia sobre os negócios da gestão do misto de cartola e político até que o FBI decidiu esticar seus tentáculos até o Brasil. Sua investigação atingiu o contrato da Copa do Brasil pelo qual o antecessor Teixeira recebia propinas pagas pela Traffic e pela Klefer, como já relatado antes. Na conversa em que tratavam do "rei da CBF" por 24 anos, J. Hawilla e Kléber Leite indicavam que as propinas pagas pela competição subiriam com a chegada de novos cartolas à entidade. Marin e outro cúmplice da CBF, descrito como conspirador pelo Departamento de Justiça norte-americano, entraram na distribuição dos subornos. Esse cúmplice era descrito como alto no ranking da CBF, da Conmebol e da Fifa. Só há uma pessoa que atenda a essas caraterísticas: Del Nero. Contra as evidências, ele negou ser o personagem até que seu nome aparecesse nos documentos do FBI.

Certo é que o total pago aos três em propinas pela Traffic e a Klefer era de 2 milhões de reais anuais, quitados por meio de transferências nos Estados Unidos, das quais os investigadores têm comprovantes. Há duas movimentações de dinheiro registradas nos documentos da investigação norte-americana. Primeiro, a Traffic repassa 450 mil dólares para a conta da Klefer. A operação ocorre entre uma conta no Delta Bank em Miami e outra no Itaú em Nova York. Depois, a Klefer dá 500 mil dólares para a conta de um fabricante de iates de luxo. Não é descrito quem mandou que o dinheiro fosse depositado para o fabricante de iates. Lembrança: o gosto de Del Nero por iates, nos quais passeia com beldades no litoral de São Paulo. Suas compras de barcos, aliás, se tornariam alvo também da nova CPI do Futebol.

Marin não é muito de viajar em barcos e mantém um casamento de mais de cinquenta anos com sua esposa. Mas adora uma cerimônia oficial e principalmente as suas negociações de bastidores. Em abril de 2014, ele esteve em Miami para o lançamento da Copa América Centenário. Realizada em parceria entre a Conmebol e a Concacaf, era uma competição comemorativa aos cem anos do tradicional campeonato continental. Seria realizado nos Estados Unidos como uma forma de estreitar laços com o país e até futuramente incluí-lo na competição, juntamente com o México.

Nessa ocasião, Marin aproveitou para se encontrar com J. Hawilla. A descrição do encontro é reveladora de como se davam as negociações na CBF. Segundo o FBI, o cartola discutia o status do pagamento devido a ele e ao conspirador (aquele que é chefão na CBF e na Fifa, mas ninguém sabe quem é) em conexão com o esquema da Copa do Brasil. Em um momento, Hawilla pergunta se era mesmo necessário continuar a pagar propina para o antecessor de Marin como presidente da CBF (Teixeira). A descrição do diálogo feita pelo FBI é a seguinte: "Marin diz: 'Já é hora de vir para nós. Verdade ou não?'. O dono da Traffic concorda: 'Claro, com certeza, com certeza. Esse dinheiro deveria ser dado para vocês'. Marin ratifica: 'É isso. Isto é o certo'".

Não foi a única estripulia de Marin com contratos de competições. O Departamento de Justiça dos Estados Unidos também aponta o cartola como um dos cinco da América do Sul que foram beneficiados por um acordo para o pagamento de 110 milhões de dólares, quase 400 milhões de reais, em propinas pelos direitos de marketing e de transmissão da Copa América. Sim, você não leu errado. Em abril de 2013, a empresa Traffic e seus braços, e a argentina Full Play, de Hugo e Mariano Jinkins (pai e filho), que disputavam os direitos de transmissão da competição, chegaram a um acordo para fundar uma nova empresa, a Datisa, que ficaria com tudo que fosse relacionado à competição a partir da edição de 2015. Atendiam à demanda de um novo presidente da Conmebol, Eugenio Figueredo, que substituía o eterno Nicolás Leoz. Novos nomes, velhos esquemas.

Para obter cinco edições da Copa América seriam pagos 20 milhões de dólares por campeonato para os cartolas. Quando o esquema estourou, 40 milhões de dólares já tinham sido desviados pelos dirigentes, uma parte disso para os bolsos do então presidente da CBF. Seu cargo na confederação lhe dava voto decisivo em relação à venda dos direitos da competição continental, o que se traduz em dinheiro. Não se sabe quanto exatamente Marin levou na transação, mas sua fatia é correspondente à representação do futebol brasileiro na América do Sul. O oportunismo sempre foi o seu forte, só que dessa vez lhe custou caro.

Preso na operação do Baur au Lac pela polícia suíça, Marin foi acusado de três crimes: formação de quadrilha para obtenção de dinheiro ilegal, fraude eletrônica e lavagem de dinheiro (sendo que respondia duplamente por lavagem e fraude pelos esquemas da Copa do Brasil e da Copa América). Assim o cartola brasileiro foi descrito pelo FBI: "O acusado José Maria Marin, um cidadão do Brasil, foi um indivíduo empregado e associado com o empreendimento. Durante o período de março de 2012 a abril de 2015, Marin serviu como presidente da CBF, membro da Fifa e da Conmebol. Em vários momentos relevantes da acusação, Marin ocupou múltiplos cargos em comitês da Fifa, incluindo o Comitê Organizador dos Jogos Olímpicos, assim como comitês da Copa das Confederações, no qual foi conselheiro especial. Em vários momentos da acusação, ele manteve residência nos Estados Unidos, especialmente no estado de Nova York". E depois descreve a conduta do grupo: "Junto com outros conspirou para usar sua posição na empresa para solicitar e oferecer, aceitar pagamentos e receber pagamentos encobertos e ilegais, propina e subornos".

Com crimes considerados *felony* (graves), Marin passaria por um longo processo de extradição na Suíça, onde ficaria preso até que seu caso fosse resolvido. A intenção das autoridades norte-americanas era levá-lo para o país para julgá-lo em seu território. Ainda mais por causa de um detalhe que salta aos olhos na descrição do cartola da CBF: ele mantinha residência nos Estados Unidos. Então, surge a pergunta: onde morava o dirigente nos Estados Unidos?

Marin escondia das autoridades fiscais brasileiras um apartamento de luxo na Trump Tower, na Quinta Avenida, ao lado do Central Park, em um dos endereços mais cobiçados de Nova York. Esse imóvel pertence a uma empresa em paraíso fiscal Swanfield Ltd. desde 1989, ou seja, é impossível identificar quem é o seu dono. Mas o presidente da empresa é Marin, como revelou o UOL Esporte, em documentos da transação para aquisição do imóvel. Idêntica à usada em documentos da CBF, a assinatura do cartola consta na procuração dada a um advogado norte-americano para realizar a operação.

Situado no 41º andar de um prédio de 68 andares, seu apartamento tem 101 metros quadrados, com um quarto e um banheiro. Sua avaliação gira em torno de 2,5 milhões de dólares (cerca de 8 milhões de reais). Afinal, entre os ocupantes do local, estão lojas de marcas de grife como a Tiffany's e a Louis Vuitton. Ou seja, apenas com esse bem escondido, o cartola praticamente dobraria o seu patrimônio declarado às autoridades eleitorais em 2002. Impossível saber a origem do dinheiro para a compra desse imóvel. Repita-se: as únicas carreiras de Marin, na prática, foram a de político e a de dirigente de futebol.

Certo é que Marin frequentava o endereço habitualmente. Funcionários locais sabiam o nome de seu filho e até de seu neto. Seus advogados tentavam que pudesse cumprir prisão domiciliar nos Estados Unidos: estaria bem instalado. Ao mesmo tempo, o imóvel pode representar um problema para o cartola brasileiro. Autoridades norte-americanas deixaram claro que esperam que os acusados dos crimes relacionados à Fifa paguem indenizações que serão calculadas de acordo com as propinas recebidas. Esse dinheiro seria utilizado para ressarcir os lesados pelos crimes cometidos pelos dirigentes. Nessa categoria, poderiam entrar a Fifa, a Conmebol, a CBF, clubes de futebol, entre outros. Para obter as restituições, o Departamento de Justiça dos Estados Unidos informou que pode confiscar bens dos acusados. Alguns desses imóveis já estavam relacionados na ação como possíveis alvos. Esse não era o caso do apartamento de Marin, mas não foi difícil para os policiais que foram pegá-lo na Suíça encontrar um apartamento na Quinta Avenida. Por coincidência, Chuck Blazer, delator que levou ao início da sequência de acusações contra Marin, também mantinha um imóvel na mesma Trump Tower, o apartamento em que hospedava seus gatos.

Bem menos confortável foi o local para onde o ex-presidente da CBF foi levado pela polícia suíça. A prisão o deixou isolado, tanto física como politicamente. Primeiro, foi abandonado pelo colega Del Nero. Poucos dias após a detenção na Suíça, o novo presidente da CBF, que assumira apenas um mês antes, voltou para casa: saiu às pressas antes da eleição para presidente da Fifa, na qual Blatter seria reeleito. Não providenciou nenhum advogado para defender o seu colega de diretoria. A esposa de Marin se sentiu só e sem auxílio quando o marido foi levado para um presídio nas redondezas de Zurique. Enquanto isso, ao chegar ao Brasil, Del Nero afirmou que não tinha "nada com isso". A defesa do vice da CBF, assim como a de outros cartolas, ficou a cargo de pessoas contratadas pela Conmebol. Cada um dos sete cartolas foi posto em um local diferente, para que não pudessem se comunicar entre si. A medida fazia sentido, visto que o FBI investigava uma organização que a Justiça norte-americana apontava como criminosa.

Com relação às acusações contra o colega, assim se manifestou Del Nero: "Quando eu pensei em me ausentar por conta da situação grave que estava ocorrendo com a prisão de Marin, conversei com dirigentes da Conmebol informando da necessidade de eu voltar ao país para poder dar explicações a seja lá quem for, Ministério Público, Polícia Federal...". Havia já a suspeita da participação do dirigente, então sua volta ao Brasil impediria que fosse pego no estrangeiro caso o FBI avançasse nas investigações e nas operações. Ao mesmo tempo, tentava controlar uma avalanche de fatos negativos contra a

CBF que ia da criação da nova CPI do Futebol pelo desafeto Romário à colaboração tardia da Polícia Federal e do Departamento de Justiça, no caso dos norte-americanos. De uma maneira ou de outra, estava claro que sua prioridade era resolver a própria situação.

Tanto que logo depois mandou tirar o nome de Marin da fachada. A sede não deixava oficialmente de ter o nome do vice-presidente, mas afastava seu nome da visão de quem passasse na rua. Não era o suficiente. A diretoria de Del Nero começou a articular para tirá-lo da CBF de vez. Ele já fora suspenso temporariamente da Fifa e da confederação. Restava o afastamento definitivo. Os presidentes de federações, que têm no corporativismo sua principal característica para sobreviver, não gostaram da ideia. O presidente da CBF começou a receber acusações nos bastidores de que era ingrato com o seu aliado pelos últimos três anos. A família do cartola preso também estava revoltada com o tratamento endereçado ao caso. Havia informações contraditórias sobre qual seria a defesa de Marin: ele poderia optar por uma delação nos Estados Unidos para se livrar da cadeia ou se calar. No primeiro caso, ele complicaria a situação de Del Nero.

Diante dos fatos, o presidente da CBF recuou e passou a dar sinais de carinho pelo companheiro, ao mesmo tempo que negava ter participado de forma constante em sua gestão. Pressionado por todos os lados, teve que ir à Comissão do Esporte da Câmara dos Deputados para dar explicações: "Ele foi detido na Suíça no mesmo hotel onde eu estava. Ligaram para avisar e ele já tinha saído. Não posso responder pelo ser humano. Marin eu tinha como uma pessoa que gostava muito e o considerava um irmão. Mas não posso responder pelos seus atos. Respondo pelos meus", disse.

Com relação à troca do nome da sede, passou a ser uma medida temporária, não definitiva. Desistiu de tentar realizar uma eleição para o cargo de vice-presidente até que ele renunciasse, o que ocorreu em novembro de 2015. Mandou uma carta para Marin e ofereceu advogados para auxiliá-lo. Era tarde: desgostoso, Marin passou a contar somente com sua família.

Na prisão suíça o ex-político milionário, dos imóveis luxuosos, teve que adotar hábitos simples. Era permitido que comesse apenas as refeições da cadeia, com tipos de carne, arroz e vegetais, com a possibilidade de compra de pequenos artigos. Perdeu peso. Combatia o tédio com um diário, livros, uma televisão e até com ajuda a companheiros de cadeia na realização de tarefas. Podia receber pessoas uma vez por semana. Chorava e abraçava quem ia visitá-lo.

Sua atenção maior era dada ao processo judicial norte-americano. Gastou quase 2 milhões de reais com advogados para poder se defender na ação na corte de Nova York e também na extradição que corria na Suíça. A discussão entre seus advogados era como conseguir uma prisão domiciliar para Marin nos Estados Unidos ou tentar livrá-lo para responder às acusações em liberdade, no Brasil e na Suíça. Não era tarefa fácil. Para conseguir ficar em liberdade nos Estados Unidos, Hawilla se comprometeu a pagar 151 milhões de dólares em restituições financeiras, além de revelar todo o esquema de corrupção do qual participava. Entregou todos os cúmplices. Marin, por sua vez, se declarava inocente.

O processo na Suíça durou cinco meses até que, por fim, o ex-presidente da CBF foi extraditado para os Estados Unidos: o último dos sete acusados a ter seu processo concluído. Cansado, recomendou aos advogados que não apelassem, pois acreditava na possibilidade de ficar em seu apartamento. Dois agentes do FBI o levaram para Nova York. Dessa vez viajou de classe econômica, longe da primeira classe a que estava acostumado.

Sua audiência na corte do Brooklyn ocorreu no mesmo dia de sua chegada. Não houve as confissões e os diálogos demorados vistos nos depoimentos de Hawilla e de Blazer. Acompanhado de três advogados norte-americanos e de um intérprete, Marin não estava disposto a falar, nem a ouvir. Dispensou seu direito a ouvir as acusações que o Departamento de Estado dos Estados Unidos tinha contra ele. Naquele momento já pesavam cinco denúncias nas suas costas: conspiração, lavagem de dinheiro, duas vezes, e fraude eletrônica, também duas vezes. Preferiu logo se declarar inocente e esperar pela fiança a ser estipulada pelo juiz Raymond Dearie. A sessão durou apenas 25 minutos. Ao final, o magistrado estabeleceu que o caso era complexo e por isso seria impossível realizar um julgamento rápido – a previsão era de mais de um ano para Marin obter a sua sentença.

Além disso, o juiz pesou a mão contra o ex-dirigente da CBF: estabeleceu o valor de 15 milhões de dólares para permitir que cumprisse prisão domiciliar. Marin aceitou pagar esse valor e arrumou uma forma de quitá-lo com sua fortuna. Primeiro, entregou a hipoteca de seu apartamento em Nova York para o governo norte-americano, aquele imóvel da Trump Tower que ele registrara em um paraíso fiscal no Caribe e escondia da Receita Federal. Além disso, Marin teve que depositar 1 milhão de dólares até o final daquela semana e obter outros 2 milhões de dólares por meio de uma carta bancária. O restante do dinheiro seria garantido por seus bens. Além de Marin, assinava essas garantias sua esposa Neusa, pois é ela que detém a posse de boa parte de seus imóveis no Brasil. A fiança só ficava abaixo da estabelecida para Alejandro Burzaco, um executivo argentino ligado à Traffic, dono da Torneos y Competencias, ou simplesmente "Torneos": ele foi liberado ao efetuar o pagamento de 20 milhões de dólares ao governo dos Estados Unidos.

Marin pôde ficar fora da cadeia porque não representava perigo para outros, mas não teria vida fácil, apesar de seu apartamento de cem metros quadrados. "Uma [empresa de] segurança privada, aprovada pelo Departamento de Estado dos Estados Unidos e pelo FBI, vai monitorar a localização física do acusado e providenciar segurança 24 horas por dia, sete dias por semana. A segurança privada vai acompanhar o acusado durante qualquer trânsito de [e para] sua residência. O acusado poderá ter encontros privados com seus advogados no caso de a segurança estar suficientemente próxima para exercer suas funções. O acusado será submetido a vigilância de vídeo 24 horas por dia, sete dias por semana, nas portas de sua residência e outros pontos de entrada. A vigilância de vídeo será custeada somente pelo acusado", disse o juiz Dearie sobre as condições impostas ao ex-cartola.

Além disso, Marin entregou seu passaporte e não poderia sequer deixar os distritos leste e sudeste da cidade. Mesmo para sair do apartamento seria necessária uma autorização por escrito do FBI. Nesse caso, seriam permitidas visitas a igrejas, a advogados e saídas para fazer compras em mercados próximos. Como em casos da máfia, o ex-cartola estava proibido de manter contato com outros associados aos supostos crimes cometidos. Não poderia falar com pessoas ligadas à Fifa, à Conmebol e seus afiliados. Em resumo, estava isolado do mundo do futebol que, verdade seja dita, já o tinha deixado só desde que fora para a cadeia na Suíça.

Ao deixar o tribunal, um Marin de cabelos desgrenhados e brancos, mais magro, vestindo um casaco de linho sobre uma camisa social fez sua primeira aparição pública após a prisão. Uma imagem bem diferente do homem de ternos ultrapassados, mas alinhados, ornados pelo seu cabelo acaju, que aparecia nos eventos da CBF ou do Comitê Organizador da Copa de 2014. Não sorria, nem quis falar com jornalistas, como era seu costume. Apenas desejou "boa-noite" quando as câmeras o cercaram com perguntas. Era levado pelo braço por um dos advogados, que o conduzia sem resistência para o carro. No dia seguinte, retomaria sua rotina de encarcerado, embora em instalações bem mais confortáveis.

Sua declaração de inocência e a intenção de não colaborar com a Justiça dos Estados Unidos – seus advogados alegam que ele não tem nada para falar já que não cometeu nenhum crime – certamente deixaram antigos parceiros do mundo do futebol aliviados. Bem longe de Nova York, já que não saía do país desde a prisão dos dirigentes da Fifa, seu sucessor na CBF acompanhava com atenção o desenrolar dos fatos. O destino do futebol brasileiro continuava atrelado ao que ocorria no Judiciário norte-americano.

UM MARCO POLO QUE NÃO VIAJA

A atitude de Del Nero diante da prisão de Marin, de tentar se isolar do problema, é uma repetição do que fizera durante a maior parte da sua vida. Advogado criminal desde 1967, ele ascendia socialmente enquanto se desviava das manchas que surgiam à sua reputação, deixando aliados pelo caminho quando necessário. E não foram poucas as vezes em que esteve sob questionamento, do início em cargos inferiores no Palmeiras, na década de 1970, até a presidência da CBF, em 2015. O que permitiu sua subida foi um temperamento frio e pragmático para se utilizar de brechas jurídicas e aproveitar oportunidades para ultrapassar outros na corrida pelo poder.

Quem conversa com Del Nero dificilmente saberá o que ele está pensando. Não se exalta, nem eleva a voz, mesmo quando pressionado por deputados em uma comissão do Congresso Nacional: aguentou uma tarde inteira de pressão de parlamentares sem sequer se levantar para ir ao banheiro. Diante de perguntas difíceis de jornalistas dá respostas rápidas para encerrar o assunto, ou arruma uma desculpa para se retirar. Certa vez, na Suíça, questionei-o sobre o aumento que a CBF dera a ele e a Marin, o que elevava os ganhos do presidente a 200 mil reais mensais. Não se irritou e foi educado, mas desviou-se do tema ao alegar que esse era um assunto privado. Sua face raramente se altera, ou apresenta emoção exacerbada. Evita fazer inimigos publicamente com declarações bombásticas: prefere manejar nos bastidores. Não tem amigos para a vida toda: sua fidelidade é pautada pela conveniência política. Cerca-se de pessoas que sejam igualmente hábeis em não criar conflitos desnecessários com arroubos.

Foi assim que chegou à presidência da Federação Paulista de Futebol (FPF). Como ocorrera com Teixeira, aproveitava-se do enfraquecimento político do dirigente Eduardo José Farah, reinante desde a saída de Marin – sim, do mesmo Marin, já que o futebol anda em círculos no Brasil. Alvejado pela primeira CPI do Futebol, o dirigente da federação não teve a mesma capacidade de Teixeira para se manter imune no cargo.

Contra Farah pesava o fato de que foram encontrados 12 cheques de 15 mil reais da FPF, assinados por ele, para ele mesmo. "De Farah para Farah", dizia a reportagem assinada por mim para o *Lance!*, que revelava a descoberta da CPI. Esses pagamentos eram uma forma de disfarçar os salários, ou verba de representação, como dizem os cartolas, que a entidade lhe dava periodicamente. Explica-se: qualquer associação esportiva que pagasse vencimentos a dirigentes perdia a isenção fiscal, o que nesse caso representaria a falência da organização. Por isso, ele disfarçava os pagamentos e enganava a Receita Federal. Confrontado pela comissão, tentou negar a realidade ao afirmar que nada recebia.

Mesmo pressionado, montou uma chapa para se reeleger à presidência da FPF. Em um acordo, escolheu dois vices, Reinaldo Carneiro Bastos e Marco Polo Del Nero, então presidente do Tribunal de Justiça Desportiva (TJD). O trato era que Carneiro Bastos, mais próximo de Farah, assumiria caso a situação desconfortável criada para Farah pela CPI não pudesse ser contornada. Aprovada no Senado, a investigação da CPI chegou ao Ministério Público de São Paulo. O cerco se fechava sobre Farah em agosto de 2003, e ele renunciou.

Del Nero desrespeitou o acordo e fez valer o estatuto da federação que lhe dava, como vice mais velho, a condição de substituir Farah. Carneiro Bastos, que lera emocionado a carta de renúncia do ex-presidente, ficou revoltado. Cortou relações com o novo presidente, apesar de ter se tornado seu vice. Mas a regra não deixava nenhuma dúvida: Del Nero era o novo dono do cargo. "Estamos herdando uma entidade vitoriosa, e vamos mantê-la assim", discursou ele na posse.

Para chegar a esse cargo, ele galgou degraus aos poucos, revezando sua carreira de advogado criminal com a de cartola. Na década de 1970, ocupou cargos no Palmeiras, clube pelo qual seu pai tinha jogado no passado. Ao mesmo tempo, metia-se em casos nebulosos. Chegou a ser fichado pela polícia e acusado de receptação de carro roubado. "Baianinho", de nome Antônio Pereira Lins, foi preso por assalto à mão armada a uma empresa de telecomunicações: levou dinheiro e um carro Dodge Dart. Detido, confessou e testemunhas o reconheceram. Deu o carro para Del Nero vendê-lo e assim pagar os honorários de sua defesa, o que foi feito pelo dirigente. Por isso, o Ministério Público acusou o cartola de ajudar o ladrão. Na Justiça, Baianinho desistiu da confissão e se disse inocente. As testemunhas recuaram da acusação. Del Nero, por consequência, foi absolvido.

Como advogado, defendeu acusados de tráfico de drogas, de contrabando de joias e de combustíveis. Mas a ascensão se deu quando passou a ser o representante de cartolas como Farah, o que ocorreu em 1999. Mais tarde, no caso entre a Media Sports Investment (MSI) e o Corinthians, foi o responsável pela defesa de Alberto Dualib, o ex-presidente do clube acusado de lavagem de dinheiro pela origem duvidosa dos recursos da parceira do clube.

Cada vez que sua carreira como cartola avançava, angariava mais clientes nos tribunais. Entre eles estava a BWA, grupo que trabalha com bilheterias e administração de estádios de futebol no estado de São Paulo, além de buscar expansão para o Brasil. Era cliente da FPF. Ao mesmo tempo, fazia pagamentos fixos para o escritório de advocacia de seu presidente. Em outro caso, o escritório de Del Nero atuou em processo contra a Liberty Seguros, patrocinadora da Copa do Mundo de 2014, organizada pela Fifa, na qual ocupava um cargo.

Fora isso, a administração da federação passou a se confundir com o seus negócios privados. Três advogados da FPF acumulavam cargos em seu escritório. O vice-presidente da entidade, Vicente Cândido, deputado federal pelo Partido dos Trabalhadores (PT), era seu sócio. Esse tipo de relação não incomodava Del Nero, que negava qualquer tipo de conflito de interesses.

Na carreira de cartola, Del Nero também não viu nenhum conflito em abandonar Farah, aquele que o tinha levado à presidência da FPF, para se aliar a Ricardo Teixeira. Ainda em 2003, passados três meses da saída do ex-presidente da federação, também desafeto e opositor da CBF, reuniu-se com o então presidente da confederação e fez uma aliança. "A relação mudou da água para o vinho", elogiava Teixeira.

Sua gestão na federação tentou ser marcada por inovações, mas, no essencial, era mais do mesmo do que se via no futebol brasileiro. A cada reeleição reunia listas com assinaturas de todos os clubes do interior para reprimir qualquer intenção de uma chapa de oposição. Tentava prolongar o Campeonato Paulista pelo maior número possível de datas, seguindo a lógica da cartolagem de que mais tempo é mais poder. E manteve os clubes sempre satisfeitos ao lhes prestar contas de suas atitudes, dar empréstimos e outras ajudas, na fórmula já consagrada na administração dos estados brasileiros.

Não escapou de dois escândalos na arbitragem de São Paulo. Em 2005, os árbitros Edílson Pereira de Carvalho e Paulo José Danelon foram pegos pelo Ministério Público em escutas telefônicas combinando para armar resultados de jogos do Brasileiro. O esquema fazia parte de uma rede de apostadores ilegais. E funcionava no centro da federação, já que ambos eram do quadro de juízes paulistas. O pepino ficou para a CBF e para o Superior Tribunal de Justiça Desportiva (STJD) resolverem com anulações de jogos que mancharam aquele campeonato. A federação, responsável pelo treino dos árbitros, tratou de criar medidas como verificação de antecedentes de juízes e treinamentos. Nada que fosse impedir que alguma máfia atuasse sobre a arbitragem nacional ou paulista.

Tanto que, em 2008, novamente houve suspeita sobre a última rodada do campeonato nacional, o chamado "Brasileirão". Mais uma vez, eram juízes inscritos em São Paulo os envolvidos. Del Nero denunciou que havia indício de que o São Paulo poderia ser favorecido pelo árbitro Wagner Tardelli, porque ele recebera ingressos do show da Madonna no Morumbi. O caso acirrou novamente os ânimos entre Carneiro Bastos e Del Nero, já que o primeiro estava no meio da história e o segundo fez a denúncia que poderia vir a complicar o companheiro de diretoria. Não deu em nada.

Aliados de Del Nero costumam dizer que ele fez uma gestão de modernização no futebol paulista. Mesmo assim, o campeonato estadual manteve a sua média de público, em torno das 5 mil pessoas por partida, o que demonstrava a decadência do torneio, acentuada por fórmulas inchadas com excesso de jogos para agradar a times pequenos, porém eleitores. Os casos de violência entre torcidas, que explodiram a partir de 1995, continuaram em alta, apesar de Del Nero ter prometido e realizado diversas medidas para tentar contê-los. Impotente, passou a limitar cada vez mais o torcedor comum. A arbitragem passou às mãos de um policial, Marcos Marinho, que fora responsável pelo policiamento de estádios em São Paulo. Não se resolveu o problema e continuaram as falhas e as acusações. A Federação Paulista de Futebol seguia em boa situação financeira, como na época de Farah. De positivo havia os resultados das equipes paulistas nos campos, já que passaram a dominar o Brasileiro de pontos corridos, instituído em 2003. Há dúvida, no entanto, se isso é mérito de Del Nero ou fruto do maior poderio financeiro do estado de São Paulo. De prático, no entanto, a gestão do dirigente ligado ao Palmeiras não deixou nenhuma herança inovadora ao futebol após 12 anos.

Del Nero prolongara sua estada na Federação Paulista de Futebol até 2014 graças à manobra feita por Ricardo Teixeira em 2007, para ficar na presidência da CBF até a Copa do Mundo. Quando foi montada a chapa de Teixeira, o então presidente da federação tratou de incluir o aliado Marin como vice da região Sudeste. Por experiência própria, ele sabia a importância de ser o mais velho nas regras esdrúxulas do futebol brasileiro. Foi por meio dessa manobra que chegou ao poder como homem forte da entidade em 2012, quando o colega assumiu a confederação. Com Marin empossado, tornou-se vice em pouco tempo, com direito a salário, no típico "uma mão lava a outra" do ambiente político brasileiro.

Não era um mero vice, como gosta de propagandear depois da prisão de Marin. Quantas vezes não falou sobre o técnico da seleção, o desempenho do time, fórmulas de campeonatos, ou parcerias da CBF, tudo com autoridade de quem manda. Assinava o balanço financeiro junto com o presidente, em atitude inédita na entidade. Em certas ocasiões – raras, diga-se –, havia contradição entre o que falava ele ou o que falava Marin. Em geral, prevalecia a palavra de Del Nero.

Oficialmente, ascendeu ao Comitê Executivo da Conmebol e da Fifa. Era o posto almejado por todos os cartolas do futebol mundial, já que os eleva ao seleto grupo de vinte e poucos dirigentes que manda de fato no esporte. Em março de 2012, logo depois da nomeação de Marin, ocupou a vaga do defenestrado Teixeira. Foi classificado como um "belo tipo" pelo então presidente da Associação do Futebol Argentino (AFA), Julio Grondona.

Havia diferenças de estilo. O antigo presidente da CBF mantinha sua atuação na Fifa como se fosse coisa privada. Não falava com quase nenhum jornalista e até proibia assessores de dar informações. Na Conmebol, no entanto, tinha como herança a clara influência de Havelange. Ao lado de Grondona e Leoz, formara um dos poderes relevantes do trio latino. Não por acaso era do Comitê de Arbitragem, departamento de prestígio na entidade.

Já Del Nero, adotando a cautela dos novatos, se eximia de exercer qualquer influência nas decisões da Fifa. Seguia a maioria e evitava se envolver em discussões de reformas da federação internacional, muito comuns por causa dos escândalos. Estava aberto a discutir suas ideias sobre o futebol mundial com os jornalistas. A questão é que não tinha nenhuma proposta ou ideia para apresentar.

Outra mudança inusitada foi a presença feminina na delegação brasileira na entidade. Ao desembarcar na Suíça, Teixeira seguia a liturgia dos cartolas e levava a esposa da vez, ou ia só. Em sua primeira reunião da Fifa, Del Nero apareceu com a jovem Carolina Galan no Baur au Lac. Acostumados a ver senhoras sessentonas ao lado de seus maridos, cartolas idosos, os funcionários se espantaram.

Em uma cena que presenciei no hotel, o motorista português que atendia os cartolas brasileiros – nenhum deles falava inglês fluentemente – se aproximou da porta e perguntou a uma senhora se ela era a "Senhora Del Nero". Esposa de outro membro do Comitê Executivo, a senhora riu e respondeu: "Ela é bem mais nova, você vai ver". Logo em seguida apareceu a apresentadora da televisão da Federação Paulista de Futebol, com uma saia curta, para dar seu passeio. O motorista se surpreendeu, embasbacado com a beleza da companheira do brasileiro mais poderoso da Fifa, então já perto dos setenta anos.

Galan causou furor ao lado do cartola, com seu estilo apresentadora-musa-modelo. Passou a viajar constantemente ao lado de Del Nero, seja para acompanhar a seleção ou ir a reuniões de dirigentes, com a desculpa de que gravava para a televisão. Durante os encontros da Fifa, enquanto os cartolas discutiam a Copa do Mundo de 2014, seus passeios pelas capitais europeias passaram a ser ao lado de Neusa, a esposa de Marin.

O relacionamento deles acabou de forma abrupta e, mais uma vez, com o envolvimento do cartola com a polícia. Em 2012, a Polícia Federal descobriu que o dirigente tinha se utilizado de empresas ilegais de vigilância para grampear a sua namorada. Em depoimento ele alegou que queria saber se estava sendo traído, e negou ter pedido escuta à empresa. Depois disso, Del Nero passou a ter uma sequência de namoradas, todas elas capas de revistas masculinas e com perfil parecido com o de Galan. Em comum, todas apareciam em iates no litoral de São Paulo, símbolos do novo status social de Del Nero.

Esse perfil galanteador do cartola da CBF se estendia ao tratamento dado aos clubes. Sem ceder poder ou modernizar nada, ele se mostrava um cartola bem mais presente no relacionamento com os dirigentes dos times do que Teixeira – o mesmo pode-se dizer de Marin. Era comum ver um dos dois ligando da Suíça para o Brasil para tratar de assuntos do futebol nacional, como arbitragem ou fórmula de campeonato, enquanto o antecessor deixava isso para subalternos e ia cuidar da sua vida na alta-roda da Fifa.

A intenção era manter firme a parceria Marin-Del Nero. Como combinado no acordo que permitiu a ascensão de Marin, Del Nero candidatou-se a presidente em abril de 2014, um ano antes da Copa do Mundo, justamente para que o resultado do campeonato mundial não tivesse influência no pleito. Sua campanha foi marcada pela oposição de Andrés Sanchez, ex-presidente do Corinthians que saíra brigado do seu cargo de diretor da CBF após a demissão do técnico Mano Menezes. Aliado mais próximo de Teixeira, o cartola alvinegro tentou articular com federações e clubes uma candidatura alternativa de oposição. Seus esforços esbarraram na força da máquina da CBF. Com o poder na mão, a dupla Del Nero e Marin dobrou o valor da mesada para as federações e deu prestígio a vários dirigentes encostados na época do antecessor. Até a oposição de alguns estados, como o Rio Grande do Sul e o Rio de Janeiro, foi abafada por essa tática. Restava a Andrés se conformar e nem apresentar uma chapa para votação. O novo presidente, como todos os outros, seria eleito por aclamação em uma típica manobra da CBF.

Del Nero e Marin tinham razão de se precaver sobre os efeitos da Copa do Mundo na eleição: seus planos de uma vitória triunfante em casa foram derrubados pela goleada da Alemanha por 7 X 1 na semifinal, disputada no Mineirão, um resultado que demonstrava a forma ultrapassada com que fora planejada a campanha do time nacional. Lembre-se: antes da derrota Marin chegou a dizer que só uma tragédia tiraria o título do Brasil.

Atordoados, Marin e Del Nero se retiraram do estádio às escondidas, para fugir de jornalistas. Quando encontrado, já no Rio de Janeiro, o vice-

-presidente afirmava que o técnico Felipão ficaria no cargo se quisesse. Tratou de se desmentir posteriormente e demiti-lo pouco depois do Mundial e de novo vexame diante da Holanda. Já havia ali a consciência da maioria dos brasileiros de que o problema do futebol nacional era maior do que o técnico e estava diretamente ligado à gestão dos cartolas. Mas era hora de pôr a culpa em alguém e o então vice-presidente da CBF tratou de dar entrevistas em que criticava a opção tática do treinador para atacar a Alemanha.

Substituiu-se Felipão por Dunga, não sem antes ouvir Teixeira. Incluiu Gilmar Rinaldi como coordenador de seleção, graças à boa relação que mantinha com Del Nero desde as visitas à FPF. Assim, seu pacote de reformas tinha um diretor para a seleção que acabara de sair da carreira de empresário do futebol. Rinaldi ainda mantinha ativa sua empresa de agenciamento de atletas quando assumiu, além de processos judiciais relacionados a disputas sobre jogadores com clubes de futebol. Prometeu encerrar tudo logo após tomar posse do cargo, mas o conflito de interesses era óbvio, pois se os cartolas da CBF não conseguiam enxergar os próprios problemas, não implicariam com questões de subalternos.

Nada de significativo foi mudado na estrutura do futebol brasileiro. O calendário seguia apertado e com jogos inúteis para 2015, não houve incremento na aplicação de dinheiro em divisões de base ou desenvolvimento do futebol, nem uma modernização do Brasileiro por meio da liga. A diretoria da CBF ia confiando nas vitórias de Dunga em amistosos para mascarar sua estagnação.

Dez meses se passaram antes que a prisão de Marin derrubasse a certeza dos dirigentes da CBF de que tudo voltara aos trilhos. Tal qual um Lula do futebol, Del Nero adotou o discurso do "eu não sabia de nada", mas todos os indícios apontavam para a sua participação no arranjo. Estava lá descrito no documento do FBI um dos beneficiários do esquema de propina de contratos da confederação: alto membro da CBF, da Conmebol e da Fifa. Só Del Nero se encaixava nessa descrição, embora ele negasse se tratar de sua pessoa. Mas a pressão estava apenas no início, e o presidente da CBF decidiu se precaver. Aliado a alguns presidentes de federação, articulou uma mudança no estatuto da confederação para tirar o mecanismo que previa que o seu substituto, em caso de saída, seria o vice-presidente mais velho. Caso essa regra se mantivesse, o presidente da Federação de Santa Catarina, Delfim Peixoto, que não tem ligação tão estreita com o cabeça da entidade, se tornaria o novo mandatário da CBF. Era só a primeira das manobras para se manter no poder, mesmo contra a avalanche de denúncias que estava por vir.

Em uma conspiração que envolveu vários cartolas de federações, foi organizada uma reunião para efetivar a mudança, mas Peixoto pôs a boca no mundo e denunciou o que ele chamou de "golpe". Seriam necessários dois terços dos 27 votos das federações para alterar o estatuto da entidade. Enfraquecido com a queda de Marin, Del Nero não conseguiu levar adiante a modificação no estatuto. Em vez disso, optou por acabar com a reeleição infinita na CBF, limitando a gestão a dois mandatos. Era uma demanda antiga da sociedade, inclusive de parlamentares que pediam mudanças na CBF para evitar outro reinado como o de Ricardo Teixeira. Outras confederações de esportes olímpicos já tinham sido obrigadas a implantar essa medida por lei. O presidente da confederação tentava dar sinais de modernidade para se proteger, mas entregava pouco do seu poder: ele poderia continuar na entidade até 2023 e depois disso, de toda maneira, não se sabe se teria idade para seguir adiante. Pelo menos as federações garantiram o apoio necessário para a permanência de Del Nero, apesar das suspeitas sobre ele.

Isso não era suficiente: Del Nero teria de prestar contas à sociedade. Foi marcado um depoimento dele na Comissão do Esporte da Câmara dos Deputados. Estaria frente a frente com Andrés, seu desafeto. De cara, o presidente da CBF teve que voltar a responder se era um dos conspiradores citados pelo Departamento de Justiça norte-americano como receptores de propina. Negou que estivesse sendo investigado. Começaram então pedidos de parlamentares para que renunciasse pelo bem do futebol brasileiro. Recusou: "Renuncia quem tem alguma coisa errada na vida. Eu não renuncio não. Eu vou cumprir meu mandato, fui eleito democraticamente, com 25 dos 27 votos. Tenho obrigação. Às vezes dá vontade de ir embora. Presidente de clube tem vontade de ir embora todo dia, mas ele tem obrigação com o eleitorado dele, não pode deixar eles de lado. Vou ficar lá até o último dia".

É um velho chavão usado pelos cartolas brasileiros: alegam que estão no cargo por sacrifício à entidade, e que seria mais proveitoso financeiramente se estivessem em suas empresas particulares. Ainda assim, nenhum dirigente larga o osso e não se vê nenhum deles pobre. Como a maioria é rica, não gosta de falar de dinheiro em público. E Del Nero não é diferente. Questionado se abriria seu sigilo bancário e fiscal ao Congresso Nacional, fugiu pela tangente como faz com as perguntas de repórteres: alegou que isso depende de decisão judicial. Como ficaria mais claro posteriormente, com a nova CPI do Futebol já instalada, ele não tinha nenhuma intenção de colaborar com investigações. O confronto com Andrés não foi tão duro quanto se esperava. O cartola corintiano disse que, "pelo bem do futebol brasileiro", torcia para que o presidente da CBF não estivesse envolvido nas investigações do FBI. Del Nero deu uma alfinetada em Andrés ao lembrar os problemas financeiros pelos quais passava o Corinthians. E ficou por isso mesmo. A verdade é que, privadamente, os dois já tinham se encontrado um tempo antes em uma visita à Arena Corinthians e a relação estava longe de ter a inimizade propalada pela imprensa.

Em relação a Marin, Del Nero adotou um novo tom ao chamá-lo de "companheiro" e afirmar que sofria com sua prisão. Declarações que se seguiam a notícias de que o vice-presidente da confederação poderia assinar um acordo de delação com o Departamento de Justiça dos Estados Unidos. Ao final, o depoimento serviu para o cartola da confederação dizer que tinha se saído bem na comissão e nada tinha a esconder. Mesmo que tivesse, sim, escondido seus negócios.

Ainda havia trabalho a fazer para reerguer as bases do seu poder político. O chefão da CBF teria que se explicar aos clubes de futebol. Tradicionalmente passivos diante de escândalos da entidade, os dirigentes de times começavam a articular movimentos para a formação de uma liga. A cúpula do futebol nacional se antecipou e chamou-os para lhes dar explicações e alguns agrados. Nada que fosse mudar a estrutura de poder do esporte nacional.

Após uma tarde de reuniões na sede da CBF, que mantinha o nome de Marin no hall de recepção, longe dos olhos dos populares, os dirigentes de clubes saíram de sorrisos nos rostos. Tinham recuperado o direito de decidir a fórmula de disputa do Campeonato Brasileiro após 12 anos. Pelo estatuto da confederação, a prerrogativa de definir como será o campeonato nacional é da própria entidade. Até 2002, no entanto, Teixeira era condescendente e aceitava adotar o que fosse escolhido pelos clubes. Ao impor os pontos corridos, uma das poucas conquistas de sua gestão, ele passou a exigir que sua opinião prevalecesse sobre todos, tornando o conselho arbitral dos times um mero órgão decorativo. Del Nero prometia que alteraria o estatuto da entidade para selar em definitivo o direito das equipes de escolherem o formato. É certo que algum poder a CBF cedia, mas era pouco. Os clubes continuariam alijados da formação do calendário, que, em última análise, decide toda a temporada. E seguiriam com papel secundário nas eleições da entidade, comandadas pelas federações majoritárias.

Ao mesmo tempo, a cúpula da confederação conseguia reunir em torno de si o apoio dos dirigentes contra a legislação imposta pelo governo para tentar sanear o futebol, a lei do Profut – Programa de modernização da gestão e de responsabilidade fiscal do futebol brasileiro. Era interesse da entidade impedir a interferência em seu colégio eleitoral, e a maioria dos cartolas de clubes nunca foi fã de fiscalização sobre suas contas. Pronto: o pacote de Del Nero estava fechado e ele não teria de abandonar a CBF como aconteceu com Joseph Blatter na Fifa.

Havia um problema. Como bem lembraram os procuradores norte-americanos, a investigação não acabara. Uma lista de 25 conspiradores, cujos nomes não eram revelados, constava dos relatórios do Departamento de Justiça norte-americano, e um deles era descrito como alto membro da CBF, da Fifa e da Conmebol, como já mencionado.

A partir daí, o presidente da confederação deixou de viajar para o exterior. Não foi a uma reunião do Comitê Executivo da Fifa em que se decidiria a eleição do substituto de Blatter. Abandonou a Seleção Brasileira no Chile com diretores e comandantes de delegação secundários. Faltou a um encontro da Conmebol na Rússia, sob a ameaça de perder seu cargo. Alegava que tinha que estar no Brasil para acompanhar a nascente CPI do Futebol e tratar de assuntos do país. Negava estar impedido de viajar. Verdade ou não, é certo que seu passaporte não saía mais da gaveta como antes.

Ficar no Brasil, no entanto, deixara de ser garantia de tranquilidade para Del Nero. Após longa negociação com seus pares, e impulsionado pelo escândalo da prisão de Marin, o senador Romário conseguiu votos para implantar a nova CPI do Futebol. De novo, 13 anos depois, o Senado investigaria a CBF como ocorrera com a comissão que quase derrubara Teixeira. Pegaria o novo presidente da entidade em situação tão frágil quanto seu antecessor naquela época. Pior, não haveria uma Copa do Mundo para ajudá-lo a se recuperar, já que o torneio anterior representara um fracasso e ocorrera apenas um ano antes.

Vital para o título do Mundial em 1994, o ex-atacante Romário se tornara um incômodo para os cartolas na CBF desde a gestão anterior. Eleito deputado, fizera de sua principal plataforma um programa de limpeza e moralização da entidade. De início, adotara como prática os discursos virulentos contra Teixeira, depois contra Marin e Del Nero. Chamava-os de ladrões, pedia renúncia e até cadeia. Mas na época pouco tinha na mão para pressioná-los, além de suas falas, que eram respondidas pelos cartolas com processos judiciais. Isso não impediu que ele se tornasse popular a ponto de receber 4,7 milhões de votos na eleição para senador no Rio de Janeiro, mais de 60% do total. Esse apoio popular lhe deu maior status para o mandato seguinte, e mais forte dor de cabeça para os dirigentes.

Em sua vida como jogador e ex-atleta, Romário enfrentou os próprios problemas na Justiça como casos de denúncia de sonegação de impostos, falta de pagamento de taxas de condomínio e questões financeiras em negócios particulares e familiares. Ao se tornar político, o atacante começou a resolver essas pendências: pagou suas obrigações com a Receita Federal e encerrou ações na Justiça. Tinha força, portanto, para ir atrás dos inimigos que conseguira amealhar.

Com a CPI instalada, tratou de se informar sobre os principais negócios da CBF. Em poucas sessões já havia conseguido a quebra do sigilo bancário e fiscal de Del Nero, requisitara todos os contratos de patrocínio e detalhes das contas da entidade, como os polpudos repasses para federações. Instalou o pânico dentro da confederação, que já acionava seu diretor de relações institucionais, Vandenberg Machado, responsável pelo *lobby* da entidade no Congresso Nacional desde a administração de Teixeira. Do discurso de que colaborariam com a comissão, os cartolas da confederação saltaram rapidamente para uma postura mais defensiva: passaram a recorrer a ações judiciais no Supremo Tribunal Federal para barrar as requisições de Romário. Del Nero contratou o advogado Carlos Eduardo Caputo Bastos, ex-ministro do Tribunal Superior Eleitoral, para defendê-lo e impedir a quebra de seu sigilo. As promessas de transparência iam pelo ralo em troca de medidas práticas para garantir a sobrevivência.

O senador não perdia a chance de ironizar Del Nero a cada audiência pública. Quando estive na CPI para depor sobre a CBF, a convite do senador, expliquei ao parlamentar Roberto Rocha que o presidente da confederação dizia evitar sair do país porque pretendia colaborar com os trabalhos da comissão. Romário, de pronto, pediu a palavra e se dirigiu a mim: "Pode avisar para o presidente da CBF que ele pode viajar tranquilo que a gente espera ele". O plenário ria do humor do senador.

A preocupação de Del Nero em relação ao escrutínio de seus negócios privados talvez tenha relação com os sinais de enriquecimento que passou a apresentar desde que Marin assumiu a CBF. No dia de sua posse como presidente, a *Folha de S.Paulo* mostrou que comprara uma cobertura na Barra da Tijuca de 262 metros quadrados por 5,2 milhões de reais no início de 2015. O imóvel foi adquirido com o pagamento da maior parte à vista e com a cessão de outra parte por meio de segundo apartamento, no mesmo condomínio e quase do mesmo tamanho.

Quem negociara esse imóvel para o novo presidente da CBF fora uma empresa do grupo do empresário Wagner Abrahão. Sim, o mesmo que mantinha contratos com a CBF desde a década de 1990 relacionados a viagens e intermediação de patrocínio. Sim, o mesmo cujas empresas lucravam milhões com a venda de pacotes de hospitalidade para a Copa do Mundo. Sim, o mesmo cujo irmão fizera transação imobiliária com o ex-presidente da entidade, Ricardo Teixeira, também por um apartamento na Barra da Tijuca. Sim, o mesmo que emprestara um jatinho para que o eterno dirigente da confederação pudesse escapar para Miami no momento de maior pressão no Brasil. Na confederação, o padrão de negócios se repetia como em um círculo.

Del Nero garantia que a compra do imóvel era legal e havia sido declarada à Receita Federal: rechaçava conflito de interesses, mas tratava de tentar impedir que seus negócios fossem expostos ao público. Abrahão era outro que teve o sigilo bancário e fiscal quebrado pela comissão de inquérito. E o cerco se apertava sobre o presidente da CBF.

Além de advogados, o cartola da confederação contratou um novo diretor de comunicação especializado em lidar com "crises": Fernando Mello já defendera a investigada MSI durante os processos criminais relacionados à operação do Corinthians. Como escudo público estava o secretário-geral Walter Feldman, que entrou no início da gestão e tornou-se o para-raios de problemas na confederação, utilizando-se de sua habilidade como político.

O que não conseguiram conter foi a aprovação da legislação do Profut que obrigava a CBF a incluir todos os times da Série B em seu colégio eleitoral, além de dar postos a atletas em comitês para regulamentos da entidade. Ao ser aplicada, essa medida mexe diretamente na balança de poder da CBF. Os ataques vinham de todos os lados no território nacional e se estendiam ao exterior.

Até que a corda bamba em que Del Nero vivia se rompeu. Primeiro, o senador Romário enviou documentos das investigações da CPI para o Comitê de Ética da Fifa. Os papéis mostravam indícios da ligação de Del Nero com o caso Fifa. Explica-se: o grupo de investigação da comissão descobrira uma transação de compra de um iate feita pelo dirigente da CBF no ano de 2013. Coincidentemente, uma das propinas pagas a cartolas relacionadas aos contratos da Copa do Brasil era uma transferência para um fabricante de iates de luxo em Londres, em uma conta no HSBC. A transação, no entanto, não era tão simples de explicar, já que envolvia troca com barcos de terceiros até que determinado valor em dinheiro fosse depositado na conta inglesa. Mas não era a única operação descoberta pela CPI. Com o sigilo bancário de Del Nero quebrado, a comissão descobrira que ele recebera, somente em salários da Confederação Brasileira de Futebol e da Federação Paulista de Futebol, 4,467 milhões de reais em 2014. Sua renda mensal, portanto, era de quase 400 mil reais, salário de pouquíssimos astros do futebol brasileiro. Era tanto o dinheiro recebido que se tornava fácil fazer uma doação de mais de 1 milhão de reais para sua então namorada Carolina Galan.

Como ficou demonstrado, esse dinheiro era só a ponta do iceberg. Um a um os cartolas da Conmebol foram caindo. No dia seguinte à entrega dos documentos por Romário à Fifa, Luis Bedoya, ex-presidente da confederação colombiana, confessou sua culpa na Justiça dos Estados Unidos e fez um acordo de delação. Adiante, o executivo da Torneos y Competencias, Alejandro Burzaco, admitia ter pago propinas a cartolas da Conmebol e também se comprometia a colaborar com a Justiça norte-americana. Mais alguns dias e era a vez de o chileno Sergio Jadue dar sua contribuição à investigação: ele reconheceu ter feito parte do esquema após viajar para os Estados Unidos. Em seguida, o brasileiro José Margulies, que atuava como intermediário de pagamentos de propinas da Traffic, era mais um a se entregar às autoridades norte-americanas.

Os sinais de que a estada de Del Nero na CBF não seria longa estavam por todos os lados. Até mesmo cartolas não conseguiam entender como ele ainda se sustentava no cargo. Apesar disso, ele pôde preparar uma reunião com a cúpula da Conmebol. O encontro na sede da confederação sul-americana foi cercado de cuidados para evitar contato com jornalistas: todos os cartolas entravam e saíam da entidade em vans, diretamente do estacionamento isolado da CBF. Nada de esclarecimentos, nada de entrevistas.

Mas não havia como esconder a verdade por muito tempo. Dois dias antes dessa reunião, Del Nero recebera a notícia de que o Comitê de Ética da Fifa, baseado nos documentos enviados por Romário, abrira um inquérito contra ele na entidade para verificar se ele descumprira os códigos da federação. Logo após a reunião, a CBF confirmava que Del Nero abria mão do seu cargo no Comitê Executivo da Fifa. Renunciava o homem que dizia que só renuncia quem fez algo errado na vida. Em seu lugar, era eleito pela Conmebol o vice-presidente da CBF Fernando Sarney, filho do ex-presidente da República. Um político que já foi acusado de desvios de dinheiro público e de ter contas secretas na Suíça na Operação Faktor, desencadeada pela Polícia Federal. Ele escapou porque todas as provas foram anuladas em uma manobra jurídica. Nesse meio-tempo, ele conseguiu censurar o jornal *O Estado de S. Paulo* para evitar a publicação das acusações. Sua carreira no futebol era resumida a cargos na CBF e times que ele controlava no Maranhão. Seu principal mérito fora ajudar Del Nero a barrar parte das investigações da recente CPI do Futebol. Era o suficiente para que o presidente da confederação o nomeasse para o cargo mais alto de um brasileiro no mundo do futebol, já que seria inviável continuar com ele.

A justificativa de Del Nero para sua saída era que assim poderia se concentrar em cuidar melhor do futebol brasileiro. Repetia o argumento de que não viajava para tomar conta da CPI. Só que, dessa vez, a farsa não duraria: uma semana depois a Fifa anunciava o inquérito iniciado contra Del Nero. Foi convocada uma reunião de emergência na entidade para discutir se o dirigente pediria sua licença. Havia a expectativa na cúpula da confederação de que, assim como ocorrera com Joseph Blatter, fosse divulgada uma suspensão rápida do presidente da entidade. Isso poria abaixo todo o esquema de manutenção de poder da corrente dominante, já que o preterido Delfim assumiria.

Mas naquele momento o pior para o cartola estava acontecendo do outro lado do oceano: o FBI desencadeara a segunda fase de sua operação para investigar cartolas do mundo do futebol. Dois foram presos no hotel Baur au Lac, e um deles, Juan Angel Napout, era o mesmo presidente da Conmebol que estivera uma semana antes no Brasil para dizer que a entidade passava por um processo de recuperação e transparência. Não parava por aí. O Departamento de Justiça norte-americano prometia anunciar um total de 16 novos indiciados ainda naquele dia. E assim foi.

A procuradora-geral dos Estados Unidos, Loretta Lynch, citou o nome de um presidente da CBF em exercício – Marco Polo Del Nero – como indiciado por crimes de conspiração, lavagem de dinheiro e fraude eletrônica. Consideradas graves, essas acusações somavam pelo menos vinte anos de prisão. Havia ainda uma ordem de prisão contra o dirigente. Isso mostrava como se justificava seu medo de viajar para o exterior: se estivesse na Suíça, seria levado para a cadeia.

Del Nero, que negava estar envolvido no esquema denunciado pela Fifa, foi citado vinte vezes no relatório do FBI, chamado de "superindiciamento" por incluir um número bem alto de pessoas. Eram três os esquemas de corrupção em que tinha participação, segundo o Departamento de Justiça dos Estados Unidos: levar propinas para facilitar o acerto dos contratos da Copa do Brasil, da Copa Libertadores da América e da Copa América. O que se mostrava ali é que o presidente da CBF se aproveitava de acordos obtidos à custa do suor de jogadores da Seleção Brasileira e de times brasileiros para ganhar dinheiro. Em troca, os clubes arrecadavam cotas diminutas por suas participações, impedidos de negociar as competições por preços maiores.

Pela Libertadores, ele tinha solicitado propinas a Alejandro Burzaco, um dos executivos da T&T Sports Marketing – o primeiro "T" é de Torneos e o segundo "T" é de Traffic. Juntamente com eles, receberam subornos Marin e Teixeira. Não havia descrição do valor em dólares das propinas, embora os montantes discutidos para cada um estivessem na casa dos seis dígitos. Com relação à Copa América, o cartola brasileiro igualmente tinha participado de um esquema que envolvia praticamente todos os dirigentes da Conmebol. Basta observar que quase toda a cúpula da entidade estava presa ou com mandado de detenção já determinado pelos Estados Unidos. Esse era um esquema ainda maior, em que se estima que cada um dos presidentes das principais confederações teria direito a uma quantia de 3 milhões de dólares pelos contratos a serem pagos pela Datisa, a já mencionada empresa que foi igualmente aberta por essa turma, reunindo a Traffic, a Torneos e também a T&T. Não havia como perder um centavo.

Por fim, Del Nero era, sim, o conspirador que arrecadava propina da mesada pela Copa do Brasil. "Marin teve um encontro com José Hawilla durante a viagem, na qual ele discutiu o pagamento devido a ele e ao acusado Marco Polo Del Nero, em conexão com o esquema da Copa do Brasil", descrevia o documento do Departamento de Justiça dos Estados Unidos. Nesse esquema, a mesada de 2 milhões de reais seria dividida entre ele, Teixeira e Marin. Um dos comprovantes de pagamento era a já citada transferência para a compra de um iate, em 2013. Esse era o documento que ligava o presidente da CBF às propinas pela segunda competição mais importante do cenário nacional.

Desnudado, citado e procurado pela polícia, Del Nero acelerou suas articulações: sabia que sua permanência na CBF tornara-se impossível. Mas não estava disposto a abrir mão do poder, ainda que tivesse sobre ele um pedido de prisão decretado. Sua intenção não era renunciar de imediato, mas armar para que um preposto assumisse o seu lugar enquanto ele se licenciava. Ligou para Fernando Sarney, mas o político não quis se expor e recusou o cargo de presidente da CBF. O telefonema seguinte foi para o vice-presidente do Nordeste, Gustavo Feijó, para oferecer-lhe o cargo. O cartola pediu que conversassem pessoalmente, mas Del Nero queria resolver o caso naquele momento. Acertou para que o vice-presidente da região Centro-Oeste, Marcus Vicente, deputado federal que ajudara a tentar barrar a CPI, fosse o seu substituto. Com Vicente ainda no aeroporto de Vitória, no Espírito Santo, à espera de um voo para o Rio de Janeiro, a CBF anunciava a licença de Del Nero.

Em apenas seis meses, o FBI mostrara que os três presidentes que comandaram a CBF tinham levado propinas por contratos da entidade. O que se poderia esperar era um terremoto que mexesse com as estruturas do futebol brasileiro. Não foi o que ocorreu.

A não ser que Del Nero provasse sua inocência, o que só seria possível se fosse aos Estados Unidos, o único caminho naquele momento seria dar o comando da CBF ao inimigo Delfim Peixoto assim que se esgotassem as medidas protelatórias de sua licença. Mas o sistema da cartolagem na confederação não desiste, ele se adapta a qualquer situação. Iniciou-se então uma guerra civil pelo poder na CBF, em que idade, regras de estatuto esdrúxulas, clubes inertes e atos secretos se tornaram a tônica.

O FBI deixara a terra arrasada no futebol brasileiro e não havia sinal de que alguém pudesse iniciar a reconstrução – um cenário bem similar ao que se verificava na Conmebol, entidade máxima do futebol sul-americano. A história da América do Sul é a que vamos contar a partir de agora.

A REDE DE SUBORNOS NAS AMÉRICAS

Como ocorreu no Brasil com a CBF, o *modus operandi* da Traffic representou uma revolução no futebol sul-americano e na Conmebol. As histórias brasileira e sul-americana correram paralelas em uma rede intrincada e comum de personagens. A empresa brasileira mirou as competições continentais pouco depois de o paraguaio Nicolás Leoz ter assumido a presidência em 1986. O torneio mais tradicional da região, a Copa América, passaria a ter papel central para a Traffic e para o desenvolvimento do esquema de corrupção que se criou a seguir, envolvendo uma série de dirigentes da Fifa. O sistema conspiratório só viria a ser descoberto pela investigação do FBI, que desmoronou a entidade.

Mas, antes, é preciso entender quem era Leoz. Ao contrário de Teixeira, o paraguaio chegou ao topo do futebol do continente galgando posições, e não como extraterrestre do esporte. Saltou da confederação de basquete para o clube Libertad, uma equipe média de futebol de seu país. De lá, passou a controlar a Associação Paraguaia de Futebol, para depois ascender à vice-presidência da Conmebol. Atingiu a presidência da confederação por uma espécie de conveniência política que se estabelece entre Brasil e Argentina. Como nenhum dos dois países mais poderosos pode ocupar o cargo – isso teoricamente pesaria a balança em favor de um lado –, opta-se por dar o comando a uma nação neutra, como o Paraguai, onde fica a sede da entidade.

Leoz é figura que lembra os caudilhos sul-americanos. Apesar de ter origem em família humilde, age como os poderosos da região: entendem que não precisam dar explicações a ninguém sobre seus atos, e assim ele agia à frente da Conmebol. Adora bajulações e títulos de honra, sejam eles de quem for. No processo de escolha da sede da Copa do Mundo de 2018 e da de 2022, foi acusado pelo lorde David Triesman, representante da candidatura britânica, de pedir um título de cavaleiro britânico em troca de um voto em favor da Inglaterra – o paraguaio nega.

É simpático em situações em que não está sob pressão, ou quando fala de futebol. Estive com o presidente da Conmebol em 2001, em seu escritório no Paraguai, quando o Brasil foi jogar uma partida contra a seleção local pelas eliminatórias. Ele me entupiu de chaveiros do seu time, Libertad, e de livros sobre a história da confederação e de seus torneios mais importantes. Entre os livros estava uma biografia sua, editada pela confederação sul-americana, que obviamente exaltava os seus feitos como dirigente. Sempre que perguntado sobre negócios ou política da confederação, responde com monossílabos, retira-se do ambiente ou encerra a conversa.

Sua vaidade está explícita na grande quantidade de fotos suas que se espalhavam pelas paredes ou publicações da Conmebol. Em livro sobre o futebol sul-americano, ressalta que, além dos craques em campo, os feitos foram conseguidos graças "à coragem e ao empenho" dos cartolas que entregavam sua cota de "sacrifícios sem limites". Não fica claro quais são esses sacrifícios imensos, além de viajar de primeira classe pelo mundo para assistir a jogos de futebol.

Pois foi essa figura que começou a fazer negócios com José Hawilla e sua Traffic. Fecharam um contrato inicial de 1,7 milhão de reais por todos os direitos comerciais e de televisão da Copa América de 1987, que foi realizada na Argentina. Ou seja, a empresa pagava por essas propriedades e as revendia para patrocinadores e redes de televisão ao redor do mundo por milhões de dólares a mais do que tinha sido dado à entidade. Era um valor irrisório se pensarmos no total que é pago por torneios mundiais no futebol atual. Esse contrato logo se estendeu pelas edições seguintes, já que Hawilla percebeu a lucratividade da competição e a tornou o centro dos seus negócios.

Leoz não queria ficar fora disso, e no início da década de 1990 seria assinado novo acordo pela Copa América: a Traffic pagaria 6,6 milhões de dólares à Conmebol – 2,2 milhões de dólares por campeonato. Em janeiro de 1991, todos os executivos e dirigentes sul-americanos firmaram suas assinaturas em público no contrato, menos Leoz. "Depois, em um encontro privado, Leoz disse para Hawilla, em resumo, que Hawilla ganhava muito dinheiro com os direitos que ele adquiriu e que Leoz não achava justo que ele não ficasse com o dinheiro também. Leoz disse que não assinaria se Hawilla não concordasse em pagar propina. Hawilla concordou em pagar um valor em dólares de seis dígitos. Depois disso, Leoz assinou", registra o relatório do Departamento de Justiça dos Estados Unidos, baseado no depoimento do empresário da Traffic. Ele explicou que essa fora a primeira vez que ouvira um pedido de "agrado", e a primeira que aceitava pagar, ainda que contrariado.

A partir disso, a torneira estava aberta. Segundo a descrição do FBI, dezenas de milhares de dólares foram pagos em suborno pela Traffic para dirigentes sul-americanos por conta da Copa América. Cada vez que havia uma negociação contratual eram tratados em paralelo os subornos para Leoz e seus subordinados. Durante a década de 1990, o paraguaio continuou a pedir propinas adicionais a cada edição que se completava do campeonato.

Ao mesmo tempo que recebia da Traffic, o presidente da Conmebol se reelegia sem oposição na entidade até se tornar presidente vitalício em uma votação esdrúxula feita na entidade em maio de 2012 – mais uma das honrarias que ele armava para si mesmo e os outros cartolas concordavam.

Para a Traffic, o negócio era imensamente lucrativo, tanto que estendeu seus braços para criar filiais nos Estados Unidos: duas empresas passaram a gerir de lá boa parte dos acordos pela competição. "A Traffic construiu o seu negócio e reputação em promover e fazer o marketing da Copa América e da venda exclusiva dos direitos comerciais, de TV e de patrocínio. A Copa América é a pedra fundamental do negócio da Traffic", explicam advogados da empresa em ação judicial contra a Conmebol movida em 2011 por disputa de direitos relacionados à competição. A estimativa era de que o torneio gerava 80% da receita da empresa brasileira. Não era à toa que Hawilla, no início do novo milênio, passou a dar pouca importância aos seus contratos com a CBF, que tinham se tornado secundários para a agência de marketing.

Com todos ganhando dinheiro de várias fontes, era natural que a relação se estendesse. Por isso, a Conmebol e a Traffic renovaram os contratos em 2001, prevendo a venda dos direitos de marketing, comerciais e televisivos das três edições seguintes da Copa América: pelo novo acordo, a empresa se manteria "dona" do campeonato até 2015. As propinas pagas a Leoz, com o incremento da renda, saltavam para sete dígitos, isto é, pelo menos 1 milhão de dólares. Além dos subornos, a empresa aceitava pagar um total de 46 milhões de dólares por três edições do torneio, chegando a um valor de 18 milhões de dólares pela última edição, a de 2009.

Em troca desse dinheiro e das propinas, a Traffic tinha total controle sobre a Copa América, como fica claro no contrato da competição disponível no processo judicial entre as partes. Os locais de todos os jogos tinham que ser aprovados pela empresa. O formato do campeonato já estava predefinido, com 12 times divididos em três grupos de quatro e quartas de final. A Conmebol era obrigada a garantir que os melhores jogadores de cada seleção pudessem atuar. Os estádios deveriam estar limpos e sem publicidade local para que a empresa pudesse explorá-los da melhor forma que lhe conviesse. Todos os patrocinadores e fornecedores seriam escolhidos pela agência brasileira. O total de 13 itens seria cedido à Traffic pela Conmebol, com exceção da bola.

E não era apenas o chefão que se dava bem com a Copa América. Seus subordinados na Conmebol, Eugenio Figueredo (vice-presidente), Eduardo Deluca (secretário-geral) e Rómer Osuna (tesoureiro) eram os outros a se beneficiar desses pagamentos. A tática da Traffic era comprar a confederação sul-americana inteira, das placas exibidas em campo ao seu presidente.

Aqueles que receberiam o torneio não poderiam deixar de aparecer na folha de pagamentos. Em 2007, a competição foi sediada na Venezuela sob o comando do presidente Hugo Chávez e seu regime chamado de bolivariano, teoricamente voltado para atender às necessidades do povo. Para receber o torneio foram investidos 2,3 bilhões de reais na reforma e na construção dos nove estádios em que foram disputados os jogos. Isso porque o futebol nem sequer é o esporte mais popular na Venezuela. O Estado esteve ligado à organização do torneio desde o início da competição.

Não por acaso o presidente da Federação Venezuelana de Futebol, Rafael Esquivel, era chavista e o articulador de que se levasse o campeonato para o país. Isso não impedia que se praticasse o capitalismo selvagem da Traffic também no país: Esquivel pediu 1 milhão de reais em propinas para Hawilla. Era o papo de sempre: sabia que o empresário lucraria alto com a competição e queria sua fatia. A empresa pagou por meio de um intermediário, José Margulies, conhecido como José Lázaro, um aliado de Hawilla que atuava na intermediação de negócios. Esquivel não ficou satisfeito e requisitou mais 700 mil dólares posteriormente à Traffic: Rafael Esquivel recebeu 1,7 milhão de reais em propinas por essa Copa América, o mesmo valor que a Traffic pagara, vinte anos antes, por todos os direitos da competição.

Sua conta estava tão cheia quanto seu prestígio. Em 2007 – logo após a realização do campeonato vencido pelo Brasil por 3 X 0 sobre a Argentina na final –, Esquivel foi homenageado com a principal honraria do país no Palacio de Miraflores, sede do governo venezuelano, pelo próprio Chávez e por toda a cúpula de governo. Junto dele estava o presidente da Fifa, Joseph Blatter, prolixo quando se trata de fazer elogios a políticos populistas.

Em seu discurso, interrompido por seguidos aplausos, Blatter classificou Esquivel como "muito, muito honrado". Disse que o torneio havia sido um "feito extraordinário", que incrementava a estrutura técnica do futebol do país. Claro, não deixou de bajular Chávez "pela transformação política e qualidade de vida" do povo: chamou-o de "grande líder presidente". Chávez sorria, agradecido.

Bem mais agradecido estava Esquivel. Além das honrarias, sua conta não parava de ser abastecida. Seu chavismo não o impedia de manter várias propriedades na Flórida. Nem de continuar o achaque aos cofres do futebol sul-americano. Sua ambição não tinha limites. Em 2011, recorreu de novo a Hawilla e reivindicou outro milhão de dólares. Nesse ano iniciou-se uma disputa de poder pelos direitos da Copa América entre a Traffic e a Full Play, empresa com sedes na Argentina e na Espanha. O empresário brasileiro esperava que Esquivel e outros o ajudassem a manter seus acordos com a Conmebol, e por isso pagou mais uma vez.

Só que, como aprendemos em outros casos, entre os cartolas da Fifa nem o pagamento de propinas é garantia de fechar negócios, tal o caráter dos dirigentes. Mais tarde Hawilla viria a saber que o cartola venezuelano era um dos responsáveis por uma revolta de dirigentes de federações de menor expressão no Comitê Executivo da Conmebol para tirar sua empresa Traffic da entidade. Antes de contar a história dessa disputa, no entanto, iremos para o enredo da edição seguinte do torneio – 2011, na Argentina.

Ali era a terra de Julio Grondona, então ex-vice-presidente da Fifa e provavelmente o cartola mais poderoso da América do Sul depois de João Havelange. Pois a investigação da polícia norte-americana indicava que um cartola argentino, com alto cargo na AFA, na Conmebol e na Fifa, recebeu dinheiro da Traffic durante as últimas edições da Copa América para garantir que a Seleção Argentina tivesse sempre seus melhores jogadores no torneio. O único que se encaixa nessa descrição é Grondona. Por essa versão, cada vez que Messi ou que Maradona entraram em campo para disputar a competição continental estavam abastecendo os cofres do cartolão argentino. Os pagamentos eram por meio da empresa Torneos y Competencias, controlada por Alejandro Burzaco, um dos executivos investigados pelos norte-americanos.

Pela Copa América de 2011, assim como fizera Esquivel na Venezuela, Grondona exigiu uma propina de sete dígitos, segundo os documentos norte-americanos. Na contabilidade paralela, o dinheiro viria de um acerto de contas entre a Traffic e a Torneos. A empresa brasileira, que já tinha assinado 32 parcerias relacionadas ao evento, topou pagar mais esse suborno. Entre os patrocinadores estavam gigantes como Mastercard, LG, Santander e a estatal Petrobras, o que implica a entrada de dinheiro público brasileiro no caixa da agência de marketing envolvida com corrupção. A estatal pagou 3 milhões de reais pelo patrocínio do torneio sul-americano, apenas parte do que destinou à Traffic para fixar suas placas em volta dos campos de jogos, já que também patrocinou a Copa do Brasil. Nesse cenário, não havia por que reclamar de soltar mais um pouco de verba para os cartolas.

Cabe aqui uma explicação sobre quem foi Grondona. Ele era o presidente mais antigo das associações nacionais sul-americanas, pois ascendeu à presidência da AFA em 1979 e por ali se eternizou. Chegou à Fifa na década de 1980 e por ali ficou até se tornar seu vice-presidente e responsável pelas finanças da entidade, homem de confiança de Havelange e Blatter. Mas a verdade é que sua carreira tinha voo próprio. Para além das alianças, como dirigente, ele se impunha com seu jeito ao mesmo tempo calmo e intimidador.

Sempre foi cercado por acusações de ter se favorecido do futebol para enriquecer e de usar o poder na AFA de forma escusa. A todos respondia com um "Tudo passa", frase que mandou cunhar em um anel que usava no dedo mínimo da mão esquerda. Dizia que só deixaria a federação internacional com os pés para cima, isto é, morto. Em todos os encontros que tive com Grondona, ele não tinha o jeito fujão ou temeroso dos outros cartolas. Era um debochado: "Não falo com os jornalistas argentinos assim como Teixeira não fala com os brasileiros. Com vocês eu posso falar", dizia para uma dupla de repórteres brasileiros, na Suíça, enquanto reclamava das dores na barriga que o impediam de se locomover bem. Já no Brasil, para acompanhar a Copa do Mundo de 2014, viveria seu último escândalo quando ingressos apreendidos com cambistas pela polícia tinham o nome de seu filho, Humberto Grondona. Livrou-se, já que a Fifa nada fez. Tudo passaria de novo? O que não passou foi sua fragilidade física. Logo após aquele Mundial ele morreu de uma infecção no coração. Como previra, só deixou a vice-presidência da Fifa e a presidência da AFA no caixão, sem conhecer o terremoto que se abateria sobre o futebol. Sua despedida foi marcada pelas homenagens da cartolagem mundial, ao contrário de outros, que viram suas reputações arruinadas.

Não era à toa. Durante anos Grondona foi a cara da arrogância da Fifa, que pouco se importava com o que pensava a sociedade sobre seus seguidos escândalos. Impunha-se sobre governos. Quando a população brasileira questionava as duras exigências da entidade para estádios do Mundial, e protestava nas ruas durante a Copa das Confederações de 2013, ele respondia que o Brasil é que fora procurar a federação internacional, e não o contrário. Quando jornais ingleses fizeram acusações de compra de votos nas escolhas das sedes da Copa do Mundo, disse que votara no Catar para sede do Mundial de 2022, porque "votar nos Estados Unidos seria votar nos ingleses". Quando Maradona o atacava, respondia: "Ele fala de códigos [de conduta], mas é o que menos os tem". Seu poder vinha das mãos dos outros, afirmava o argentino. Questionado sobre o que o mantinha em sua posição de poder no futebol, retrucava: "Tenho razão".

Era assim que sua presença se impunha na Conmebol, que mantinha argentinos como Eduardo Deluca e José Luis Meizner na operação de fato da entidade, enquanto Leoz recebia suas honrarias e propinas. Por isso, as suspeitas sobre o pagamento de subornos a Grondona mostravam que todo o Comitê Executivo da Conmebol estava comprometido. E era também a primeira vez que havia provas concretas de irregularidades internacionais dele para além das fartas descobertas da imprensa argentina sobre suas operações no país.

A Copa América da Argentina foi realizada em meio a uma disputa ferrenha pela posse dos lucros da competição. Como os ganhos chegavam a triplicar a cada edição, isso passou a gerar insatisfação com a Traffic entre os cartolas das federações de menor expressão. Não que eles quisessem incrementar as receitas do futebol sul-americano: a intenção era que sobrasse mais dinheiro para eles no bolo.

Meses antes da Copa América de 2011, a ser realizada na Argentina, executivos da Traffic ficaram sabendo que membros da cúpula da argentina Full Play, uma agência de marketing concorrente, estavam procurando empresas de televisão e patrocinadores para informar que eram os novos detentores de direitos da competição continental a partir de 2015. Ao saber dos rumores, a Traffic foi questionar o presidente Leoz, visto que detinha por contrato essas mesmas propriedades, além da possibilidade de renovar os acordos por mais três edições. A empresa brasileira recebeu por carta uma negativa do cartola paraguaio de que houvesse algum acordo com a Full Play, mas admitia que presidentes das federações do Equador, da Venezuela e da Colômbia tinham feito uma campanha para controlar a Conmebol e a forma como eram conduzidos os negócios. Esses, sim, queriam acabar com o relacionamento com a Traffic. Ou seja, o próprio Esquivel, que recebera propina da empresa de Hawilla, tentava passar-lhe a perna. No Brasil também havia a ideia de tirar a Traffic do esquema por conta da birra que Ricardo Teixeira passou a ter com o dono da empresa, por disputas internas com relação à CBF.

Apesar da intriga nos bastidores, somente o presidente da federação equatoriana, Luis Chiriboga, admitia abertamente que queria romper com a empresa brasileira. Os outros se faziam de desentendidos. Até que um funcionário da Full Play, por engano, mandou uma mensagem de e-mail para um funcionário da Traffic, em que tratava da negociação de direitos da Copa América de 2015. A empresa argentina até já fechara acordos relacionados à competição. "Baseado nas declarações falsas e na conduta errada, a Full Play induziu pelo menos três clientes a assinar acordos pela Copa América de 2015: a Globo, que é a televisão do Brasil, o mercado natural para o evento, Torneos y Competencias e Al Jazeera", acusava a Traffic no processo judicial contra a Conmebol. Esses documentos do processo foram obtidos pelo advogado norte-americano Khaldoun Shobaki, que publicou um blog sobre o caso Fifa.

Aqui cabe uma explicação: a Rede Globo e todos os patrocinadores da competição continental tiveram que assinar acordos com empresas intermediárias como a Full Play e a Traffic, que pagavam propinas aos cartolas. Era a forma de fecharem negócio pela Copa América, pelo modelo imposto pela Conmebol. Não se tem indício até agora de que a emissora ou outros patrocinadores participaram do esquema de corrupção. Mas é fato que seu dinheiro ajudou a inflar os cofres das empresas de marketing esportivo corruptoras. A Traffic, por exemplo, relatava que a cada edição do torneio continental as receitas com as vendas de direitos televisivos até triplicavam de valor.

Voltemos à disputa comercial. Ciente da verdade, a empresa brasileira decidiu notificar seus clientes e pressionar Leoz. Até que, em meados de 2011, a Conmebol admitiu que entregara a competição para a Full Play e que ignoraria o contrato em vigor com a empresa brasileira. Mais, o cartola paraguaio fugia de um encontro com Hawilla. Em seguida, ainda naquele ano, a Conmebol oficializou o que era conhecido nos bastidores: a Copa América passava para a Full Play em acordo assinado por todos os cartolas da cúpula sul-americana, o que incluía Ricardo Teixeira, já quase de saída da CBF.

Não restava alternativa à Traffic senão ir à Justiça e processar a Conmebol. Foi o que aconteceu no final de 2011, momento em que a Traffic USA e a Traffic International entraram com processos contra a confederação sul-americana, todas as associações nacionais e seus cartolas. Sua alegação ao recorrer à Justiça norte-americana era a jurisdição prevista em contrato, nos Estados Unidos. Além disso, boa parte dos seus acordos comerciais era firmado e se desenrolava no país. Mal sabia a empresa que isso seria o motivo que a levaria para o quadro de conquistas do FBI.

No Judiciário norte-americano, a intenção era obter uma liminar pela qual a concorrente argentina fosse impedida de comercializar a Copa América. Os ganhos com a competição eram tão grandes que os executivos da empresa nem sequer conseguiam calcular qual a receita total para indicar uma indenização, como revelado no processo. Segundo a empresa, a Copa América fora o torneio esportivo mais assistido em 2011 – 5 bilhões de pessoas pelo mundo todo. Na versão da Traffic, esse número superaria o SuperBowl norte-americano e a National Basketball Association (NBA). Ou seja, ficaria atrás apenas da Copa do Mundo e da Olimpíada como competição esportiva de maior atração.

Essa informação mostra como o esquema de propinas prejudicou o futebol do continente. A Copa América de 2015, última a ser disputada, teve todos os seus direitos negociados por 75 milhões de dólares (236 milhões de reais). Isso representa 17 vezes menos do que sua irmã Eurocopa, competição continental europeia que rendeu 4,1 bilhões de reais na edição de 2012. Explica-se: a confederação sul-americana cedia todo o campeonato para as empresas que pagavam subornos a seus cartolas, enquanto a União das Federações Europeias de Futebol (UEFA) negociava diretamente com emissoras de televisão e patrocinadores pelo mundo afora para incrementar sua receita.

A disputa entre a Full Play e a Traffic não tinha nada de concorrência aberta ou leal como se esperaria de um negócio de milhões de dólares. Era uma guerra para ver quem enchia mais os bolsos dos cartolas sul-americanos.

E valia recorrer à Fifa nessa disputa. Em fevereiro de 2012, a Conmebol mandou uma carta à federação internacional pedindo a intervenção na briga com a Traffic. Alegava que o contrato previa a arbitragem da entidade em caso de litígio. Sendo a confederação uma filiada da federação internacional, dificilmente perderia uma disputa na própria entidade. Blatter não ia querer se indispor com quem seria seu eleitor posteriormente – a organização precisava se livrar do problema –, mas os dirigentes da Fifa entenderam que nada podiam fazer.

Jérôme Valcke, o secretário-geral da Fifa, afirmou em carta de resposta que a jurisdição da entidade se limitava a partes direta ou indiretamente ligadas ao sistema esportivo. Não era o caso de uma agência de marketing como a Traffic. "A Fifa não parece ter nenhuma jurisdição para iniciar nenhum procedimento relacionado à disputa no momento, e, consequentemente, nós não estamos em condições de realizar uma arbitragem", dizia Valcke. Era uma desvantagem para a Conmebol.

No terreno da Justiça dos Estados Unidos os contratos têm força, o que tornava provável uma vitória da empresa brasileira. Ainda mais que, como notou o Departamento de Justiça norte-americano, a Traffic nunca mencionava no contrato como obtivera os acordos da Copa América por meio do pagamento de subornos. A empresa de Hawilla entrou com nova ação, com a mesma argumentação anterior. O impasse deixava travada a negociação de direitos da Copa América seguinte, que seria realizada no Chile.

A Full Play e a Traffic decidiram então entrar em acordo. Esse compromisso envolvia a criação de uma nova empresa, chamada Datisa, e de um sistema de propina que rivalizava com o visto no caso da ISL com a Fifa. O novo modelo de negócios, digamos assim, estava relacionado à disputa e à troca de poder na Conmebol e na Concacaf.

A troca de comando nas duas confederações do continente americano ocorreu justamente por corrupção. Na Conmebol, Leoz foi flagrado no esquema de distribuição de dinheiro da ISL, empresa de marketing parceira da Fifa. Recebeu algumas centenas de milhares de dólares em suas contas da agência de marketing suíça enquanto esta tinha contratos relacionados aos direitos da Copa do Mundo. Quando seu nome veio à tona em reportagem da BBC, em 2011, a entidade chefiada por Joseph Blatter tentou ignorar o fato. Mas, quando a Justiça suíça forçou a divulgação dos nomes, o paraguaio teve de renunciar ao Comitê Executivo da Fifa como ocorrera com Teixeira e Havelange. Em seguida, deixou a confederação sul-americana em 2013, substituído por seu vice-presidente, o uruguaio Eugenio Figueredo.

Um processo similar ocorreu na Concacaf. Seu então presidente Jack Warner, que era vice-presidente da Fifa, entrou em colisão com Blatter quando decidiu apoiar o candidato de oposição Mohamed bin Hammam para a presidência da Fifa em 2011. Passou a ser inimigo e entrou na mira da entidade para casos de corrupção, o que nunca atingia os amigos. Durante a eleição, o dirigente catariano distribuiu por meio de Warner pacotes de 40 mil dólares para cartolas das associações nacionais em congresso na América Central. Sua justificativa era a cultura árabe de dar presentes. Mas estava claro que o dinheiro, que somava mais de 300 mil dólares, tinha como objetivo garantir votos na eleição. Em um processo rápido, inédito para os padrões da Fifa, ambos foram suspensos e depois expulsos. Houve ameaças de denúncias contra a cúpula da federação internacional, mas ambos decidiram ficar calados. Em seguida, o secretário-geral Blazer, o delator do início do caso da Fifa e que tinha ajudado a derrubar o antigo parceiro Warner, também teve de deixar a entidade, em outra expulsão por se apropriar de dinheiro da Concacaf. Isso abriu caminho para a ascensão de Jeffrey Webb, das Ilhas Cayman, que assumiu a entidade em meio a um congresso em Budapeste em 2012.

As trocas de presidentes nas duas confederações continentais não representariam grande modificação na forma de conduzir seus negócios, como se veria mais à frente. Figueredo sempre compôs o quadro político da Conmebol apesar de ser odiado pelos seus pares, resultado do seu temperamento irascível. Baixo, cabelo pintado, não gostava de prestar contas a ninguém, o que o tornava parecido com seus antecessores. Não foram poucas vezes que respondeu com monossílabos a perguntas sobre o futuro do sul-americano quando questionado por repórteres. "Não dou entrevistas", disse-me certa vez em um evento de Copa do Mundo. Mas gostava, sim, de falar quando estava em situações em que o seu trabalho seria exaltado. A vaidade era comum a outros dirigentes. Nesse sentido, incorporava o caudilho tanto quanto Leoz.

Webb era o oposto. Alto, negro e sempre bem-vestido, ele tinha uma carreira bem-sucedida como banqueiro nas Ilhas Cayman, conhecido paraíso fiscal. Ascendera na cartolagem caribenha até ser eleito de forma unânime para substituir Warner em 2012: aos 47 anos tornou-se o mais jovem dirigente na cabeça de um órgão continental do futebol mundial. Apresentava-se como um sopro de renovação na Fifa. Foi a favor da publicação do relatório do investigador norte-americano Michel Garcia sobre irregularidades na eleição das sedes da Copa do Mundo de 2018 e de 2022, documento esse que Blatter fez questão de esconder a maior parte de seu teor, para poupar os aliados. Webb ainda passou a defender a bandeira do combate ao racismo no futebol. "Não há motivos para não termos um escritório de antidiscrimininação [neste Mundial]. Há uma desconexão entre a prestação de contas e o discurso [contra o racismo]. A discriminação é igual se é atacado o time inteiro ou um indivíduo. Para nós, isso é discriminação", disse-me ele durante a Copa do Mundo de 2014. Era uma crítica à cúpula da entidade composta por Joseph Blatter e Jérôme Valcke. Até a realização da Copa do Mundo na Rússia, onde há notórios casos de racismo, foi posta em dúvida por Webb. Era um dos dirigentes mais abertos a diálogos com a sociedade. Parecia entender a necessidade de a Fifa se tornar mais transparente na forma como geria o esporte.

O que não se sabia nas suas aparições públicas era como agia atrás dos panos. Logo ao assumir foi negociar com a Conmebol a realização de uma Copa América conjunta com a Concacaf. O projeto era unir o continente em torno de uma competição, criando uma edição extra para comemorar o centenário do campeonato mais longevo do mundo de seleções nacionais. O evento seria nos Estados Unidos, em 2016, quando se completariam cem anos do torneio realizado em comemoração à independência da Argentina, em 1916.

Não era qualquer torneio que se vendia ali. Criada com o nome de Campeonato Sul-Americano, a Copa América era a responsável pela fundação da confederação do continente, em 1917, anterior à Copa do Mundo e à consolidação da Fifa. O fato de os times da região passarem a jogar entre si e criarem rivalidade, principalmente Argentina, Brasil e Uruguai, fez o futebol local dar um passo à frente dos demais. Isso explica, de certa forma, como o continente era dominante no início do Mundial, a partir de 1930, posição que se fortaleceu durante o tempo. Mesmo durante a Segunda Guerra Mundial, que interrompeu a realização da Copa do Mundo, o torneio continuou a ser disputado. Surgiram craques sul-americanos de quilate mundial, jogadores como Pelé e Maradona.

Houve mudanças de formato e de periodicidade ao longo do tempo. Isso ocorria anteriormente por problemas de logística dos países ou questões políticas. Até que na década de 1970 o campeonato ganhou o nome de Copa América e passou a ter uma fórmula mais estável, com a disputa ocorrendo sempre em um país-sede. Foi a partir da década de 1980, com a chegada da Traffic, que o torneio mudou ao sabor das conveniências financeiras e comerciais. Longe das mesas dos cartolas, as agências de marketing controlavam a organização para tornar a competição mais lucrativa.

Para realizar essa edição centenária era preciso resolver a disputa entre a Full Play e a Traffic em torno dos direitos da Copa América. Em 2013, ocorreram as conversas entre José Hawilla, da Traffic, o executivo argentino Alejandro Burzaco, da empresa Torneos y Competencias, e a dupla Hugo e Mariano Jinkins, da Full Play. As três partes concordaram em criar uma terceira empresa, chamada Datisa, que teria os direitos da Copa América. Cada uma das empresas possuiria um terço da Datisa. Quatro dias depois de fundada, todos os contratos da competição que estavam com a Full Play foram transferidos para essa firma. Seriam pagos 317 milhões de dólares à confederação sul-americana por quatro edições da Copa América, incluindo a edição centenária nos Estados Unidos. Como consequência disso, a Traffic, a Full Play e os dirigentes da Conmebol entravam com uma petição na Justiça da Flórida para encerrar a disputa judicial relacionada à competição. Com o crescimento exponencial da renda do campeonato, havia dinheiro para todo mundo, sobretudo para os dirigentes. Os executivos da Full Play trataram de avisar Hawilla que seu *modus operandi* fora mantido, mas que os valores tinham subido: ele teria de contribuir com pelo menos 10 milhões de dólares em subornos.

Um acordo paralelo implicava cifras muito mais impressionantes para os cartolas sul-americanos: "A Datisa concordou em pagar 100 milhões de dólares em propinas para os dirigentes da Conmebol – todos dirigentes da Fifa – em troca do contrato de 2013 da Copa América: 20 milhões de dólares pela assinatura do contrato e 20 milhões de dólares pela realização de cada uma das quatro edições", relata o documento do Departamento de Justiça dos Estados Unidos. Havia uma hierarquia nos subornos. O presidente da Conmebol e os presidentes da AFA e da CBF ficariam, cada um deles, com 3 milhões de dólares em cada um dos pagamentos. Entre eles estava José Maria Marin e Eugenio Figueredo. Já os dirigentes de outras federações, como Rafael Esquivel, teriam direito a 1,5 milhão de dólares. Mesmo afastado do cargo, Leoz também levou a sua fatia do bolo.

Além deles, alguns cartolas sul-americanos são citados como beneficiários de propinas, embora seus nomes não sejam revelados pelo Departamento de Justiça dos Estados Unidos. Julio Grondona, da AFA, também não foi citado nominalmente, mas lá estava. Esse amplo grupo de cartolas, os que seriam beneficiários dos pagamentos, deixava claro que perder um cargo no sistema Fifa não significava ser excluído do esquema. Desaparecia-se dos holofotes, mas o dinheiro continuava a entrar em seus bolsos.

Do total prometido de 100 milhões de dólares, 40 milhões foram dados aos cartolas antes que o FBI desbaratasse a rede. Isso significa que Marin levou 6 milhões de dólares, ou mais de 20 milhões de reais pela Copa América. Esse dinheiro estava sendo desviado para outros fins que não o desenvolvimento do futebol nacional: ele é suficiente, por exemplo, para cobrir dois meses da folha de pagamentos de um dos mais caros times do futebol brasileiro.

Os pagamentos para os cartolas foram feitos em infindáveis contas bancárias, para disfarçar sua origem. Na maior parte dos casos, depósitos em instituições norte-americanas, o que possibilitou ao FBI ficar na cola dos dirigentes. A polícia norte-americana encontrou três transferências financeiras feitas pela Traffic USA para contas na Suíça de empresas de fachada da Full Play e da Torneos. As operações envolviam 11 milhões de dólares. Depois, esse dinheiro saía para contas em nomes de empresas de dirigentes da Fifa, como Rafael Esquivel. Muitas vezes o valor voltava para os Estados Unidos, onde os cartolas mantêm boa parte de sua vida financeira, propriedades e registros financeiros.

Feitos os pagamentos para os cartolas sul-americanos, chegou a vez de os executivos das agências de marketing se acertarem com Jeffrey Webb para ter os times da Concacaf na edição centenária da Copa América. No início de 2014 foi fechado um acordo de 35 milhões de dólares com a confederação pelo contrato oficial. Em paralelo, a Datisa concordava em pagar para o dirigente mais propinas: milhões de dólares seriam transferidos em benefício do cartola que em público posava de herói contra o racismo.

Com os bolsos já cheios, chegava o momento de os dirigentes anunciarem oficialmente a realização da Copa América Centenário, o que aconteceu com pompa em Miami: um torneio com 16 times, 10 sul-americanos e 6 da América Central, da América do Norte e do Caribe. Jogariam em estádios norte-americanos, em cidades que ainda seriam escolhidas. Haveria um processo de candidatura similar ao da Copa do Mundo, o que era mais uma oportunidade para que os cartolas negociassem com prefeitos e governadores os locais dos jogos, sabe-se lá com que critérios.

Enquanto os acertos eram feitos nos bastidores, em público os cartolas exaltavam a competição com discursos demagógicos: "É extraordinário como o futebol é capaz de atingir os melhores propósitos que sonharam a América do Sul e a Concacaf", discursou o uruguaio Figueredo no evento em Miami. Surpreendente era sua desenvoltura na fala, já que alegara para as autoridades de imigração dos Estados Unidos que sofria de "séria demência", para evitar fazer a prova de inglês e de civismo ao requisitar a cidadania norte-americana em 2006. Na mesma declaração dizia que não tinha nenhuma atividade além de negociar pedras decorativas, o que foi considerada uma afirmação falsa pelas autoridades norte-americanas. Isso iria lhe causar uma acusação por perjúrio, além das outras acusações por corrupção.

Mas isso viria depois. Naquele momento os cartolas eram só sorrisos. Quando o telefone de Figueredo tocou no meio da festa, em frente às câmeras, Webb riu. O uruguaio devolveu com uma brincadeira ao dizer que era Blatter que tentava participar do encontro por telefone. O dirigente das Ilhas Cayman exibia em seu punho um belo relógio de ouro, uma das peças que posteriormente teve de entregar para a Justiça norte-americana para ser liberado da cadeia. Em seu discurso também não poupou exaltação ao nascente torneio, classificando-o como uma união das Américas e a maior competição de futebol dos Estados Unidos depois da Copa do Mundo de 1994: "A competição vai se tornar uma verdadeira Copa América".

É verdade que houve união com a edição centenária do torneio: houve a unificação do sistema de subornos internacionais implantado pela Traffic na Conmebol e na Concacaf. Logo após comprar os direitos da Copa América com pagamento aos cartolas, José Hawilla fez o mesmo com a Copa Ouro, uma competição realizada na América do Norte. Em 1991, ele adquiriu direitos sobre três edições do campeonato por 9,75 milhões de dólares. Em paralelo, fazia pagamentos a Blazer e Warner. Assim, a Datisa espalhou o seu esquema por todo o continente americano.

Para consolidar a "nova Copa América", Figueredo e Webb tinham uma demanda junto à Fifa para incluir a competição no calendário internacional de torneios de futebol. Só assim poderiam ter a garantia de que os craques jogariam, e não teriam suas presenças negadas por times de outras confederações. "Todos os jogadores que atuam no futebol europeu querem jogar por suas seleções, sem pensar em dinheiro. Pela camisa do seu país", lembrava Figueredo. Na prática, os cartolas sul-americanos aproveitavam-se do desejo dos atletas de defender suas nações para ganhar fortunas sem lhes pagar nada, enquanto seus times bancavam seus salários milionários – pensemos em Messi, Neymar e Suárez, todos do Barcelona. A Fifa, como sempre benevolente com os membros da cúpula, incluiu o torneio no calendário em reunião do Comitê Executivo.

Fica claro o sistema de exploração da imagem dos astros quando, durante a apresentação da Copa América Centenário, foi mostrado um vídeo com a história do torneio. Estão lá as imagens de Maradona, Ronaldinho, Ronaldo, Forlán e Romário e seus principais lances nas edições da Copa América – a presença deste último, aliás, era uma ironia do destino, pois agora ele se dedica a investigar cartolas no Brasil. Nenhum deles conhecia o sistema de propina da Conmebol, ou era remunerado por atuar pelos seus países. Sim, ganhavam prestígio. Mas eram os astros de agora que teriam de ficar sem férias pelo segundo ano seguido para poder disputar mais uma competição inventada pelos cartolas. Isso em um ano ainda mais apertado no cronograma, por incluir também a Olimpíada do Rio de Janeiro em agosto de 2016, para a qual atletas top como o atacante brasileiro Neymar seriam chamados a atuar.

Nada que interferisse nos sorrisos vistos nos rostos de Webb e Figueredo enquanto posavam ao lado da taça da Copa América Centenário, como promoção para o torneio. Havia, porém, uma sombra sobre aquela festa. Durante o evento o FBI já estava em plena investigação do esquema de corrupção entre os cartolas da Fifa: os documentos do Departamento de Justiça norte-americano mostram diálogos entre Marin e Hawilla nos bastidores do lançamento dessa competição, fruto de grampo "instalado" no empresário brasileiro. Parte dos envolvidos já sabia do escrutínio feito pelos agentes norte-americanos nos negócios da cartolagem. O Departamento de Justiça dos Estados Unidos apontou que alguns suspeitos cometeram obstrução de Justiça. Um executivo da Traffic, Aaron Davidson, não quis falar ao telefone com representantes da Full Play sobre propinas relacionadas a Webb por temer que pudesse estar sendo ouvido.

Não foi o único dinheiro recebido pelo presidente da Concacaf durante a sua gestão. Em um período de apenas dois anos na presidência da entidade ele foi ambicioso e voraz. Pela renovação do contrato dos jogos das eliminatórias da Copa do Mundo da confederação caribenha para as edições de 2018 e 2022, com a mesma Traffic, associada a outras empresas, ele acertou receber 3 milhões de dólares, o que representaria um sétimo do total do acordo. Outro "agrado" foi relacionado à Copa Ouro, em que levaria outro 1,1 milhão de dólares. Webb seguia o padrão aprendido com Blatter um ano antes, quando o chefe decidiu ceder juntos os direitos dos Mundiais de 2018 e 2022, o que aumentava consideravelmente o poder de barganha dos cartolas.

A Traffic USA transferiu o dinheiro por meio de Costas Takkas, aliado de Webb. Para se ter ideia da cara de pau do cartola, ele chegou a pedir que uma parte do suborno fosse paga diretamente a um construtor de piscinas que estava executando um trabalho em sua casa na Geórgia. Outra parte foi usada para a compra de uma propriedade em Stone Mountain, no mesmo estado norte-americano. Como em casos anteriores, o dinheiro passava por caminhos tortuosos, saltando de banco em banco, de intermediário em intermediário, até chegar aos bolsos dos dirigentes.

Dirigentes de menor importância como Eduardo Li, da federação da Costa Rica, e Julio Rocha, da Nicarágua, também repetiram operações similares à de Webb e faturaram valores na casa de seis dígitos por jogos de eliminatórias do Mundial, vendidos separadamente para a Traffic e seus associados. O exemplo vinha de cima e se disseminava por quase todas as artérias da Fifa. Esses cartolas, maiores ou menores as suas federações, tinham voto na eleição de Blatter e participação em diversos comitês espalhados pela entidade. São eles, de fato, os responsáveis por tomar algumas das decisões técnicas que afetam todo o futebol mundial. Um exemplo disso é a Copa América Centenário ou formatos de jogos nas eliminatórias do Mundial.

Pela lógica das agências de marketing, quanto mais partidas puderem "enfiar" no calendário internacional, mais dinheiro haverá para ganhar com a revenda para patrocinadores e redes transmissoras de televisão. O aumento do lucro das empresas de marketing, como a Traffic, incrementa o valor de mercado do campeonato. Como não há concorrência nenhuma entre agências para a obtenção dos direitos, apenas processos fechados em salas trancadas, a cada salto nos ganhos das empresas os cartolas podem pedir propinas mais polpudas para abastecer seus bolsos.

A partir do anúncio da "nova Copa América", demorou quase um ano para que o Departamento de Justiça norte-americano desencadeasse a operação para prender as 14 pessoas, entre cartolas e executivos, envolvidas no esquema de corrupção que tinha a competição sul-americana como ponto central, com ramificações para os outros contratos do continente americano.

Entre os detidos, Webb e Figueredo tinham os cargos mais altos na Fifa: eram vice-presidentes. Havia ainda Eduardo Li, recém-eleito para o Comitê Executivo. A Conmebol e a Concacaf foram dizimadas pela operação que, ironicamente, prendeu desde chavistas, como o venezuelano Rafael Esquivel, a representantes de ditadura de direita, como José Maria Marin. Igualavam-se na hora de obter ganhos escusos com o futebol. Os presos tinham propriedades espalhadas pelos Estados Unidos, o que dava às autoridades o poder para tentar recuperar o dinheiro desviado. O objetivo era indenizar entidades ou pessoas que sofreram prejuízos com os atos cometidos pelos dirigentes.

Dos sete detidos, todos acabaram extraditados, embora alguns tenham resistido. O único que aceitou ser mandado para os Estados Unidos foi Jeffrey Webb. Ao chegar, ele assinou um acordo de fiança para responder ao processo em prisão domiciliar. Para isso, teve que entregar 10 milhões de dólares em bens. A lista mostra o padrão de vida que tinha o cartola: 11 relógios de luxo, entre Rolex, Breitling e Cartier, brincos e colares dados para sua esposa, Kendra Webb. Mais impressionante: tinha um Ferrari 2015, além de um Land Rover e um Mercedes-Benz. Suas propriedades na Geórgia também ficaram sob penhora. Preso em sua casa no território norte-americano, Webb está submetido a monitoramento eletrônico por tornozeleira e tem que informar o FBI sobre qualquer momento em que terá de deixar a residência. Ainda tem que pagar pela vigilância privada que fiscaliza se ele cumpre o acordo. São benefícios, no entanto – ele não está em uma cadeia à espera do julgamento.

Jeffrey Webb não era o único a ter propriedades espalhadas pelos Estados Unidos, ou por seu país de origem. Havia as casas na Flórida do chavista Esquivel. Outro que gostava do estado mais ensolarado dos Estados Unidos era o costa-riquenho Eduardo Li. Além disso, constava o apartamento nova-iorquino de Marin, escondido das autoridades brasileiras. Já Eugenio Figueredo tinha um imóvel na Califórnia, além de nove propriedades no Uruguai, todas confiscadas pela Justiça local.

Jack Warner foi detido em Trinidad e Tobago e Nicolás Leoz, no Paraguai. Ambos conseguiram voltar para casa com o pagamento de fianças ou com acordos judiciais, mas passaram a enfrentar processos de extradição, embora não esteja claro se os seus países vão aceitar mandá-los para os Estados Unidos.

Entre os executivos, Alejandro Burzaco foi detido nos Estados Unidos e declarou não ser culpado do caso de corrupção, mas assinou um acordo para pagar 20 milhões de dólares para o governo norte-americano – 3,3 milhões de dólares seriam quitados à vista, a título de fiança. Ex-executivo da Traffic, Aaron Davidson tem situação similar – foi-lhe feita a exigência de pagamento de 5 milhões de dólares. O Departamento de Estado dos Estados Unidos negocia com esses acusados possíveis delações. Hugo e Mariano Jinkins foram detidos e depois soltos na Argentina, onde respondem aos processos em liberdade, porque o Judiciário portenho entendeu que os dois tinham bom comportamento. José Margulies, o intermediário da Traffic para os pagamentos feitos no esquema, após saber do caso voou imediatamente para o Brasil, vindo da Alemanha. Pediu *habeas corpus* preventivo no Supremo Tribunal Federal para evitar possível extradição e chegou a ser procurado pela Interpol. Em novembro de 2015, entregou-se para o Departamento de Justiça dos Estados Unidos e declarou-se culpado, aceitando pagar 9,2 milhões de dólares.

Esses acusados respondem por crimes como conspiração, lavagem de dinheiro e fraude em transferência eletrônica, tudo por terem se utilizado de bancos norte-americanos. "Se cometerem crimes nas nossas fronteiras, seja em encontros ou com uso do nosso sistema bancário, terão de prestar contas", dizia James Comey, o chefe do FBI. Assim, os Estados Unidos estendem seus tentáculos a todos os países onde há acusados, mas atingir os culpados vai depender da legislação de cada país.

A Copa América de 2015, no Chile, foi disputada sob enorme tensão, sem que os dirigentes da Conmebol que estavam livres dessem as caras em eventos públicos. As marcas da Datisa, centro do esquema de corrupção, foram apagadas dos logotipos. As empresas Full Play, Traffic e a própria Datisa tiveram seus bens e contas congelados, o que impedia que pudessem fazer os pagamentos oficiais da Conmebol. A entidade ficava sem recursos para tocar suas operações. Sufocada, analisava se conseguiria realizar a edição centenária anunciada com pompa um ano antes. Essa bomba estava nas mãos do então presidente da Conmebol, Juan Ángel Napout. Seu nome não aparecera nas investigações até aquele momento. Mas foram os cartolas que estavam no esquema que o elegeram para a presidência e ele esteve presente no fechamento de todos os negócios relacionados à Copa América que geravam problemas. Difícil acreditar que não soubesse de nada e foi interessante seu comportamento em relação ao antigo presidente Leoz.

Não faltaram agradecimentos e festas ao presidente vitalício, mesmo quando já eram públicas as irregularidades cometidas em sua gestão. "Esta será sempre a sua casa, o futebol sul-americano está muito agradecido e reconhece seu grande trabalho em prol da expansão de todos os torneios que são disputados no continente e que hoje têm o reconhecimento unânime", disse Napout em 2014, em uma festa de aniversário que fez para o ex-dirigente na sede da Conmebol. Napout se manteve afastado do público durante dois meses após o escândalo de corrupção. A cúpula do futebol sul-americano não conseguia reconhecer o tamanho da confusão em que se metera. Até que, aos poucos, ele começou a aparecer em reuniões da Fifa, em entrevistas para canais de televisão parceiros, fez viagens para outros países sul-americanos. Para tentar se desvincular do esquema descoberto, começou com um discurso reformista. Até que a segunda fase da operação do FBI estourou em dezembro de 2015 e confirmou que Napout também fazia parte da folha de pagamento da Traffic. Sua coragem de continuar a viajar para a Suíça em meio ao escândalo foi recompensada com a cadeia.

Para além dos discursos laudatórios dos cartolas, que eram presos um após o outro, a análise mais lúcida sobre o que significava o esquema de corrupção realizado no futebol das Américas veio de um executivo da Traffic, em meio a um dos grampos feitos pela Justiça norte-americana: "É ilegal? É ilegal. Pensando no cenário mais amplo, para uma empresa que trabalha nesta indústria há trinta anos, é ruim? É ruim", definiu Aaron Davidson. Essa era a forma como os dirigentes da Conmebol tratavam o torneio responsável pela sua própria criação. E a Copa América não era uma exceção.

COPA LIBERTADORES DA AMÉRICA: COMO OS CLUBES SÃO ROUBADOS

Com seu nome em homenagem aos heróis da independência dos países da América do Sul, a Copa Libertadores da América surgiu apenas cinco anos depois da Copa dos Campeões da Europa para se tornar o principal campeonato de clubes do continente. Eram competições irmãs pelas suas caraterísticas: dividiam os craques do futebol mundial, tinham pontos em comum em sua origem e geravam uma disputa entre seus campeões pelo título mundial de times.

A Conmebol já tinha tentado realizar um torneio sul-americano de clubes em 1948, com a edição única vencida pelo brasileiro Vasco da Gama. Mas foi apenas quando o secretário-geral da União das Federações Europeias de Futebol (UEFA), Henri Delaunay, fez uma proposta de um confronto entre times dos dois continentes que a confederação sul-americana conseguiu, de fato, consolidar uma competição de toda a região. Com o brasileiro José Ramos de Freitas à frente da entidade, foi estabelecido um campeonato a ser disputado a partir de 1960 entre os campeões de cada país. O apoio foi unânime. Se a Copa dos Campeões da Europa pode se orgulhar de ter tido seu início com o Real Madrid, em que brilhavam Di Stéfano e Puskás, a Copa Libertadores da América pode apresentar o Santos de Pelé, bicampeão na década de 1960.

Ambas as competições viveram essa época romântica do futebol e seus percalços, violência em campo, no caso sul-americano, brigas e mortes fora dele, na Europa. Até que chegou a época de o capitalismo selvagem moldá-las de formas distintas. Os campeonatos começam a se distanciar com a nova era do marketing esportivo ao final da década de 1980 e início da de 1990. Ali, como resposta às mortes na tragédia ocorrida no estádio de Heysel, em Bruxelas – na partida final, entre Liverpool e Juventus, com uma briga entre torcedores –, a UEFA começou a reestruturar a competição para criar sua Liga dos Campeões moderna na década de 1990. Já a Conmebol entregou a sua joia nas mãos das agências de marketing, que tantos ganhos geram para os seus dirigentes. Esses rumos têm efeito direto na força atual dos clubes de cada continente.

Em 1996, a Conmebol assinou um contrato com cessão exclusiva dos direitos de marketing da Libertadores para a International Soccer Marketing (ISM), empresa recém-fundada na cidade de Nova Jersey, nos Estados Unidos.

Sua dona é Zorana Danis, conhecida nos círculos do cartola Chuck Blazer. Sim, aquele mesmo que puxou o fio da meada do escândalo de corrupção da Fifa ao ser pego pelo FBI. Ela frequentava o conhecido restaurante Elaine's, em Nova York, onde o norte-americano recebia seus amigos e boa parte dos poderosos do futebol mundial para jantares suntuosos.

Foi essa empresa que, em 1998, fechou o maior contrato de marketing da Libertadores até então. O nome da competição foi acrescido da marca Toyota e, em troca, seriam pagos 35 milhões de dólares por nove anos de contrato. Isso mesmo: quase 4 milhões de dólares por ano de acordo para nomear a principal competição de times do continente americano. A explicação para esse disparate está, como sempre, no eterno presidente da Conmebol, Nicolás Leoz, e seus recebimentos "por fora".

Isso só viria a ser conhecido, no entanto, 17 anos depois, quando o FBI enfiou seu nariz nos negócios da confederação sul-americana. E aqui temos um relato do que descobriu, em documento do Departamento de Justiça dos Estados Unidos: "Zorana Danis concordou em pagar e pagou subornos para o acusado Nicolás Leoz e Eduardo Deluca para, entre outras coisas, obter e reter para a ISM e sua afiliada contratos de patrocínio associados à Copa Libertadores, a prerrogativa de comercializar esses direitos e o potencial para assegurar direitos de patrocínios de outras competições da Conmebol".

Esse é o terceiro esquema de corrupção que favoreceu o ex-presidente da confederação, que já ganhara durante mais de vinte anos pela Copa América e recebera pagamentos da ISL relacionados à Copa do Mundo. Dessa vez, o dinheiro chegava a ele em depósitos diretos em sua conta ou por desvios de fundos feitos dos cofres da confederação sul-americana. Contratos de consultoria foram redigidos para justificar e disfarçar essas transferências de recursos, uma tentativa de evitar o controle de órgãos de fiscalização de lavagem de dinheiro.

Durante as décadas de 1990 e 2000, a Libertadores tornou-se símbolo de status para os times brasileiros e argentinos, mercado central na América do Sul. No total, estima-se que 135 países assistissem aos campeonatos, com um total de 1 bilhão de espectadores – os Estados Unidos respondiam por 16% da audiência. Ora, nesse cenário, os preços de patrocínios e direitos cresciam, e isso foi o que aconteceu em 2008, ano em que o banco Santander passou a incluir sua marca na competição. O contrato, assinado com a mesma ISM de Nova Jersey, era de 40 milhões de dólares, cerca de 8 milhões de dólares por ano. Ou seja, o dobro do acordo anterior. Mais à frente, em 2013, a japonesa Bridgestone fechou um valor ainda superior – 57 milhões de dólares.

Com relação a esse período, o Departamento de Justiça norte-americano identificou o pagamento de 2 milhões de dólares feito pela ISM a Leoz, que não tinha concorrência na Conmebol para fazer esse tipo de negócio e obter comissões. Outro dirigente sul-americano, não identificado pela polícia norte-americana, levara 400 mil dólares da mesma empresa de marketing.

Em paralelo a isso, havia outros negócios nebulosos envolvendo a competição. Ao contrário da UEFA, a Conmebol não explicava qual o valor ganho pelos acordos para televisionamento envolvendo a Libertadores. A concorrência para esses direitos de transmissão ocorre sem que os clubes, os maiores interessados e responsáveis pelos espetáculos, tenham nenhuma participação.

Isso começou em 1999. Até aquele ano, cada time vendia separadamente seus direitos de transmissão para a Libertadores. Até que a T&T fez uma oferta para comprar todos os direitos da Conmebol. Juntamente com a proposta vieram os pedidos de pagamento de propinas dos cartolas. Às equipes, claro, restava pouco dinheiro. Por isso, ainda antes da operação policial norte-americana na Conmebol, cartolas de times importantes do Brasil e de outros países passaram a questionar os contratos da Copa Libertadores da América. Em 2013, a Conmebol renovou mais uma vez o seu contrato com a T&T, empresa que revenderia esses direitos em uma rede de negócios que só faria sentido ao aumentar os ganhos de cartolas no meio do caminho.

Por isso, ainda nesse ano, a empresa Global Sports, pertencente ao empresário uruguaio Francisco "Paco" Casal, acusou a cúpula da Conmebol de aceitar um valor menor pelos direitos do campeonato de 2015 a 2020, ignorando a sua oferta. Pelos documentos do processo judicial, ele se propunha a dar 805 milhões de dólares contra 433 milhões de dólares pagos pela Torneos y Competencias, cujo diretor executivo era Alejandro Burzaco. Como a venda seria por seis anos, isso significa que cada edição da Libertadores foi negociada por pouco mais de 70 milhões de dólares. Se levarmos em conta apenas o Brasil, os direitos de televisão de campeonatos do país, como o Brasileiro, ultrapassam 1 bilhão de reais em um ano, isto é, quatro ou cinco vezes mais do que o torneio sul-americano.

Diante da perda dos direitos, Paco Casal mobilizou clubes brasileiros, uruguaios e argentinos no final de 2013 para um movimento contra a cúpula da Conmebol. Uma reunião na sede no Corinthians foi o epicentro desse movimento apoiado pelo dirigente do alvinegro, Andrés Sanchez, o mesmo que fazia oposição na CBF ao presidente Marco Polo Del Nero. "Fizemos uma oferta maior. Não conseguimos entender por que nossa oferta não foi aceita", afirmou o ex-jogador uruguaio Enzo Francescoli, sócio de Casal.

Ressalte-se que o empresário uruguaio tem atuação polêmica em seu país. Ele comprou os direitos sobre a Seleção Uruguaia e tem controle sobre vários jogadores e clubes. Há claro conflito de interesses em sua atuação.

A briga entre Casal e a Conmebol acabou na Justiça uruguaia, como ocorrera com a Traffic e a Full Play. A empresa Global entrou com uma ação criminal contra os dirigentes da confederação sul-americana acusando-os de "associação para delinquir" e "lavagem de dinheiro". A Conmebol contra-atacou com um processo em que acusa os sócios de Casal de "manifestarem a vários integrantes da Conmebol que, se não aceitassem a última oferta, seriam apresentadas denúncias criminais em vários países sul-americanos". Com isso, a confederação alegou tentativa de extorsão para o rompimento de um acordo vigente com outra agência. A Conmebol argumentou também que não há crime, e que por isso a Justiça uruguaia não tem a prerrogativa de tomar decisões sobre o caso. Paco Casal encaminhou-o então à Fifa, mas a prisão de Burzaco deixou o cenário nebuloso sobre quem vencerá essa disputa.

Excluídos da briga judicial pela Libertadores, clubes brasileiros e argentinos são os principais geradores de renda do campeonato. A reclamação dos cartolas de times nacionais tem sido crescente com relação à falta de transparência da Conmebol e das cotas diminutas da competição continental, inferiores até ao Brasileiro da Série B. Os valores de premiações estavam congelados nos últimos anos, apesar do crescente interesse de empresas pela competição. O campeão levava apenas 5,1 milhões de dólares, pouco menos de 20 milhões de reais. Cotas iniciais da fase de grupo em casa representavam 300 mil dólares, o que era inferior aos ganhos com bilheteria em jogos dos grandes times no Brasileiro. A união dos clubes em protesto é que obrigou a Conmebol a alavancar esses números para a Libertadores de 2016.

Em uma sessão da nova CPI do Futebol em que prestei depoimentos, estava na bancada o senador mineiro Zezé Perrella, do Partido Democrático Trabalhista (PDT), ex-presidente do Cruzeiro. Disse ele que a briga pelos direitos da Libertadores era antiga e demonstrou como os clubes ficavam alijados da discussão: "A gente tinha uma noção desse buraco porque há uns 15 anos um empresário Paco Casal disse que tinha feito uma oferta de 150 milhões de dólares pela Libertadores. Depois, foi anunciado que a Conmebol fechou por 50 milhões de dólares", contou ele. "Os clubes são vítimas dessas mazelas. No último contrato com a Conmebol que tive como presidente do Cruzeiro, o clube receberia 100 mil dólares por jogo. Os clubes não se unem para combater isso. Tentei falar com o Flamengo, com o Corinthians, para não disputarmos a Libertadores, mas ninguém quis peitar. Os clubes são explorados pela Conmebol e a CBF." Ao seu lado, o deputado Andrés Sanchez, ex-presidente do Corinthians, concordou sobre a falta de ação dos times com relação à Libertadores. Por isso, a segunda fase da operação policial do FBI em torno de cartolas teria especial interesse para os times nacionais.

A cúpula da Conmebol não era a única a se beneficiar da Libertadores. O relatório policial norte-americano mostra pagamentos feitos a praticamente todos os dirigentes de associações nacionais, incluindo os três brasileiros Ricardo Teixeira, José Maria Marin e Marco Polo Del Nero. Países com futebol menos expressivo, como Venezuela, Paraguai e Equador, formaram blocos para garantir sua propina nas negociações da Libertadores. Desde que assumiu uma das fatias nos negócios da T&T, cujo principal dono passou a ser o canal norte-americano FOX, Alejandro Burzaco comandou o esquema de pagamentos feito por meio de diversas contas de intermediários espalhados pelo mundo, principalmente nos Estados Unidos. "Burzaco arrumou para que Leoz recebesse 1 milhão de dólares em propinas a cada ano, de 2004 a 2012, um ano antes de Leoz anunciar a sua renúncia." Depois disso, Eugenio Figueredo, como se fosse uma herança deixada de pai para filho, assumiu o recebimento do 1 milhão de dólares anual da T&T. Obviamente, os clubes que tinham de se esforçar para bancar jogadores milionários e tentar vencer a Libertadores nunca souberam de nenhuma dessas negociações paralelas.

Antes quase irmã da Libertadores, a Liga dos Campeões da UEFA tem um relatório anual para explicar como será destinado o dinheiro arrecadado com televisão em marketing. Não por acaso a comparação feita em 2015 entre os valores das duas competições chega a ser uma covardia. No total, a UEFA distribuirá anualmente 5,1 bilhões de reais para seus times. Um clube da fase de grupos levará em torno de 50 milhões de reais, isto é, mais que o dobro do que receberá o campeão da Libertadores. Há critérios como valor de mercado, distribuição fixa e rendimento esportivo. Os montantes pagos são explicitados no site das federações europeias e um clube campeão certamente vai ultrapassar com facilidade ganhos de 100 milhões de reais. Essa é uma das explicações para o abismo atual entre o futebol sul-americano e o europeu, além, óbvio, da moeda mais forte que se tem por lá. A UEFA só conseguiu esse tipo de rendimento quando sua gestão se tornou profissionalizada, sob o comando de Michel Platini. Há concorrência pelos direitos da competição separados em televisão e patrocínios, com cotas separadas. Não há a contratação de uma agência de marketing para a cessão de todos os direitos do campeonato. Outro item importante é que os jogos são tratados como espetáculos únicos, com protocolo técnico para sua organização, seja com relação a horário, gramados, estrutura de estádio, casos disciplinares etc.

Até porque não é apenas em rendimentos que os clubes sul-americanos são prejudicados pela gestão obscura. A Conmebol não tem um sistema de comunicação moderno com o público, nem funcionários qualificados. Até para saber informações simples sobre tabela ou suspensão de atletas é difícil. Entrar na sede da confederação em Luque, próximo a Assunção, capital do Paraguai, é como ser remetido a uma repartição pública da década de 1970 – a única diferença é a presença de computadores.

A questão não é a falta de recursos, visto que a entidade construiu um hotel de luxo e um centro de convenções no terreno ao lado, em parceria com uma cadeia de hotéis. O sistema de gestão é que se perdeu no tempo, com dirigentes envelhecidos que nem sequer sabem o que fazer quando há problemas na organização de seus torneios. Isso se traduz em seguidos episódios de violência em campo, combatidos com medidas benevolentes por parte da cúpula da entidade. São emblemáticos os casos do Corinthians, em que seus torcedores mataram um adolescente durante um jogo na Bolívia, e do Boca Juniors, em que seus fãs soltaram gás de pimenta em atletas do River Plate. O clube brasileiro foi punido com jogos com os portões fechados, e o argentino, eliminado da competição. Não passou disso. Insuficiente para que os times tomem providências de fato para evitar a repetição de casos.

A arbitragem da Libertadores é outro problema. Há indícios de favorecimento de determinados clubes por causa da força política na Conmebol. Converse com qualquer dirigente de time nacional e ele dirá o quanto é importante ter presença na entidade para não ser prejudicado em partidas. Um episódio símbolo foram as oitavas de final entre Boca Juniors e Corinthians, na edição de 2013. O time alvinegro foi claramente prejudicado no jogo realizado no Pacaembu pela arbitragem de Carlos Amarilla, que inventou impedimentos e deixou de marcar um pênalti. Houve influência no placar, já que o time argentino acabou classificado por causa dos erros. A revolta do clube brasileiro não deu em nada.

Dois anos depois, o programa de televisão argentino *La Cornisa*, da América TV, revelou um grampo telefônico entre o ex-presidente da AFA Julio Grondona e Abel Gnecco, da comissão de arbitragem da Conmebol, indicando que Amarilla fora escolhido para a partida por influência deles. Essa conversa foi gravada como parte de um processo judicial na Argentina. No diálogo, Gnecco relata a Grondona um bate-papo com o presidente da comissão de árbitros da Conmebol, Carlos Alarcón: "Estive falando com Alarcón e ele me perguntou: 'Estão querendo o Amarilla aí na Argentina?'". Em resposta a Alarcón, Gnecco afirmou: "Olha, se querem eu não sei, eu quero. Coloque ele e deixe de me encher o saco. Alarcón, ponha o Amarilla e deixe de me ferrar", contou. Em resposta, Grondona afirma que Amarilla saiu-se bem e que foi "o maior reforço que o Boca teve no último ano".

A conversa não para por aí. Gnecco insinua que armou auxiliares para favorecer o Independiente contra o Santos na semifinal da Libertadores em 1964. Esse tipo de procedimento é parecido com os escândalos de arbitragem que ocorreram no Brasil. Pior, há uma diferença de quase cinquenta anos entre os dois episódios, o que indica um procedimento padrão no continente de, no mínimo, influenciar árbitros em favor de um time ou de outro.

Como já foi dito sobre a Copa América, a Libertadores não é um torneio qualquer no atual cenário. Times brasileiros e argentinos são reforçados com jogadores como Tévez, Guerrero, Ronaldinho, entre outros nomes fortes, para tentar ganhar os campeonatos. Contratos de patrocínio para a camisa dos times estão vinculados à entrada na competição, ou a um bom desempenho. Uma emissora do calibre da Rede Globo reserva seus horários nobres de quarta-feira à noite para os jogos do torneio, cuja audiência supera, em geral, até jogos da Seleção Brasileira. Atraídos pela competição, torcedores de times grandes proporcionam bilheterias que podem chegar a mais de 10 milhões de reais, como no caso da final entre o Atlético Mineiro e o paraguaio Olimpia. Uma classificação ao Mundial da Fifa pode garantir 5 milhões de dólares apenas com o vice-campeonato. Se todo o entorno da competição é grandioso, cada vez mais sua gestão cheira mal.

Um exemplo de como ocorrem as coisas na Conmebol é justamente o episódio citado acima, em que um torcedor do Boca Juniors jogou gás de pimenta em atletas do River Plate no túnel de acesso ao campo do La Bombonera. Jogadores do time milionário ficaram presos no centro do gramado enquanto a torcida do Boca os intimidava e jogava objetos no campo. E quem era o responsável por decidir se o jogo deveria ser interrompido? Delegados e árbitros respondiam a um homem sentado no banco, portando um celular: era Eugenio Figueredo, ex-presidente da Conmebol e agora preso por receber subornos. É esse tipo de homem que dá as cartas na confederação sul-americana – e que proporcionou ao Brasil receber uma Copa do Mundo.

UMA COPA DO MUNDO NO BRASIL, 64 ANOS DEPOIS

A transformação do Brasil em sede da Copa do Mundo foi um processo que se iniciou após a edição da França, em 1998, e só foi concluído nove anos depois. Nessa trajetória, a CBF contou mais com alianças e articulações de bastidores do que com competência técnica para provar que poderia realizar o evento. Quando teve de enfrentar a concorrência de outros países, o então presidente da confederação Ricardo Teixeira fracassou. Quando armou um cenário em que o país seria candidato único, o cartola conseguiu abrir as portas para a volta do Mundial ao país depois de 64 anos.

Vamos aos fatos. A primeira postulação tentada por Teixeira foi para a Copa do Mundo de 2006. Conseguiu apoio tímido do governo Fernando Henrique Cardoso, financiou uma campanha com 1 milhão de reais da CBF, usou a Seleção Brasileira e o ex-jogador Zico à frente da chapa para ganhar força. Era pouco para quem enfrentava adversários fortes como a Alemanha, com Beckenbauer, e o desejo de Blatter de levar o Mundial para a África, fora a Inglaterra e seus estádios remodelados. Ele esperava que a força política de João Havelange, que acabara de deixar a presidência da Fifa, pudesse ajudá-lo.

Isso não parecia o suficiente diante do que o Brasil apresentou à Fifa em seu caderno de encargos. Fotos velhas, imagens de estádios vazios e dados incorretos ou incompletos deixaram a postulação brasileira entre as duas chapas mais negativamente avaliadas, ao lado do Marrocos. Estava ali ainda um preço irreal de 360 milhões de dólares de gastos para todo o Mundial: previa-se apenas a reforma de estádios, sem a construção de arenas novas. Isso em um país onde a maioria dos estádios tinha sido feita há pelos menos trinta anos na época da apresentação.

Não que a Fifa seja dura em suas análises: costuma ser bastante condescendente quando isso lhe interessa politicamente. No contexto do momento, aquela não era vista como a vez do Brasil, então foi aplicada a lei prevista para os inimigos. Ciente de que tinha pouca chance, Teixeira negociou apoio à África do Sul e desistiu da disputa poucos dias antes da votação para o Mundial. Apostava em uma candidatura futura. "Nós dissemos que se partisse para a rotação, alinharíamos com a África do Sul. Não havia uma decisão sobre a rotação, por isso não discutimos antes", disse ele. A rotação de continentes em cada Mundial ainda não era oficial, e sua aliança com os sul-africanos não deu certo. A Alemanha bateu a África do Sul em uma controversa votação final, em que o representante da Nova Zelândia, Charles Dempsey, se ausentou após ter recebido um suposto pacote em seu quarto de hotel. Eleitor da África do Sul, ele determinou a vitória alemã ao deixar de comparecer à reunião do Comitê Executivo da Fifa. Afinal, eram pouco mais de vinte votos em jogo, o que aumentava o peso de cada um deles para a decisão final. Dempsey nunca se explicou direito, renunciou ao cargo que ocupava e o escândalo foi para debaixo do tapete.

Logo após desistir da Copa do Mundo de 2006, Teixeira lançou nova candidatura para a edição de 2010. Mas, em 2001, a cúpula da federação internacional determinou que, sim, haveria o rodízio de continentes, com todos eles contemplados. Era uma manobra articulada por Blatter para garantir que a África do Sul não perdesse a votação seguinte. O presidente da CBF levava a sua segunda rasteira em menos de um ano. O presidente da Fifa sabia, no entanto, que não poderia desagradar tanto assim ao seu antecessor e fiador João Havelange. Ainda mais porque Ricardo Teixeira ameaçava se lançar candidato ao seu cargo. Por isso, pouco depois o Comitê Executivo já determinou que o próximo continente a receber o Mundial seria a América do Sul – no distante ano de 2014.

A partir dali o cartola brasileiro já considerava certo ter o Mundial em suas mãos. Tinha razão. Bastava se acertar com seus chapas Grondona e Leoz para evitar concorrência de outro país. Em 2003, ele obteve um indicativo da Conmebol de que a confederação fecharia apoio em torno do Brasil, sem permitir outra candidatura continental. Isso daria a Teixeira quase 11 anos para preparar o país para a Copa do Mundo. Restava agora esperar a confirmação da sede para 2014, marcada para o final de 2007, embora desde 2001 o presidente da CBF já falasse sobre utilizar jogos da seleção para testar quais estádios estariam aptos para o Mundial.

Houve, sim, um percalço chamado Colômbia no meio do caminho. O presidente da federação colombiana, Luis Bedoya, não queria aceitar tão fácil a indicação solitária do Brasil e apresentou a sua candidatura. Nada que não tivesse conserto. Teixeira, que um dia fora indesejado pelo presidente Lula, agora tinha sua chancela na candidatura brasileira após a aproximação por conta do amistoso pela paz, no Haiti em 2004. Na Colômbia, o governo federal não apoiou Bedoya. Isso facilitou, para a cúpula da Conmebol, a tarefa de escolher o Brasil como seu candidato em reunião no final de 2006. Com um acordo feito com Grondona e Leoz, os mesmos das propinas da Copa América,

Teixeira conseguira o apoio de nove federações, a exceção era a Colômbia. O destino da Copa estava selado. Agora só faltava a formal inspeção técnica das instalações brasileiras para confirmar o país como sede do Mundial, já que o próprio Blatter afirmava que o Brasil só perderia a Copa do Mundo para si mesmo. Bastava atender às inúmeras exigências da entidade.

A conta da Copa do Mundo começou a ficar mais clara quando o caderno de encargos chegou ao Brasil e foi distribuído para governadores e donos de estádios para que pudessem indicar como cumpririam as obrigações impostas pela entidade. Pelo documento, revelado por mim e pelo repórter Ricardo Perrone na *Folha de S.Paulo*, no início de 2007, a Fifa teria estrito controle de todos os projetos de estádios, podendo dar aval para os planos apresentados ou não. Isso apesar de não investir um centavo de seus cofres na construção das arenas. Quem não obedecesse teria sua participação cancelada no evento pela entidade, sem possibilidade de recurso. A federação internacional exigia ainda isenções fiscais completas, limpeza de áreas em volta das arenas para seus patrocinadores, e modificações de legislação favoráveis à melhor exploração do Mundial.

Era o padrão, mas, no Brasil, ia-se além. Ao contrário da Alemanha, em 2006, toda a renda com a negociação de ingressos da Copa do Mundo de 2014 ficaria com a entidade. As outras receitas do Mundial, como patrocínios e televisão, também iriam para os cofres da entidade. Caberia ao Comitê Organizador Local (COL), presidido por Ricardo Teixeira, apenas receber repasses de dinheiro e cumprir o orçamento. Nenhum político se assustou, todos queriam a visibilidade da Copa do Mundo e 17 cidades se apresentaram como candidatas a receber os jogos. Pelo manual da Fifa, apenas oito ou dez sedes seriam escolhidas. Surfando na onda da popularidade, no entanto, o presidente Lula forçava para que esse número chegasse a 12 e ele pudesse atender a mais aliados.

Enquanto isso, escaldado pela experiência fracassada anterior, a CBF arrumou um patrocinador para sua candidatura, o Banco Itaú, e uma empresa de publicidade, MPM, para preencher o caderno de encargos. Ali, antes mesmo de o Brasil ganhar oficialmente o direito ao Mundial, ficava claro que seria um evento dos amigos do cartola. A MPM era do grupo do publicitário Nizan Guanaes e tinha em seus quadros Bia Aydar, amiga de Teixeira e responsável pela intermediação de contratos de patrocínio da CBF. Receberiam 1,2 milhão de reais para elaborar o dossiê para a Fifa.

Mas havia um detalhe escondido naquela época: o ex-diretor de marketing da Fifa, Jérôme Valcke, atuaria como consultor independente para a elaboração desse caderno. Como mostraria o repórter Sergio Rangel, da *Folha de S.Paulo*, anos depois, Valcke ganharia 100 mil dólares para essa tarefa. Sua consultoria ocorreria em um curto período em que tinha saído do marketing da Fifa e antes de assumir a secretaria-geral da entidade, pouco depois. Seria ele, já no segundo posto mais importante da federação internacional, que analisaria a candidatura brasileira e que faria as demandas para que a Copa do Mundo fosse realizada no Brasil. Havia ali um claro conflito de interesses pelo fato de o cartola atuar nas duas pontas, mas isso nunca foi um problema na federação internacional.

Ainda havia a proximidade de Teixeira com o francês, que se acentuava a cada visita da federação internacional ao país. Os dois tornaram-se íntimos a ponto de Valcke vir ao Brasil para os festejos de fim de ano na casa em Angra dos Reis do cartola brasileiro. Os dois protagonizariam, mais tarde, uma foto emblemática da Copa do Mundo, em que Teixeira beijava o francês na bochecha com o Pão de Açúcar ao fundo.

Cabe aqui um parêntese para apresentar rapidamente o personagem de Valcke ao leitor. Ele se tornou o homem de confiança de Blatter justamente depois de um episódio em que mentiu à Justiça de Nova York em um processo que envolvia a Fifa. Saiu do marketing para voltar mais forte à entidade, em 2007, pouco antes de o Brasil ser confirmado como sede da Copa do Mundo de 2014. Alto (1,95 metro de altura), magro e elegante, o francês destoava do perfil dos cartolas da entidade pelo seu estilo enérgico, falante e pelo raciocínio rápido. Gosta dos holofotes (ele diz que não) e dos confrontos, distribuindo cobranças duras e frases indelicadas, seja a governantes ou a jornalistas. Sua caminhada era rápida em meio a estádios ou hotéis, o que lembrava um general em campanha revisando as tropas em formação.

Nas diversas ocasiões em que estive com Valcke, fosse em entrevistas públicas ou em conversas nos bastidores, era possível perceber o humor aliado a essa face de durão. A ironia era a arma que utilizava para atacar adversários. Assumia o papel de vilão de história em quadrinhos que era necessário à Fifa quando organizava os Mundiais, mas, ao mesmo tempo que o incorporava, o personagem o incomodava. Em certa entrevista ele me disse em referência às críticas que recebia no Brasil: “Eu não sou um homem mau. Não é agradável ouvir essas coisas sobre si mesmo”. Esse francês aparecerá mais à frente neste relato, já que se tornou figura-chave na Copa do Mundo e na Fifa.

Naquele início, antes da confirmação do Brasil como sede do Mundial, e com a ajuda de Valcke, o caderno de encargos entregue à Fifa não tinha o desleixo do exemplar anterior, mas não deixava de cometer seus deslizes e omissões. Basta dizer que tratava de casos de violência em estádios no Brasil como episódios isolados, minimizava a necessidade de reformas em estádios e, por consequência, fazia uma conta bem otimista do custo da Copa do Mundo.

Para a CBF, o custo total dos estádios seria de 1,1 bilhão de dólares (2,7 bilhões de reais à época, que, corrigidos pela inflação, representariam 3,9 bilhões de reais). Esse valor seria menos da metade da conta real do Mundial, que atingiu 8,4 bilhões de reais. Mais, Teixeira prometia que só haveria dinheiro público para obras de infraestrutura. Estádios têm de ser feitos com recursos privados, pregava ele. "Tenho dito e repetido inúmeras vezes que defendo um modelo para a Copa do Mundo do Brasil com viés predominantemente privado", escreveu o cartola em artigo na *Folha de S.Paulo*.

Assim ele encontrou a justificativa para criar um Comitê Organizador sem a participação do governo federal. A "Associação Brasil 2014" não tinha nenhuma autoridade pública em seus quadros, apesar de suas decisões terem influência decisiva nos gastos com a Copa. Era um modelo diverso do adotado pela África do Sul, onde o governo controlava as ações e negociações com a Fifa. Teixeira queria ter liberdade para fechar seus contratos e utilizar os 400 milhões de dólares de orçamento do comitê sem interferência, exatamente como fazia na CBF.

Esse pacote todo foi aprovado com louvor pela federação internacional. Até os pontos fracos do Brasil, como a ausência de estádios modernos e a falta de infraestrutura na maior parte das 17 cidades que se candidatariam a receber os jogos, foram ignorados em seu relatório.

Foi com a presença do então presidente Lula e de 12 governadores que Joseph Blatter, em outubro de 2007, tirou o envelope com o nome do Brasil para confirmá-lo como sede da Copa do Mundo de 2014. A promessa do então presidente era que o Mundial impulsionaria um ciclo de obras e desenvolvimento para fazer andar o país. A promessa dos governadores era se esforçar ao máximo para garantir que suas cidades estivessem no Mundial, em uma disputa regional que se iniciava ali. A promessa para o povo era a de uma festa nunca antes vista no país.

"Faremos uma Copa para nenhum argentino botar defeito", afirmou Lula no discurso de agradecimento, olhando para Julio Grondona, o portenho que era vice-presidente da Fifa. Ao final, abraçaram-se, em mais uma demonstração de como o presidente estava confortável em meio aos cartolas que criticara antes de assumir a presidência do país. Era um momento em que Lula podia tudo, surfando na popularidade que lhe dava uma economia aquecida e em crescimento, junto à melhoria de vida da população mais pobre. A Copa do Mundo, bem como as Olimpíadas posteriormente, seria um símbolo do sucesso de seu governo e do sonho do Brasil grande.

Mas a conta chegaria. Esse era o sinal que os cartolas da Fifa davam ainda naquela festa à brasileira. Logo depois Blatter afirmava que o "Maracanã terá de ser completamente reconstruído". Um discurso que não se encaixava no que dizia o então governador do estado do Rio de Janeiro, Sérgio Cabral, que previa apenas uma reforma no estádio. "O Maracanã é o estádio mais moderno do país", ressaltava Eduardo Paes, que naquela época era o secretário de Turismo, Esporte e Lazer, responsável pela arena. Depois, ele seria prefeito do Rio de Janeiro. O tempo viria a mostrar que a federação ganharia essa batalha, como também outras, pelo novo país da Copa do Mundo.

Naquela ocasião estava dada a largada para a corrida dos governadores e seus projetos para o Mundial. Explica-se: a promessa do governo federal de transformar a Copa do Mundo em alavanca para investimentos em infraestrutura significava verba reduzida para estados que não fossem escolhidos. Por isso havia a pressão dos políticos para aumentar o número de sedes. Apesar de representar uma decisão estratégica para o país, a definição sobre as cidades-sede ficaria nas mãos dos 25 membros do Comitê Executivo da Fifa. Boa parte deles envolveu-se em casos de suspeitas de corrupção, como Blatter, Teixeira, Jack Warner, Grondona, Chuck Blazer. Até cartolas de menor porte, como Viacheslav Koloskov e Rafael Salguero, sofriam acusações em seus países. O Brasil entregava uma parte do seu futuro a eles.

A Fifa prometia que as escolhas seriam técnicas, baseadas em visitas feitas anteriormente a cada uma das sedes. E marcou o anúncio das cidades escolhidas para maio de 2009, em Nassau, nas Bahamas, durante mais um congresso da Fifa. O Hotel Atlantis, sede da conferência, tinha tubarões à vista nos corredores, cassinos e iates de tamanhos variados. A maioria dos políticos não tinha aparecido dessa vez e os cartolas puderam brilhar sozinhos. Entre eles estava o eterno presidente da Fifa, João Havelange, que foi homenageado por Blatter, seu pupilo, durante o anúncio das cidades brasileiras escolhidas, para delírio dos outros cartolas.

No dia da divulgação das sedes, Blatter deixou claro que a preferência da Fifa era que houvesse 10 sedes, mas que a intervenção de Ricardo Teixeira e o interesse do país tinham elevado o número para 12. Foi com piadas e brincadeiras que o presidente da federação internacional anunciou as cidades. Mais contido, o presidente do Comitê Organizador fazia um discurso de que o processo foi conduzido tecnicamente e de forma "imparcial". Incomodava bastante ao então poderoso chefe da CBF os questionamentos sobre a lisura dos procedimentos da federação. Tanto que, em Nassau, afirmou que não daria entrevistas se eu estivesse presente por causa da publicação de uma matéria na *Folha de S.Paulo* que contava as suspeitas em relação aos membros do Comitê Executivo. Não queria ver por perto quem questionava seu projeto de Copa do Mundo.

A verdade, no entanto, é que as informações de bastidores indicavam que o critério técnico valia bem menos que a conveniência política. Como Blatter, que admitiu nem saber em que região do país ficava Belém, poderia estar suficientemente informado para definir onde seriam realizados os jogos do Mundial? Havia, sim, nove cidades certas na lista, São Paulo, Rio de Janeiro, Brasília, Curitiba, Porto Alegre, Fortaleza, Belo Horizonte, Recife e Salvador. Essas eram até meio óbvias, se levarmos em conta o estágio de desenvolvimento de cada uma delas no país.

Mas as três escolhas finais foram definidas por critérios nada ortodoxos. No caso de Manaus, pesou o deslumbre dos dirigentes da Fifa por ter um Mundial na Amazônia, ainda que Belém pudesse ter aproveitamento melhor do estádio após o campeonato. Cuiabá bateu Campo Grande por conta da maior influência que o então governador de Mato Grosso, Blairo Maggi, tinha sobre o presidente Lula. E Natal superou Florianópolis pela proximidade com a Europa. Essas três capitais, ao lado de Brasília, viriam justamente a representar o maior problema no pós-Copa do Mundo, com seus "elefantes brancos", já que não tinham clubes fortes em seus estados para utilizá-los. Os estádios estavam condenados a ficar vazios ou a oferecer cotas milionárias e aluguéis reduzidos para times do Sudeste que pudessem eventualmente preenchê-los. Nada que preocupasse os políticos, que sempre apresentariam os estádios como feitos grandiosos.

Às cidades eliminadas foram prometidas sobras do Mundial, como centros de treinamento e jogos amistosos da Seleção Brasileira, em uma tentativa de minimizar o descontentamento dos políticos locais. Explica-se: a escolha das cidades-sede foi, durante bom tempo, um instrumento de barganha de Teixeira, que era recebido por políticos interessados em agradá-lo para serem incluídos na lista final. Tanto que ele ganhou força no Congresso e em outras esferas políticas ainda maior do que a que lhe dava a "bancada da bola".

Em nenhum momento desse planejamento Teixeira esteve preocupado com o desenvolvimento do futebol nacional: queria entregar o Mundial, e pronto. "Hoje não é o fim do trabalho, é apenas um começo de trabalho que exige cumprimento de prazo e respeito aos padrões da Fifa", discursou.

A previsão era de que nos meses seguintes os estados fariam seus estudos de viabilidade financeira para construir os estádios. Assim, poderiam determinar com que recursos iriam construí-los e quem iria administrá-los depois.

Naquele momento, a CBF e o governo federal insistiam que os recursos privados ajudariam na realização das arenas. Havia, no entanto, apenas três arenas que tinham donos privados: Morumbi, Arena da Baixada e Beira-Rio. De resto, os governadores e prefeitos prometiam que fariam concessões à iniciativa privada, que provavelmente bancaria a maior parte das construções em troca de ter a administração dos locais. Nem se comentava o fato de os negócios não serem viáveis. Acreditava-se em um verdadeiro *boom* de agências de marketing internacionais que chegariam ao Brasil para disputar a tapas estádios em Natal ou em Cuiabá. Ou pelo menos era isso que os políticos e o Comitê Organizador prometiam aos brasileiros.

Ao mesmo tempo, o anúncio nas Bahamas marcava um acirramento em relação à escolha do estádio de São Paulo que seria a sede do Mundial, e que possivelmente abriria a competição. O escolhido pelo governo estadual era o Morumbi, com 60 mil lugares. Mas a Fifa estava longe de estar satisfeita com a escolha de um estádio antigo para a cidade. A capital econômica do país estava destinada a receber a abertura do Mundial conforme os planos da entidade. É nesse local que a federação internacional concentra seus esforços para agradar aos patrocinadores, políticos e possíveis parceiros poderosos, que podem lhe render dinheiro no futuro. Para isso, ela precisa de espaço.

"O Morumbi tem um problema de espaço. Queremos saber se vão ampliar, queremos que expliquem o que farão", afirmou em tom de patrão, em Nassau, o secretário-geral Jérôme Valcke. "Queremos saber se São Paulo vai trabalhar com o Morumbi ou se fará outro estádio", completou.

Essa era a porta que a entidade abria para a pressão pela construção de uma nova arena na cidade, aos seus moldes. O primeiro projeto de reforma do Morumbi, avaliado em mais de 200 milhões de reais, já havia sido descartado como inadequado pela Fifa. Essa novela iria se desenrolar por meses e meses antes do Mundial da África do Sul, em 2010, com negociações e implicações que só viriam a ser conhecidas no futuro. Trataremos desse tema com mais amplitude adiante.

Nas Bahamas, apesar dessas preocupações, a vida ainda era leve para todos os cartolas da Fifa. Chuck Blazer carregava o seu pesado corpanzil em um carrinho que deslizava pelos corredores do Hotel Atlantis. Blatter fazia piadas com os nomes das cidades brasileiras, e à noite, em um coquetel da Fifa, podia ser visto com um blazer branco, cumprimentando todos, com o seu eterno sorriso satisfeito. Na mesma festa, Jack Warner, longe da proscrição posterior, dançava animado com mulheres bem mais jovens ao ritmo latino. Sem ter a mesma desenvoltura, Ricardo Teixeira podia se satisfazer com os seus jogos de poder que lhe davam a prerrogativa de dar broncas em governadores e prefeitos por conta de andamentos de obras da Copa do Mundo. Ele não gosta de festas dançantes.

O único contratempo que um dos cartolas sofreu na ilha caribenha foi ao deixarmos Nassau, em direção a Miami. Com aeronaves pequenas, turbo-hélices, não era possível que cartolas pudessem ter os seus tradicionais lugares na primeira classe, como em outros voos internacionais. Por isso, João Havelange teve de ir com os meros mortais, já que, por não ser mais o presidente, não dispunha de um jato particular.

Por coincidência, eu estava no mesmo voo que ele ao deixar o país. Os agentes alfandegários das Bahamas decidiram fazer uma fiscalização aleatória em passageiros da fila que se dirigiam para o avião. Qual não foi a minha surpresa ao ver uma senhora negra e robusta da polícia do país retirar Havelange da fila. Ela mandou que ele tirasse os sapatos e o paletó e lhe fez uma revista geral, com direito a apalpadelas para conferir se havia algo escondido dentro de sua roupa. Seus assessores estavam desconfortáveis. O próprio Havelange tinha cara de contrariado, simplesmente por ser tratado como um cidadão comum. Encerrada a revista, foi liberado.

O futuro viria mostrar que aquele era apenas um leve incômodo para os cartolas da Fifa diante do que estava por vir. Agora, no entanto, era momento de pôr mãos à obra, já que o formato da Copa do Mundo de 2014 estava definido. Será que o Brasil viveria uma era inédita de investimento privado no futebol? Será que cumpriria todos os prazos e entregaria as obras nos padrões requisitados pela Fifa? Será que o legado para o país seria o prometido? Essas eram perguntas que começariam a ser respondidas a partir dali.

A COPA DAS COPAS VIRA A CONTA DAS CONTAS

Com a Copa do Mundo desenhada, o Brasil tinha alguns desafios a cumprir na organização do evento: executar projetos no prazo e de acordo com o orçamento, realizar a competição de forma competente e segura, e garantir que deixasse um legado para o país. O que significa essa palavra, legado, tão repetida por governantes quando preparam campeonatos oficiais? A população do país teria de ser beneficiada com o investimento previsto quando acabasse o Mundial. Não era baixo o valor a ser gasto com os jogos no Brasil: seriam 23,8 bilhões de reais pela primeira previsão de orçamento feita pelo governo federal no início de 2011. Boa parte desse dinheiro iria, sim, para projetos que beneficiassem o transporte dos cidadãos. Haveria ali pelo menos uma justificativa para aceitar os desmandos da Fifa no país. Só que a história não seria bem assim.

Logo na primeira lista de obras, a primeira promessa que as autoridades do Comitê Organizador e o governo assumiram foi o investimento privado em estádios. Balela. Na hora de bancar a construção e iniciá-la, nenhum investidor estrangeiro apareceu para reformar velhos palcos, ou iniciar a construção de novos. Dos 12 estádios escolhidos, nove seriam integralmente pagos por dinheiro público. Em geral, o governo estadual assumia a obra e o Banco Nacional de Desenvolvimento Econômico e Social (BNDES) liberava um financiamento para fechar a conta - 400 milhões de reais para cada empreendimento. Nem o caixa do Tesouro Nacional foi poupado quando, em Brasília, metade da reconstrução do estádio Mané Garrincha foi quitada com a venda de terras federais. Mais tarde, a presidente Dilma Rousseff alegou que teve de liberar financiamentos porque percebeu que com verba privada não saía "nem meio estádio". Em resumo, em três anos de preparação já corridos desde a escolha, nem o Comitê Organizador, nem o então ministro do Esporte Orlando Silva, foram conferir se suas garantias de dinheiro privado para as arenas eram viáveis.

Havia, sim, três estádios privados: o Beira-Rio, a Arena da Baixada e o Morumbi. Os dois primeiros também tiveram empréstimo do BNDES e prometiam reformas menores, em parceria com empreiteiras. Já o estádio do São Paulo se tornou o grande imbróglio anterior à Copa do Mundo, em uma trama de intrigas, critérios obscuros e desmandos da Fifa até que fosse trocado pela Arena Corinthians, o Itaquerão.

Vamos a esse enredo. As resistências do presidente da CBF e do COL, Ricardo Teixeira, ao estádio são-paulino eram ainda anteriores ao Brasil ser confirmado sede do Mundial: iniciaram-se em 2007. Seu desagrado não tinha relação com a arquitetura e a construção antiga do estádio, de fato ultrapassadas para os padrões atuais. Ele não gostava da atitude oposicionista e crítica da diretoria do São Paulo, comandada por Juvenal Juvêncio, que se recusou a votar pela sua reeleição em 2007 e depois passou a cobrar o pagamento de salários de jogadores do time cedidos à seleção. Por isso Teixeira demorou para ordenar a vistoria no Morumbi, o que ocorreu justamente depois de uma conversa apaziguadora entre os dois dirigentes, o são-paulino e o da confederação. Mas esse era apenas o passo inicial.

Quando anunciou as 12 sedes do Mundial, a cúpula da Fifa já classificava o estádio do São Paulo como o pior entre eles. Sua principal reclamação era de que faltava espaço para estacionamentos e instalações para os patrocinadores da federação. Explica-se: a entidade tem um manual técnico para estádios de futebol, que é aplicado para a realização da Copa do Mundo. Essas regras são especialmente duras e exigentes no caso de arenas que terão o jogo de abertura, porque é o momento em que Joseph Blatter pode atender a todos os seus aliados com uma grande festa, bancada, óbvio, com o dinheiro dos outros. Por isso, seguidos projetos de reforma do Morumbi foram sendo rechaçados pelo grupo de arquitetos do Comitê Organizador e da federação internacional.

De início, o clube apresentou uma ideia de reforma que fazia apenas adaptações pontuais que nem sequer incluíam itens básicos, como a tribuna de imprensa no meio do campo. Foi rejeitado. Com o tempo, o São Paulo passou a detalhar mais o projeto, junto com o comitê paulista. Essas mudanças levaram a planos de reconstrução que ficaram com custo entre 230 milhões e 280 milhões de reais. A Fifa informou que aquilo só seria suficiente para receber partidas da fase de grupos e de oitavas de final e pediu nova revisão: foram seis versões diferentes. O último dos projetos envolvia um investimento de 630 milhões de reais para, teoricamente, atender de fato às obrigações pertinentes a uma abertura de Copa do Mundo.

A diretoria do São Paulo sabia que seria difícil financiar esse total. O BNDES concederia 400 milhões de reais, mas a operação teria ainda de envolver empreiteiras e bancos como intermediários, já que o clube não podia receber esse dinheiro diretamente. Isso encareceria ainda mais o negócio. A disputa era ferrenha nos bastidores e o governo paulista, cujo governador José Serra descartara investir qualquer centavo público em estádios de futebol, estava do lado do clube: “As exigências da Fifa para o estádio que tem o jogo de abertura são grandes e demandam intervenções excessivas e dispendiosas", dizia uma nota do comitê, no início de 2010. Era o famoso "padrão Fifa", que mais tarde seria bordão em protestos contra a Copa do Mundo.

Esse padrão se resume a tentativas de enfiar goela abaixo obrigações que incluíam entradas exclusivas para cartolas, com proteção contra torcedores, se possível com direito a elevador exclusivo para Blatter. Era exigido ainda um espaço considerável em volta para a armação de tendas dos patrocinadores, além de uma modificação completa da arquibancada para atender ao novo padrão da entidade de assentos contínuos, sem os tradicionais andares superpostos vistos em arenas brasileiras. Eram itens que passavam longe de ser imprescindíveis. Mas era o pacote cobrado pelo secretário-geral da Fifa, Jérôme Valcke, que ainda assim dizia não querer ser conhecido como "carrasco" pelos donos dos estádios no Brasil.

A diretoria do São Paulo recuou ao perceber que aquele investimento poderia representar a ruína financeira do clube. Apresentou como última opção o projeto em torno de 200 milhões de reais, com a aposta de que a Fifa relaxaria as condições no futuro, com a intenção de manter a cidade com a abertura do Mundial.

Em meio a essas negociações finais, estourou nova briga entre Juvenal Juvêncio e Ricardo Teixeira pelo poder no futebol brasileiro. O presidente da CBF tentou intervir no comando do Clube dos 13 (C13), entidade que reunia os grandes clubes nacionais para negociação dos direitos de televisão do Brasileiro. Em oposição ao presidente do C13, Fábio Koff, Teixeira patrocinou a candidatura de Kléber Leite. Sim, aquele mesmo que depois viria a ser alvo de investigação do FBI por suas relações privilegiadas com a CBF. Entre os times, o principal aliado do cartola da confederação era o presidente do Corinthians, Andrés Sanchez.

Após uma campanha cercada de acusações dos dois lados, Koff ganhou o apoio da maioria dos clubes por pequena diferença. Mas sua vitória seria inútil, já que Andrés tratou de esvaziar a entidade com contratos individuais de televisão para cada clube, incluindo o Corinthians. A Rede Globo, aliada de Teixeira, topou. E a vingança do presidente da CBF viria com o enterro do plano do Morumbi na Copa do Mundo: assim se cumpria o projeto dele e de Valcke de lançarem a pedra fundamental de um novo estádio. Em junho de 2010, após seguidos desmentidos do dirigente da Fifa de que tivesse havido mudança de planos, a CBF anunciou que o estádio de São Paulo estava fora. A alegação era de que critérios técnicos eliminaram o Morumbi do Mundial. A diretoria do São Paulo apontou forças políticas para justificar o fracasso de seu projeto, o governo estadual ficou contrariado. A Fifa, no entanto, tinha poder absoluto no país naquele momento.

O poder público paulista passou a ser pressionado por uma solução para substituir o Morumbi. "Agora a palavra é do comitê paulista, que tem que arrumar uma alternativa para não ficar de fora de um evento que mobiliza o país", discursava o ministro do Esporte, Orlando Silva. Representante do governo federal na Copa do Mundo, o membro do Partido Comunista do Brasil (PCdoB) sempre foi omisso no enfrentamento às demandas da Fifa. Sua postura conciliadora abria as brechas para os cartolas mandarem no país, o que era diferente do que ocorrera, por exemplo, na Alemanha, onde políticos locais rechaçaram determinadas exigências da federação internacional e forçaram negociações.

São Paulo era essencial para o Mundial – a Fifa precisava mais da cidade do que a cidade da Fifa. Mas políticos como o ex-presidente Lula e o ex-prefeito Gilberto Kassab preferiram se curvar às exigências da federação internacional e criar um novo plano, muito mais caro para a cidade. Lula foi negociar com a Odebrecht, junto com Andrés Sanchez, a construção de uma arena corintiana para receber a Copa do Mundo. Seria construída em Itaquera, em uma área cedida pela prefeitura de São Paulo há anos, justamente com esse fim. Aliás, o projeto de um estádio alvinegro já era anterior, mas seu plano inicial comportava cerca de 40 mil pessoas e tinha um custo em torno de 350 milhões de reais. Ideal para atender às necessidades do clube, mas claramente insuficiente para a abertura da Copa do Mundo. Teixeira sabia do projeto pela boca de seu aliado corintiano e por isso apostou todas as fichas na exclusão do Morumbi. Sua ideia era transferir os jogos realizados em São Paulo da zona Sul para a zona Leste da capital.

Foi assim que, em agosto de 2010, o Comitê Organizador rasgou todo o manual de regras que tinha exigido do São Paulo para aprovar o projeto do Corinthians em substituição ao Morumbi. O caderno de encargos da Fifa requisitava que houvesse "processo formal para a oferta da seleção de estádios, supervisionado pela Fifa, com critérios e procedimentos de seleção transparentes". Não aconteceu. A autoridade do estádio deveria assinar um contrato com a Fifa. Nada havia naquele momento. Não foi sequer apresentado um projeto, nem houve visita da federação internacional ao terreno. Andrés Sanchez dizia que a chancela ocorrera na base da "credibilidade". Na verdade, havia, sim, uma velha regra da Fifa que fora respeitada: "Aos amigos, tudo. Aos inimigos, a lei".

Havia um problema: o Corinthians também não tinha dinheiro para bancar um estádio maior. Para chegar aos 65 mil lugares pedidos pela Fifa para a realização da primeira partida do Mundial nenhum clube brasileiro tinha. O preço do estádio alvinegro mais do que dobraria de valor. Um primeiro orçamento foi feito e a indicação era de que o custo chegaria a 820 milhões de reais. A Odebrecht se comprometia a realizar a obra e a estruturar um modelo de financiamento para a construção, mas os recursos não sairiam dos seus cofres.

Havia os 400 milhões de reais do financiamento do BNDES, concedidos a todos os estádios da Copa do Mundo. Diante da relutância do governo estadual, que havia firmado o compromisso de não gastar com arenas, chegou a hora de a prefeitura de São Paulo, antes hesitante em investir, abrir o bolso. Foi feito um projeto de incentivo fiscal para a zona Leste com enquadramento específico para a arena corintiana. Seriam 420 milhões de reais em Certificado de Incentivo ao Desenvolvimento (CID): o clube poderia revendê-los para empresas que devessem impostos e usar o dinheiro na obra. Como os recursos não poderiam entrar diretamente no caixa corintiano, a Odebrecht criaria uma empresa para administrar o negócio, receber empréstimos e pagar a execução da obra. Críticos reclamaram da utilização de dinheiro público, mas as autoridades ignoraram. Parecia um plano perfeito. A construtora recebia pelo estádio, o Corinthians ganhava uma casa, e São Paulo estaria pronta para receber a abertura da Copa do Mundo. Mal sabiam eles o que viria pela frente.

As obras na Arena Corinthians começaram quase no meio de 2011, mas estavam longe de representar o único problema. Prazos e custos foram ignorados pelas autoridades durante a maior parte da preparação para o Mundial. A previsão inicial da Fifa era de que os estádios deveriam estar concluídos no final de 2012. Isso significava que as reformas e reconstruções deveriam ter sido iniciadas em 2010, o que lhes daria três anos de tempo, período padrão para ficarem prontos. Houve adiamentos e autoridades até fingiram que já realizavam obras ainda inexistentes. Isso porque, desde a confirmação da escolha das sedes, em 2009, pouco ou nada foi feito com relação a projetos executivos e licitações: na primeira revisão dos projetos, no início de 2011, havia um indicativo de que a maioria das arenas não seria entregue na data marcada.

A culpa, no entanto, não era só dos estados e de suas burocracias. Como fizera no Morumbi, a Fifa passou a exercer pressão sobre todos os estádios para modificar e aumentar o número de obrigações. Isso resultaria na mudança de algumas das plantas já aprovadas, e, claro, em aumento de custos. A Fifa não se importava com isso. Repita-se: não seria ela que pagaria aquela conta.

Um caso emblemático foi o do Maracanã. A reforma aprovada em 2009 implicava custos de 430 milhões de reais. A arquitetura original do estádio, com uma arquibancada superior avançando sobre o gramado, seria mantida. Haveria mudanças nos assentos inferiores, no gramado e nas instalações internas. Isso não era suficiente para a federação internacional. Foi imposta uma alteração completa, em que eram derrubadas as estruturas superiores para a formação de uma arquibancada contínua, o padrão observado em arenas internacionais, mas que descaracterizava o tradicional Mario Filho.

Mais, os cartolas da Fifa aumentaram o tamanho das placas publicitárias de seus patrocinadores, de noventa centímetros para um metro, o que obrigaria todos os estádios a reverem seus projetos para adaptar a visibilidade para os torcedores. Arenas mais velhas como o Maracanã teriam mais dificuldade para se adaptar porque implicaria, como ocorreu, a derrubada de determinadas infraestruturas. Ou seja, chegava-se ao absurdo de, por maior exposição de empresas que pagavam à federação internacional, aumentar consideravelmente os custos públicos com estádios.

"Todas as modificações foram exigências da Fifa. Se você fala assim, vocês não criaram nada? Na verdade, não criamos nada. Tivemos de adaptar dentro das exigências que eles pediam", contava Icaro Moreno Junior, responsável do Governo do Estado do Rio de Janeiro pela obra do Maracanã em 2010, em matéria publicada por mim na *Folha de S.Paulo*. A ordem do então governador, Sérgio Cabral, era aceitar todas as demandas, sem questionamentos. Mais tarde houve a constatação de que havia comprometimento na estrutura da cobertura do estádio e foi necessário derrubá-la para a instalação de uma espécie de lona tencionada, chamada PTFE. Isso elevou o custo final da obra a 1,2 bilhão de reais, para ser pago por um governo estadual que passava por dificuldades financeiras no período da Copa do Mundo.

Esse tipo de cobertura se espalharia pelos estádios do país, como também as arquibancadas contínuas. Não havia espaço para criatividade no mundo da Fifa e do Comitê Organizador da Copa de 2014. Qualquer um que olhasse fotos de arenas para o Mundial teria dificuldade de diferenciar uma da outra. Houve, sim, questionamentos feitos pelos donos dos estádios. Um exemplo foi o que ocorreu na Arena Corinthians. Com a abertura marcada para lá, a Fifa queria impor um elevador especial para a chegada de seu presidente Joseph Blatter, além de outras autoridades, como a presidente Dilma Rousseff. Esse elevador evitaria que o mandatário da Fifa e seus colegas tivessem que andar trinta metros. Para isso, o clube teria de investir 30 milhões de reais a mais. Após negociação, o Corinthians conseguiu barrar o chamado "elevador de Blatter".

Estádios não eram o único campo de interferência da federação internacional. A Fifa começou a pressionar as cidades-sede a contratar seus parceiros comerciais para a produção de equipamentos, desde bolas a placas de energia solar. Mensagens de e-mail e documentos obtidos pela *Folha de S.Paulo*, em matéria de Filipe Coutinho, mostravam que não foram poucos os pedidos feitos pela entidade nesse sentido. Detalhe: todos os órgãos públicos são obrigados a abrir concorrências para contratar empresas para prestar serviços. Direcionar esse tipo de serviço é fraude na cartilha dos funcionários públicos. Ao mesmo tempo, os contratos feitos pelos donos dos estádios com a federação internacional, imprescindíveis para que recebessem a Copa do Mundo, os obrigava a colaborar com a entidade. Havia, por exemplo, a previsão de cobranças de taxas extras caso parceiros dos cartolas não fossem escolhidos. Isso deixava as autoridades públicas em uma sinuca de bico. Somente a publicação dessas informações em jornal de grande circulação impediu que a cúpula do futebol impusesse sua vontade nesse caso.

Situação similar era vista na discussão da Lei Geral da Copa. Essa era a legislação que previa como seria tratado o Mundial com relação a isenções fiscais, espaços exclusivos para exploração publicitária e ingressos para os jogos. Foi uma negociação dura em que a Fifa, basicamente, queria passar por cima de todas as leis do país para impor o seu modelo. A cerveja, proibida nos estádios nacionais, seria liberada somente para a Copa do Mundo. Claro, era algo previsto no caderno de encargos e ocorrera anteriormente em outras sedes do Mundial. Cada país, no entanto, tem formas de ser duro na negociação e limitar danos.

A presidente Dilma Rousseff, ao contrário de Lula e da maioria dos governadores, não parecia disposta a ser tão maleável. Houve momentos em que ela bateu o pé, como na questão da meia-entrada para idosos, que foi mantida para os bilhetes do Mundial. Ao final, a lei da Copa saiu, e a federação internacional não reclamou, pois ela fora atendida na maior parte dos pontos.

A relação entre governo e Fifa se tornou tensa de fato em 2012. A primeira questão foi a entrada de Aldo Rebelo no Ministério do Esporte: é um nacionalista sempre preocupado com possíveis intervenções no país. A segunda questão era a crescente insatisfação de Valcke e seu *staff* com o andamento das obras, que se arrastavam. Até que o dirigente explodiu e criou a maior crise diplomática do Mundial com a sua célebre declaração no início daquele ano: "As coisas não estão funcionando. Muitas coisas estão atrasadas. O Brasil merece um chute no traseiro", disse ele no início de 2012, em entrevista que concedeu no Reino Unido.

Sua frase gerou reação automática do governo federal. Exigia-se uma retratação e a retirada de Valcke da posição de negociador da Fifa com o Brasil: Rebelo afirmou que não trataria mais com ele. O dirigente tentou desmentir:

afirmou que havia um problema de tradução, que no francês a expressão não era tão grave assim... Não adiantou, e em pouco tempo ele teve que se retratar. Essa era mais uma das suas declarações arrogantes que causavam embaraço para a Fifa. Mas estava claro que refletia a opinião da entidade: "Queremos mais atos e menos palavras", discursou Blatter logo depois, sobre os preparativos para o Mundial. Essa afirmação gerou nova discórdia com ministros do governo federal.

Esse auge da tensão coincidia com a derrocada de Ricardo Teixeira na CBF e no Comitê Organizador. Quando ele renunciou à entidade, alijado pelos subornos recebidos no caso ISL e pelo escândalo com o amistoso da seleção em Brasília, era enterrada a "Copa do Mundo privada". Nem Teixeira, nem seu executivo Ricardo Trade tinham demonstrado capacidade para coordenar as obras dos estádios de forma que elas andassem e cumprissem prazos, apesar de a cúpula da entidade ter recebido 1,5 milhão de reais em bônus por desempenho ao final de 2011. Seu modelo de organização se revelava fracassado e o governo federal interveio. Montado unicamente para ser privado, o comitê passou a ter em seus quadros o secretário executivo do Ministério do Esporte, Luís Fernandes, do PCdoB. Ironia do destino, a Copa do Mundo privada teria como salvador um comunista de carteirinha. "Na vida, quando você toma uma decisão errada no início, depois tem que começar de novo", reconhecia Valcke.

A cúpula da Fifa ainda se apressou em jogar a conta do problema nas costas do já defenestrado Ricardo Teixeira. Essa era uma solução fácil, ainda mais depois da antipatia que Blatter passara a ter por ele desde 2011, quando ameaçara debandar para a oposição. As traições são comuns entre os cartolas da Fifa, mas raramente perdoadas. "Era evidente que era necessário. Precisava de uma pessoa do governo no COL. Tem que ser feito em todo lugar. Só é possível agora porque tem um novo presidente da CBF [José Maria Marin]. Agora tem uma organização correta", afirmou Blatter. Tal era sua vontade de atacar Teixeira que decidiu dar essa entrevista a mim e ao repórter Jamil Chade, em 2012, contra a vontade dos seus assessores de comunicação. Em Budapeste, em Congresso da Fifa, o então diretor de comunicação da federação internacional Walter de Gregorio sentou-se conosco para explicar que não queria mais o presidente falando com a imprensa brasileira porque isso causava muita confusão. Como se os problemas tivessem sido criados pelos jornalistas e não pela própria Fifa e pelo governo federal. Fato é que a entrada das autoridades públicas no centro da organização do Mundial não era a resolução para todos os problemas. Havia apenas um ano para o início da Copa das Confederações e nada indicava que tudo ficaria pronto a tempo.

Com a imagem de Teixeira desgastada desde 2011, e as crescentes críticas da população aos gastos do Mundial, um antídoto do Comitê Organizador foi convocar o ex-jogador Ronaldo para ser um misto de porta-voz e para-raios. Ele assumiu um cargo no conselho do organismo no final daquele ano. Não teria funções executivas, mas serviria para poupar o cartola da CBF. "Quero passar otimismo ao povo brasileiro", afirmou Ronaldo. Contou ter assumido a função mesmo sabendo que "poderia perder e até jogar pela janela todas as glórias". Tinha razão.

Primeiro porque, logo após a sua entrada, Ronaldo deu uma declaração que viria a lhe custar caro: "Está se gastando dinheiro com segurança e saúde, mas sem estádio não se faz uma Copa, amigo. Não se faz Copa do Mundo com hospital. Tem que ter estádio", afirmara ele, ainda em dezembro. Na época, essas frases passaram despercebidas e não geraram grandes polêmicas. Mas no auge das manifestações de protestos durante a Copa das Confederações, que questionavam o investimento em arenas, sua declaração voltou à tona com força total por ser uma demonstração de quais eram as prioridades dos organizadores do Mundial. O ex-jogador tentou se explicar, disse que as frases foram tiradas de contexto e admitiu que não se expressou bem. Não minimizou a revolta de quem via nele o descaso com as necessidades do país.

Longe dos holofotes, eram os conflitos de interesses gerados pela sua ascensão no COL que poderiam gerar problema para a imagem do ex-jogador. Afinal, Ronaldo, sem receber remuneração, decidiu que não se afastaria das suas atividades na agência de publicidade 9ine (9ine Sports and Entertainment), que atuava na área de marketing esportivo. Ele não via nenhum problema nessa relação.

Só que, no final de 2012, uma das empresas representada pelo ex-jogador ganhou um contrato da Copa do Mundo. Era a Marfinite Arenas, que produzia assentos para estádios, e venceu uma concorrência para a Arena Fonte Nova. Apesar de o dinheiro para pagá-la vir de contrato público, a concorrência foi feita de forma privada pelo consórcio Odebrecht e OAS, que tinham fechado uma Parceria Público-Privada (PPP) para a construção e gestão do estádio. Ninguém explicou, portanto, qual o critério para a escolha da fornecedora que tinha a 9ine como agência de publicidade. Certo é que o contrato de 8,5 milhões de reais foi para o bolso da empresa, enquanto concorrentes, sem dar a cara a público, reclamavam de favorecimento.

A agência de Ronaldo negava alguma participação na negociação para fornecimento dos assentos. Mas quando a Marfinite contratou a 9ine, a empresa justificou que precisava de uma agência para "fortalecer o posicionamento da Marfinite Arenas".

Não foi o único caso em que uma empresa com ligação com o ex-atacante se favoreceu da Copa do Mundo, e do dinheiro público. Em 2010, a Ogilvy & Mather Brasil Comunicação ganhou, em licitação, um contrato da Empresa Brasileira de Turismo (Embratur) para a divulgação do Brasil no exterior. Essa Ogilvy era parte do Grupo WPP de publicidade. Um mês antes da concorrência, a WPP fechara sociedade com Ronaldo para incorporação da 9ine. Na prática, o grupo empresarial do qual faria parte o jogador lucrava mais de 30 milhões de reais. Com o papel de embaixador do Brasil no exterior, o ex-jogador esteve em vários eventos que também tinham participação do governo federal na divulgação do país. Exatamente o mesmo tipo de atividade que essa Ogilvy patrocinava.

Ronaldo negava alguma participação no negócio, ou ter sociedade com a agência de publicidade Ogilvy. Dizia que seus negócios com a WPP eram independentes. Certo é que, com esses desgastes, ele perdia credibilidade com a população e já não cumpria a função de para-raios para a qual fora designado no final de 2011.

E a insatisfação da população só crescia durante o ano de 2012. Não era à toa. A promessa de um legado para a Copa do Mundo começava a ir para o ralo. Os projetos de mobilidade urbana, que seriam o principal ganho para a população, caíam um a um: Salvador e Brasília já não tinham mais obras reais que fossem alterar a vida do morador a não ser reformas para melhorar um ou outro acesso a caminho dos estádios. Com a saída do Morumbi da Copa do Mundo, São Paulo tiraria seu "trem voador" do Mundial e sabe-se lá quando ficaria pronto. Para Itaquera, seriam feitas apenas intervenções viárias, com a aposta de utilizar o transporte já existente: trem e metrô. O valor das intervenções nas cidades caíra de 13 bilhões para 9 bilhões de reais. Boa parte do que continuava no projeto estava tão atrasado que não deveria ficar pronto para o evento. Seria preciso apelar a feriados para garantir que as cidades funcionassem. Mas, como dizia Ronaldo, não se fazem Copas com hospitais, e sim com estádios.

Foi justamente em 2012, com a interferência da Fifa e o detalhamento dos projetos, que os preços das arenas tiveram incrementos consideráveis. Saltavam para 7,1 bilhões de reais, o que ultrapassava os valores dos dois Mundiais anteriores, da África do Sul e da Alemanha. O Mundial à brasileira já mais do que dobrara o que fora gasto pelos sul-africanos. Só a gestão do então governador do Distrito Federal Agnelo Queiroz, cercada por suspeitas de corrupção, já elevava o custo da reconstrução do estádio Mané Garrincha a mais de 1 bilhão de reais. Esse era um estádio que nem sequer teria time para jogar após o Mundial. A presidente Dilma Rousseff e seus companheiros tentavam se desvincular dessa conta ao dizer que não havia dinheiro federal. Balela. Metade desse "mastodonte candango" era paga com a venda de terras federais. O governo ainda dera isenções fiscais para todas as arenas, que somavam até 50 milhões de reais em alguns casos. Para não esquecer os financiamentos a juros subsidiados do BNDES. Mesmo com o dinheiro jorrando, a maioria dos estádios ainda levava mãos de tintas às vésperas da Copa das Confederações: apenas o Castelão e o Mineirão cumpriram o prazo do final de 2012.

Não era só isso. Chegava a conta das instalações provisórias e de eventos festivos para a Copa das Confederações. Ali, nem sequer haveria um estádio a ser deixado para uso do Brasil. Eram simplesmente *overlays*, tendas de patrocinadores, cadeiras, móveis para agradar aos convidados da alta-roda do futebol e do mundo empresarial. Quem desfrutaria seria a Fifa, mas quem pagaria seriam os cofres públicos. Com essas estruturas para seis estádios, e a festa de sorteio realizada em São Paulo, cada partida da Copa das Confederações saiu pelo custo de 15,8 milhões de reais. Sim, fora o valor de estádios, ou mesmo de operações externas, se gastaria isso pelo Taiti ou pela Nigéria.

Havia a gasolina e o fogo prontos para uma explosão. E ela veio. Não era contra a Copa do Mundo que estudantes protestavam nas ruas de São Paulo em meados de 2013: reclamavam de algo mais palpável, como o aumento do preço das passagens de ônibus. Sua insatisfação, no entanto, foi o estopim para uma indignação coletiva que tomou conta de boa parte da população e se espalhou pelo país. No meio da onda, o Mundial virou alvo: "Da Copa eu abro mão, quero dinheiro para saúde e educação", gritavam os estudantes.

Foi sob esse clima que a Fifa chegou ao Brasil para seu grande evento teste para o Mundial. Durante a Copa das Confederações, em salas com ar-condicionado do Maracanã, funcionários da federação internacional tentavam transmitir um ar de tranquilidade em que diziam respeitar as manifestações. Oficialmente, Blatter afirmava que a Copa do Mundo não "tinha nada a ver com isso": ressaltava que o futebol não deveria ser usado para protestos. Eles estavam longe da realidade, que só passaram a compreender de fato na abertura da competição.

A presidente Dilma Rousseff foi alvo de vaia que tomou o superfaturado Mané Garrincha antes da estreia da Seleção Brasileira diante do Japão. Ao seu lado, Blatter tentava minimizar: "Amigos, onde está o respeito e o *fair play*?". Foi vaiado também. Encerraram rapidamente suas palavras. Além dos apupos, Dilma ainda teve o desgosto de ter de cumprimentar o presidente do

COL, José Maria Marin, aquele mesmo que apoiava tão firmemente a ditadura que a torturara. A Fifa dava um sinal de que a coisa não andava bem.

Isso viria a se agravar durante a competição, com protestos contínuos nas redondezas dos estádios que resultavam em confrontos violentos com a polícia. A ordem do governo era impedir que qualquer manifestante se aproximasse do estádio mesmo que fosse necessário exercitar seus cassetetes. Dentro das arenas, a Fifa tentava proibir protestos e fazer valer sua regra de que a política estava excluída das arenas. Mas, mesmo quem pagara alto pelos ingressos da Copa das Confederações, que aliás teve estádios cheios, se dispunha a levar cartazes contra a Fifa ou contra os altos custos dos estádios.

O incidente mais grave, pelo menos na ótica da Fifa, não ocorreu em um jogo. Um ônibus com funcionários do Comitê Organizador foi atacado com pedras por manifestantes. O fato gerou uma crise e cobranças diretas de Jérôme Valcke ao governo brasileiro, com pedidos de maior segurança. "Eu me lembro de estar vendo pela televisão e estar em contato com Luís Fernandes [do Ministério do Esporte] e pessoas da segurança até quatro horas da manhã. Não foi a noite mais fácil para nós. Pela manhã, fizemos uma reunião de crise para falar sobre a situação no Brasil e como poderíamos lidar com ela", contou Valcke, posteriormente, à ESPN.

O susto gerou na cúpula da entidade incerteza sobre se seria possível realizar a Copa do Mundo no Brasil: iniciou-se uma séria análise de alternativas para sediar o Mundial. Propostas como levá-lo para os Estados Unidos, a China ou para a Europa estiveram nas mesas do Copacabana Palace e do Hotel Windsor, onde estavam o Comitê Organizador e os poderosos que compõem a cúpula da Fifa. Mais tarde, o próprio Valcke admitiria ao repórter André Kfouri, da ESPN, em dezembro de 2013, que, se não fosse concluída a Copa das Confederações, não haveria Copa do Mundo no Brasil. Mas, a partir das reuniões de emergência, reforçou-se a segurança além do previsto e o evento teve sequência. Quem fugiu do país em meio à crise foi o presidente Blatter. Lembre-se de que o cartola, durante sua estada no país, sempre gozou de status de chefe de Estado por uma legislação baixada a pedido da Fifa. Portanto, andava por todos os lugares com uma escolta de motos da Polícia Federal em volta de seu carro preto. Só era possível saber que o todo-poderoso estava lá dentro por causa do número 1 que o vidro ostentava para indicar sua posição privilegiada. Mesmo assim, arrumou uma providencial visita à Turquia para assistir à abertura da Copa do Mundo Sub-20 em meio à gritaria. Ironicamente, também havia manifestações entre os turcos, embora os cartolas não fossem os alvos. Blatter só voltaria ao Brasil para a final.

Com a sequência da competição, a paranoia do governo e da Fifa chegaram a tal ponto que a decisão entre Brasil e Espanha gerou mobilização de 11 mil homens para manter os manifestantes longe do Maracanã. Isso não impediu que o gás lacrimogênio atingisse certas áreas periféricas do estádio, como pude atestar quando estava posicionado justamente entre a polícia e o estádio. De resto, repetiram-se os confrontos entre cassetetes e coquetéis molotov protagonizados pelo país. Ao lado do Maracanã, um centro promocional da Coca-Cola se escondia atrás de plásticos pretos para tentar evitar depredações. Convidados de patrocinadores tinham que chegar muitas vezes escondidos ao estádio para impedir esse tipo de ataque. Dentro da arena, no entanto, o Brasil bateu a Espanha, Felipão, Fred e Neymar se consagraram com os três gols, e a Fifa apostava em dias melhores para a época da Copa do Mundo. Pelo menos Blatter e Valcke podiam respirar alguns dias ao voltar à Suíça. Mas não por muito tempo.

A pressão popular foi mais um desafio para quem já tinha que concluir as obras de outros seis estádios até o final de 2013, data limite para começar a montar as instalações provisórias para o Mundial, a nova mordida que os cartolas do futebol dariam no orçamento público. Os casos mais problemáticos eram os da Arena das Dunas, da Arena da Baixada e da Arena Corinthians. No primeiro, o problema era a lentidão costumeira do governo. No segundo, o projeto de um estádio com financiamento apenas privado tinha sido mero sonho. Sufocado, o Atlético Paranaense pedia reforços para o governo estadual e para a prefeitura para concluir suas obras. E passara a entrar dinheiro público por meio de empréstimos do BNDES e de títulos construtivos emitidos pelas autoridades públicas. Só que houve demora para tomar essa resolução, pela resistência compreensível de governantes em mexer no seu caixa por uma iniciativa privada, ainda mais depois de tantos protestos. Quando chegou o final do ano, no sorteio da Copa do Mundo, o time paranaense tinha seu estádio ameaçado de ser excluído do Mundial. Foi apenas em um evento de técnicos em Florianópolis, em 2014, uma espécie de mimo para a cidade excluída do Mundial, que Valcke veio a confirmar a presença da cidade paranaense na competição após receber garantias dos governos – sempre eles – de que haveria recursos para acabar o estádio.

Mais grave foi o que ocorreu na Arena Corinthians. No final de novembro, um guindaste caiu sobre uma parte do lado leste do estádio, matando dois operários. Não era uma exceção, já que as obras de estádios da Copa do Mundo geraram oito mortes durante sua execução, um número bem superior ao da África do Sul. No caso da instalação de Itaquera, suas obras eram apressadas para garantir o prazo de 5 de janeiro, fixado pela Fifa. Não se sabe se isso teve influência no acidente. Um laudo aponta que o terreno cedeu, outro indica responsabilidade de uma empresa terceirizada pela Odebrecht para executar aquele setor. Perderam-se vidas e o estádio atrasou a ponto de ficar pronto apenas na véspera do Mundial. Mas havia fatos mais obscuros na construção do estádio que não eram conhecidos do grande público e só foram sendo revelados ao se desfazer o novelo da operação para construí-lo. Vamos a seguir contar os episódios dessa construção por ser emblemática da forma como são os projetos de Copa do Mundo da Fifa: acabam resultando em prejuízos para clubes, no caso o Corinthians, bem como para o tesouro público.

Primeiro, é preciso explicar que os responsáveis por essa obra foram uma empresa chamada Arena Itaquera e um fundo de investimento imobiliário, criados pela Odebrecht. Só por meio deles se poderia fazer as operações financeiras necessárias para construir a arena. O problema é que até o início de 2014, ou seja, quando a obra estava quase concluída, não havia nenhum financiamento público liberado para a construção, fosse o dinheiro do BNDES, fossem os recursos da prefeitura de São Paulo.

Uma explicação para isso era a condição nebulosa em que foi concedido o empréstimo do banco público para o empreendimento. Tentei durante mais de um ano obter os documentos que mostrariam quais os fundamentos técnicos e garantias dadas para que a instituição bancária aceitasse emprestar o dinheiro. Mas isso foi negado em todas as instâncias do banco, com a alegação de que os papéis tinham "informações negociais estratégicas ao mercado do empreendimento". Na sequência, o BNDES desrespeitou a lei de acesso à informação e se recusou até a atender uma ordem da Controladoria Geral da União (CGU) para liberar esses documentos. E havia indícios de problemas com as garantias, já que o Banco do Brasil, que seria o primeiro intermediário da operação, se recusou a fazer parte da operação. A Caixa Econômica Federal, após intervenção do governo, assumiu o papel.

Quando saiu o empréstimo do BNDES, o contrato entre a Caixa e o Corinthians tornou-se público. O documento mostrava que as garantias eram, na prática, o próprio estádio e suas rendas, como mostrei em matérias no UOL. De adicional, o clube tinha cedido uma parte do Parque São Jorge para execução. Pelo acordo, o clube teria 161 meses para pagar o empréstimo, que com juros geraria uma cobrança em torno de 60 milhões de reais por ano. Caso atrasasse os pagamentos, e se tornasse inadimplente, o Corinthians perderia o controle do seu estádio para o banco. Mais do que isso, poderia tomar as cotas do clube e da Odebrecht do fundo imobiliário que geria as operações da arena. Na prática, o banco se tornaria o dono do estádio.

Seria uma mera operação de tomada de imóvel se não levarmos em conta a complexidade que há na operação de uma arena. Um modelo de negócios novo no país cujas receitas são incertas. As projeções do Corinthians e da Odebrecht eram de que o estádio geraria em torno de 300 milhões de reais. Por isso, o todo-poderoso da arena, Andrés Sanchez, gostava de alardear que pagaria com antecipação as parcelas do empréstimo.

Baseado nessa lógica panglossiana de mundo, o clube assinou, às vésperas da Copa do Mundo de 2014, um contrato comercial com o fundo Arena Fundo Imobiliário, dono real da arena, com condições financeiras bem duras a ser cumpridas. Esses termos só viriam a ser conhecidos em fevereiro de 2015, quando publiquei o teor dos acordos em matérias no UOL. Pelos termos assinados, o Corinthians tem que gerar 112 milhões de reais de renda líquida por temporada. Se não conseguir cumprir essa meta por dois anos seguidos, pode ser excluído da operação do estádio pelo fundo, na prática controlado pela Odebrecht. Esse patamar sobe para 218 milhões de reais a partir de 2018. Baseado em uma estimativa otimista, parece fácil. Mas a realidade é que, no primeiro ano de operação, o clube arrecadou em torno de metade da primeira meta, de 112 milhões de reais. Como havia despesas acima do previsto na operação do estádio e da empresa gestora, o dinheiro seria insuficiente até para cumprir os pagamentos do BNDES. Pior, a construtora não concluiu as obras um ano depois de encerrada a Copa do Mundo, e isso dificultava ainda mais a exploração pelos corintianos do estádio no setor oeste, que deveria gerar a maior renda com pacotes para um público VIP.

A situação se tornou ainda mais grave para o Corinthians porque o preço de 820 milhões de reais, que deveria ser preço fixo e final, sofreu reajuste ao longo do tempo. Às vésperas da Copa do Mundo de 2014, sob pressão de concluir a obra e realizar a abertura, o clube aceitou assinar um contrato aditivo com a construtora com a previsão de aumento para 965 milhões de reais. Na revisão contratual houve a majoração de 79 milhões de reais em lucros e taxas da construtora, embora a empresa argumente que esse dinheiro seria usado para contingências da construção. As indicações do próprio arquiteto da obra, Aníbal Coutinho, são de que as modificações no projeto foram "ínfimas", nada que justificasse essa majoração de preço. Mesmo assim, o clube concordou com o aumento do preço. Mais tarde, a operação da Polícia Federal Lava-Jato encontraria indícios de pagamento de propina da Odebrecht para um dirigente do Corinthians, em planilha que tinha 500 mil reais para o codinome Timão.

O responsável por pagar foi Antônio Gavioli, diretor da empreiteira que atuou para encarecer o preço da obra. E a conta não fechava por aí: instalações provisórias jogavam o valor total gasto para além do 1,2 bilhão de reais.

Aliado a esse aumento de preço, há empréstimos feitos pela Odebrecht com juros altos para cobrir meses e meses sem os financiamentos públicos previstos. Até porque uma nova complicação surgiu no meio do caminho com uma ação no Ministério Público de São Paulo, em que é questionada a validade dos CID (aqueles títulos de isenção fiscal) emitidos pela prefeitura de São Paulo. Sem garantias, a construtora tinha dificuldade de vendê-los no mercado. Esses rombos, em última instância, ficaram para o clube. A soma dos débitos do Corinthians já girava em torno de 750 milhões a 800 milhões de reais.

Ao final, as promessas vãs de pagamentos antecipados feitas pelos dirigentes corintianos se transformavam em uma negociação realizada para tentar atrasar a quitação do empréstimo do BNDES. Um sintoma do sufoco financeiro vivido pelo clube que se estende pelo ano de 2016 sem resolução. É verdade que o sonho alvinegro da casa própria se concretizou, e o time tem tido casa cheia e bom desempenho esportivo em seu estádio. Mas, pelas condições impostas, nada indica que o clube conseguirá cumprir o que está no papel e corre sério risco de perder o controle de sua arena, seja para a Odebrecht, seja para a Caixa. Como tudo que ocorre na Copa do Mundo organizada pela Fifa, o que começa com um projeto limpo e promissor no papel torna-se uma fonte de renda interminável para a entidade e uma enorme dor de cabeça para quem fica após a realização do Mundial.

Outro exemplo de dinheiro jogado pelo ralo para atender aos caprichos da Fifa foram os centros de treinamento. Para além até das recomendações da entidade, o Comitê Organizador disponibilizou 83 locais para receber as seleções, alguns para treinos pré-jogos e outros para bases fixas, para preparação contínua. A maioria foi reformada com dinheiro público em um projeto que envolveu mais de 100 milhões de reais para atender às exigências da entidade em cada um desses locais. Com 32 seleções, certo é que sobrariam locais perdidos como o Zerão, no Amapá, estádio onde o governo federal não cansa de enterrar recursos apesar do incipiente futebol local, que também não aproveita a arena. Acabada a festa, um ano depois, o Ministério do Esporte ainda gastara 11 milhões de reais para terminar alguns desses centros de treinamento pelo país. Era uma política de renovação de equipamentos esportivos do país, pregava o então ministro do Esporte Aldo Rebelo, mas não se sabe bem para quem.

Em que pesem todos os percalços, o Brasil manteve uma operação decente durante o Mundial. É verdade que as falhas de segurança marcaram os primeiros dias da competição. Houve a invasão dos cerca de cem chilenos às instalações do Maracanã durante o jogo entre a sua seleção e a Espanha. Presente no estádio, vi como eles entraram em bando na sala de imprensa, sob as câmeras da imprensa mundial. Não foi difícil invadir a sala após um deles perceber que uma das grades laterais tinha frágeis cadeados e controles. A maioria dos torcedores, que era pacífica, foi contida por seguranças particulares. Sorte de quem estava dentro do estádio, já que não teria sido difícil para um terrorista entrar no Maracanã.

Houve outros erros de segurança similares, em menor escala, no restante dos estádios. Mas, em um quadro geral, o excesso de policiais que se espalhavam pelas cidades, principalmente perto dos estádios, não se justificava com o arrefecimento das manifestações do ano anterior. O que a Fifa queria ocorreu: o Brasil cansou de protestar e aderiu ao Mundial quando estrangeiros, que não estavam no país em 2013, chegavam em hordas a ponto de os argentinos tomarem a praia de Copacabana. A mesma praia em que Blatter, mais uma vez, se encastelou no Copacabana Palace, juntamente com os outros cartolas.

Se a população aderiu à festa da Copa, ainda mostrava sua insatisfação com a presidente Dilma Rousseff. Ou melhor, naquela ocasião é possível ser dito que era uma parte do povo mais abastado que estava contrariado com a administração. Ela foi recebida na Arena Corinthians para a abertura do Mundial sob ofensas e grosserias. Nem chegou a discursar, com medo das vaias que a tinham atingido na Copa das Confederações. Depois disso desapareceu até o final do Mundial, para evitar novos efeitos negativos na eleição já a caminho. Elegeu-se por pequena margem no final de 2014, e pouco mais tarde a insatisfação com a derrocada da economia do país seria geral, não só dos mais abastados. Mas essa é outra história.

Restaram então as polêmicas em torno de favorecimento a seleções, ou questões disciplinares, típicas de Copa do Mundo. O erro de arbitragem que ajudou o Brasil em seu primeiro jogo diante da Croácia deu vazão a uma gritaria estrangeira contra o suposto benefício ao país-sede. Foi no saguão do Copacabana Palace, em um espaço cercado por seguranças, que Blatter veio me cumprimentar e ao repórter d'*O Estado de S. Paulo* Jamil Chade, companheiro de várias jornadas na Fifa. Não precisava mais falar de manifestações, e por isso Blatter sorria. Ele gosta de dar seus "pitacos" sobre futebol, "o jogo bonito", a união dos povos, enfim. E deu seu aval ao pênalti marcado pelo japonês Yuichi Nishimura sobre o centroavante Fred, que se jogara claramente na área dos croatas à espera de punição. Blatter, como sempre, estava com os donos da casa.

Os cerca de trinta dias de Copa do Mundo trouxeram mais boas do que más notícias para a Fifa. O futebol era bom, a maior parte do povo se acalmou. Em todas as ocasiões em que estive no Copacabana Palace, os cartolas estavam felizes, sorridentes, apesar do mau humor dos seguranças, que sempre queriam nos expulsar do hotel. Ainda vivo, Grondona brincava com os repórteres sobre a possibilidade de uma final entre Brasil e Argentina, Jeffrey Webb discursava sobre a necessidade de uma política mais consistente da Fifa contra o racismo, e até o príncipe Albert de Mônaco passeava pelo hotel de sunga, aproveitando o Mundial. Era o *dolce far niente* da maioria dos cartolas da federação internacional, enquanto os funcionários da entidade se matavam para organizar a competição.

Esse clima de festa foi interrompido pela operação "Jules Rimet", da Polícia Civil do Rio de Janeiro, que desbaratou em plena competição um esquema de venda ilegal de ingressos para o Mundial no início de julho. Os bilhetes saíam dos pacotes de hospitalidade que a empresa Match, parceira da Fifa, disponibilizava e iam parar nas mãos de cambistas para revenda por até 50 mil reais. O ágio em cima das entradas acabava no bolso dos revendedores. Foi com essas informações, e após grampos feitos com os cambistas, que a polícia prendeu o franco-argelino Mohamadou Lamine Fofana, que negociava uma série de bilhetes para o campeonato e chegava a ter pacotes de cinquenta ingressos para a final, entre eles um bilhete da CBF. As informações da polícia indicavam que ele tinha acesso livre ao Copacabana Palace, junto à cúpula da Fifa.

Ingressos para áreas VIP, aos quais só a Match tinha acesso, eram revendidos por preços entre 11 mil e 12 mil reais para jogos comuns. Teoricamente, Fofana obtinha os bilhetes por meio de sua empresa Atlanta Sportif, que tinha contratos com a Match. Não era um esquema novo, já que diversos escândalos relacionados a ingressos estouravam a cada Mundial, provando a incapacidade ou a falta de vontade da Fifa de controlar para onde iam as entradas da Copa do Mundo.

A investigação se aproximou dos cartolas da federação internacional quando o diretor da Match, Ray Whelan, apareceu em escutas de Fofana, negociando ingressos. Em 10 de julho de 2010, no mesmo hotel onde Blatter estava hospedado, a polícia chegou às 16:30 horas para prender o britânico Whelan, após a Justiça aceitar um pedido de prisão temporária para ele. O diretor da Match fugiu por uma das portas dos fundos 15 minutos antes, como revelaram câmeras de segurança do hotel. Mais tarde ele se entregou e ficou preso por 24 dias pelas acusações de infringir o Estatuto do Torcedor, ao atuar como cambista. A polícia no Copacabana Palace deixava em polvorosa seus gerentes e funcionários, tão ciosos de proteger os poderosos, como aqueles suíços do famoso hotel Baur au Lac. Depois da temporada em um presídio comum, sem regalias, Whelan foi liberado por meio de ações de seus advogados em tribunais superiores. A imagem dele sendo detido era um incômodo para a Fifa, ainda mais se levarmos em conta que tinha ligações estreitas com os donos da Match, os irmãos Jaime e Enrique Byron, antigos parceiros de Blatter e de seu sobrinho Philippe. Era ele que representava a empresa no Brasil desde que se instalara em um escritório na Barra da Tijuca para comandar a venda de pacotes de hospitalidade para o Mundial, manipulando milhares de ingressos.

A diretoria da Fifa ficou sob pressão. Com o crescente interesse da população pelo campeonato, havia uma disputa ferrenha por ingressos, com torcedores acordando de madrugada para tentar comprar bilhetes que eram devolvidos ou tinham sobrado para fases finais. Era uma afronta para essas pessoas que as entradas tivessem sido desviadas para ser revendidas por preços mais altos. A entidade insistia que não tinha participação no esquema e que colaboraria com as investigações. Não faltaram, no entanto, ataques dos cartolas da federação internacional à atuação da polícia pelas divulgações das informações relacionadas ao caso. Mesmo quando apareceram bilhetes em nome do filho do vice da Fifa Julio Grondona, ou mesmo da CBF, no meio de ingressos apreendidos, a Fifa minimizava o caso e não punia ninguém pela revenda irregular.

Após o Mundial, no transcorrer do processo, Whelan foi inocentado pela Justiça. A decisão judicial, de fevereiro de 2015, dizia que não havia como provar que ele fizesse parte do esquema. O Ministério Público exagerara o teor das provas contra o executivo ao inflar o número de ligações que mantivera com Fofana. É fato, no entanto, que ele conversara com o cambista sobre ingressos em pelo menos 28 ligações. O franco-argelino continua a responder o processo, juntamente com outros brasileiros acusados de comercializar bilhetes ilegalmente. Ao final, a conclusão era que, como em Mundiais anteriores, o acesso de cambistas a ingressos da Fifa era tão fácil quanto a qualquer outro evento de futebol, ou do esporte em geral.

A obtenção de ingressos por cambistas se explica por um sistema distorcido de venda presente na Copa do Mundo, e na maioria dos grandes eventos. Pelo balanço final da Fifa, 69% dos pouco mais de 3 milhões de bilhetes do Mundial foram negociados com o público. Outros 31% estiveram nas mãos de empresas de pacotes de hospitalidade, patrocinadores ou de associações nacionais controladas por cartolas da própria Fifa. Nas fases iniciais de venda, a fatia dos parceiros era ainda maior, o que tornava difícil para o público conseguir seus ingressos. Para ter ideia, houve cerca de 11 milhões de pedidos por entradas na Copa do Mundo realizada no Brasil, quase o quádruplo do número disponível. Em resumo, o cidadão comum, que no final da linha era quem pagava a conta da competição e de seus estádios milionários, tinha de ficar horas e horas na internet tentando um ingresso, enquanto os mandachuvas da federação internacional de futebol tinham pacotes deles em seus quartos no Copacabana Palace.

Nada que preocupasse a Fifa. Os resultados de campo, com um futebol vistoso não exibido em outros países, criava o clima de festa no país. Pena para o cartola que essa análise não fosse verdade para a Seleção Brasileira, a anfitriã, já que a federação internacional sempre torce pelo país-sede por motivos comerciais. No plano da cúpula da Fifa, era necessário que a seleção pelo menos fosse até a semifinal para não acabar com a festa mais cedo. E assim foi. O limitado time de Felipão bateu Chile e Colômbia em jogos apertados para chegar ao embate diante da Alemanha em Belo Horizonte.

Ali se conheceu o real estado da miséria futebolística brasileira. No imaginário coletivo, a humilhação por 7 X 1 se sobrepunha a todos os erros que o Brasil havia cometido na organização daquele Mundial. A torcida, estupefata, tentava entender onde havíamos errado, já que um placar "desse tamanho" não se justificava apenas pela ausência de Neymar e de Thiago Silva. As falhas eram de tal forma enraizadas em todos os problemas do futebol no país que seria necessária uma análise daquelas que vai em busca do entendimento das relações de infância. Basta que se diga que a Alemanha teve pena e ainda salvou o Brasil da tragédia que seria um título argentino no Maracanã.

Mais uma vez, nada que pudesse manchar o discurso otimista de Blatter e seus aliados ao final do Mundial, ao prometer um fundo de 100 milhões de dólares como legado para o futebol brasileiro. O dinheiro era destinado à construção de centros de treinamento para populações carentes, como visto na África do Sul, e para o desenvolvimento do futebol feminino. Em uma concorrida entrevista de lançamento do programa, perto do fim do grande evento, o então livre José Maria Marin exaltava os efeitos desse dinheiro no esporte. Questionado por mim por que nunca investira dinheiro da milionária CBF em nenhum projeto técnico sério de desenvolvimento do futebol, ele prometeu que pensaria nisso. Nunca aconteceu. Já o dinheiro da Fifa ficou travado após as acusações contra cartolas na CBF.

O próprio fundo de legado, alardeado por Blatter, era apenas um pequeno percentual do ganho da Fifa com a Copa do Mundo no Brasil. Os números finais mostravam a receita total da entidade de 4,9 bilhões de dólares (16 bilhões de reais ao câmbio da época) com o Mundial. Era a maior renda já ganha pela federação internacional com uma competição, fruto de contratos de patrocínio milionários obtidos na época em que a economia brasileira estava "bombando". Com o governo bancando a maior parte da conta, sobrava para a Fifa despesas de 2,2 bilhões de dólares, mas boa parte desse dinheiro nem foi investido no Brasil, já que era destinado a premiações de seleções estrangeiras. O lucro do Mundial para os cartolas internacionais chegava, então, a 2,6 bilhões de dólares (8,4 bilhões de reais), dinheiro suficiente para pagar pela construção de todos os 12 estádios brasileiros, o que nunca aconteceu, obviamente.

Para o governo – ou seja, para todos os brasileiros –, a conta não era tão positiva. De fato, era negativa. Ao final, o governo gastou 27 bilhões de reais com a Copa do Mundo, valor que sobe a 30 bilhões de reais se considerados investimentos em hotéis e impostos não pagos por isenções fiscais. Não seria um valor exagerado se levarmos em conta a estimativa de 33 bilhões de reais, ou as promessas de que uma verdadeira revolução urbana no país viesse atrelada ao Mundial. O problema é que essa mudança da cara das cidades e as melhorias significativas para a população jamais aconteceram. Os projetos para incrementar a qualidade do transporte do país foram caindo um a um, a cada novo fracasso no andamento das obras, denúncias de corrupção ou simplesmente a revelação de que eram inviáveis. A cara do Mundial do Brasil é o "veículo leve sobre trilhos" de Cuiabá, que custou 1 bilhão de reais, teve diversas acusações de corrupção, como mostrado pelo UOL, e está inacabado, com plantas crescendo em seus trilhos.

Além dele, foram abandonados projetos em São Paulo, Brasília, Salvador e Manaus, entre outras cidades. Sobraram 8,7 bilhões de reais em investimento em mobilidade urbana na conta final da Copa do Mundo, isto é, gastou-se com todo o sistema de transporte praticamente o que foi consumido pelos estádios brasileiros. Dos 44 projetos de fato concluídos, a maior parte era de acesso rodoviário aos estádios, de pouco efeito para a população. Um levantamento da *Folha de S.Paulo*, em junho de 2015, apontava que outros 22 projetos bem mais importantes não tinham sido finalizados, estavam atrasados ou jamais haviam sido iniciados. Como consequência, 2,5 milhões de pessoas foram afetadas, já que nunca tiveram as melhorias de transporte prometidas pelos seus governos. Das 12 sedes escolhidas, 11 tinham obras não realizadas, com exceção do Rio de Janeiro. Belo Horizonte e Curitiba ainda conseguiram alguns efeitos positivos, mas o restante nunca obteve o que se esperava do Mundial.

Tanto que, em seu balanço panglossiano sobre o evento, o governo mencionou uma pesquisa sobre o maior legado do Mundial em que grande parte dos pesquisados apontava o fator humano como o maior ganho. Todos sabiam que quase nada ficou pronto, as obras concluídas ocorreram a preços bem maiores do que os anunciados inicialmente, e houve suspeitas sobre a condução de uma parte desses projetos. Então, o jeito que o governo deu na coisa foi apontar a melhoria no ânimo da população como a maior herança gerada pelo Mundial. Assim, poderia classificar, como de fato fez, a Copa do Mundo de 2014 como um sucesso.

O problema é que pouco depois, com o país já em cenário de recessão econômica, a presidente Dilma Rousseff afirmou que a Copa do Mundo era um dos responsáveis pela queda do Produto Interno Bruto (PIB) brasileiro. Alegava ela que o excesso de feriados do Mundial tinha causado um desaquecimento da economia brasileira. Feriados, aliás, necessários, porque não havia nenhum projeto de infraestrutura pronto para o evento e as cidades entrariam em colapso se todos tivessem que trabalhar nos dias de jogos. Mas esqueçamos isso, o importante é que se esfarelava a promessa de que a competição da Fifa geraria um *boom* econômico no país, como se dizia que ocorrera na África do Sul e na Alemanha.

A consultoria Ernest & Young chegou a fazer um estudo em que previa um impacto na economia de 150 bilhões de reais por conta do Mundial, o que representaria o quíntuplo do valor investido pelo governo. Autoridades públicas fizeram questão de alardear essa análise como se ela fosse um mantra, como justificativa para cada um dos excessos cometidos nos gastos do Mundial. Um dos pontos a serem explicados era, por exemplo, 1,154 bilhão de reais em isenções fiscais concedidas à federação internacional de futebol e aos responsáveis por construir estádios. Mas isso era pouco perto dos ganhos que haveria com o Mundial, diziam os governantes.

É certo que o Brasil cometeu mais acertos do que erros na operação da Copa do Mundo em si, e que houve um grande contingente de turistas, de cerca de 1 milhão de estrangeiros, na visão otimista do governo. Esses moradores de outros países aprovaram, sim, a festa, como mostrou uma pesquisa de opinião em que 83% se mostravam satisfeitos com o evento no país. Os efeitos no turismo brasileiro só poderão ser avaliados a longo prazo, já que não houve grande incremento em outros países após eventos esportivos. Tudo certo então, o problema seria enfrentado pelos brasileiros e residentes no país que ficaram no Brasil após Blatter e sua trupe terem partido. Como em um fim de festa de arromba, restava uma boa ressaca.

Pagos com apenas 7% de dinheiro da iniciativa privada, os estádios se tornaram instalações deficitárias que não justificavam o custo para construí-los.

É correto dizer que os estádios novos conseguiram acomodar mais torcedores em jogo nacionais, mas nem os clubes tiveram incrementos significativos em sua renda com isso. Arena Amazonas, Arena das Dunas, Arena Pantanal e o Mané Garrincha ficaram condenados a mendigar jogos de times grandes de outros centros para ocupar seus gramados. Até soluções criativas, como transformar o estádio do Distrito Federal em repartição pública e estacionamento, foram adotadas para minimizar o prejuízo.

Mesmo os estádios com bastante uso, como o Maracanã e a Arena Corinthians, tinham dificuldade para se bancar diante dos altos custos para a construção. O estádio carioca, utilizado por quatro grandes clubes, fechou o primeiro ano após a Copa do Mundo com prejuízo na operação por conta dos gastos com iluminação, água e *staff*. Passado um ano do Mundial, a diretoria do Corinthians quis rever seu financiamento com o BNDES para poder quitar a dívida mais tarde, ao perceber que a renda não era suficiente para bancar os 60 milhões de reais anuais. Isso fora uma dívida de cerca de 400 milhões de reais com a construtora Odebrecht, cujo pagamento, pelo menos em 2015, foi impraticável. Modernas, a Arena Pernambuco e a Arena Fonte Nova enfrentavam dificuldades para conciliar seus custos elevados com ingressos que atraíssem o público. A ressaca da festa da Copa do Mundo era generalizada no país.

Diante desse cenário desanimador, não foi à toa que a presidente Dilma Rousseff tinha a cara amarrada ao entregar a taça do Mundial para a Seleção Alemã ao final da partida no Maracanã, enquanto Blatter ria feliz. Estava claro ali quem sempre saía ganhando com Copas do Mundo.

JOSEPH BLATTER, O HOMEM QUE NÃO SABIA DE NADA

Quando João Havelange estava idoso demais para seguir na presidência da Fifa, após 24 anos no poder, era natural que procurasse para substituí-lo um homem que daria seguimento à sua gestão e não remexeria no passado. Era preciso evitar que viessem à tona verdades inconvenientes. Para atender a esse tipo de requisito havia o seu braço direito na entidade: o suíço Joseph Blatter, secretário-geral do mundo do futebol. Sua carreira de cartola desenvolvera-se ligada às grandes corporações que atuavam junto à federação internacional de futebol, como a Adidas e a Coca-Cola. Conhecia a fundo os contratos e as relações com os donos do dinheiro que abastecia a Fifa. Não sairia dali nenhuma resistência ou questionamento aos negócios realizados pelo chefão do futebol mundial.

Havelange queria repetir na Fifa o que fizera na CBF, no final da década de 1980, com o seu genro Ricardo Teixeira. Ou seja, sua intenção era se aposentar tranquilo de que os aliados no trono manteriam intacto o seu nome, já que dinheiro não lhe faltava. Entre lá e cá, a diferença era que no Brasil ele queria retomar o poder por meio do genro, e, na Fifa, queria manter um aliado no trono. Apesar disso, sabia que a eleição na federação internacional seria mais difícil, não sendo suficiente apenas distribuir bolas, uniformes e cheques como fizera no Brasil. Ao mesmo tempo, seu candidato era melhor que seu genro: Blatter tinha rodado o mundo como secretário-geral para promover as atividades e os programas da Fifa, e portanto era bem conhecido de todos. Não era um alienígena do futebol como Ricardo Teixeira.

Mais do que isso, a personalidade do suíço era um trunfo forte. Ao contrário de Teixeira, Blatter era dado a festas e cumprimentos, até que as acusações de irregularidades o derrubaram como uma avalanche. Na maior parte das vezes em que estive com o presidente da Fifa ele foi cordial. Antes de os problemas relacionados à Copa do Mundo de 2014 estourarem, bastava gritar "Brasil" para o cartola suíço, mesmo em locais cheios de jornalistas do mundo inteiro, vir até nós com o sorriso aberto. Com os cartolas era ainda mais atencioso. Sabia o nome de todos, fazia piadas de agrado a cada um e os exaltava em menções honrosas em congressos. Outra qualidade era seu raciocínio rápido e a capacidade de criar frases de efeito, factoides mesmo, para desviar-se de assuntos espinhosos.

O fato de Blatter gostar genuinamente de futebol, ao contrário de outros cartolas da Fifa, ajudava-o no trato de assuntos técnicos e a lidar com coletivas de imprensa, já que sempre podia desviar a conversa para o campo e a bola quando estivesse em apuros. Assistia aos jogos e fazia comentários sobre atuações de jogadores e juízes, discutindo cada lance. Durante as Copas do Mundo, desdobrava-se para estar no maior número de estádios possível para acompanhar as partidas.

Essas características de Blatter, no entanto, estavam longe de ser suficientes para lhe garantir uma vitória naquele pleito em 1998. Ele seria candidato da situação contra o sueco Lennart Johansson, presidente da UEFA, seu principal opositor, que tinha todo o continente europeu a seu lado. Havelange enfrentara a mesma Europa e a sobrepujara em 1974, ao derrotar Stanley Rous para assumir a presidência da Fifa. O sueco também tinha uma carreira longa no futebol, na qual tinha desenvolvido relações com cartolas por todo o globo, isto é, sua gama de aliados não se restringia ao velho continente.

A vitória de Blatter ocorreu por 34 votos (114 X 80) e lhe rendeu o seu primeiro escândalo na gestão. Tratava-se da acusação de que votos de delegados africanos foram comprados por aliados do então novo presidente da Fifa. A denúncia foi levantada pelo jornalista britânico David Yallop em um livro que apontava que cerca de vinte cartolas daquele continente tinham recebido 50 mil dólares cada um (um total de 1 milhão de dólares) pela venda de seu apoio na eleição ocorrida em Paris, sede da Copa do Mundo de 1998. Quem bancara a generosidade era um homem forte do Oriente Médio que fazia parte da campanha de Blatter. Teoricamente, o presidente eleito da Fifa não ficara sabendo de nada. Não saber de nada, aliás, foi uma defesa recorrente do dirigente contra escândalos de sua gestão.

Um dos suspeitos da irregularidade era Mohammed bin Hammam, cartola do Catar, sujeito de poder e dinheiro que tinha prática de dar pacotes de notas de dólar ou euro como presente para aliados. Em uma dessas reviravoltas que só se vê na Fifa, o mesmo Bin Hammam viria a ser acusado de comprar votos, 13 anos depois, para tentar derrubar uma reeleição de Blatter. Essa história contaremos adiante.

Naqueles anos iniciais da gestão de Blatter, o então vice-presidente da Confederação Africana de Futebol (CAF), Farah Ado, dizia serem verdadeiras as suspeitas de pagamentos para a eleição de Blatter. Afirmou que havia sido abordado para vender seu voto, como também outros africanos. Na descrição de Ado, até o embaixador da Somália, seu país, esteve envolvido como intermediário da oferta de propina. "Ele [o embaixador] disse: 'Tenho um amigo que você conhece que quer oferecer 100 mil dólares para você trocar de voto. Metade em dinheiro e metade em material esportivo'", contou Ado. A versão corroborava os fatos descritos no livro de Yallop. O incômodo era tão grande que Blatter e seus advogados processaram o jornalista em vários países para evitar a divulgação das descobertas. Mas as declarações inconvenientes ao poder da Fifa insistiam em aparecer na mídia. "À noite, as pessoas estavam fazendo fila no hotel Méridien para receber", entregou Ado.

Logo após a divulgação do caso por jornais ingleses, a UEFA mostrou-se indignada e pediu uma investigação dos fatos relacionados à eleição. E o derrotado Johansson pediu apuração firme. Como ocorreu tantas vezes na gestão Blatter, a Fifa então fingia que investigava e os cartolas fingiam que acreditavam. Ao final, todos acabaram conformados com a vitória do suíço.

Fato é que os vinte votos de africanos foram decisivos para o cartola chegar ao poder na Fifa. Se tivessem votado em Johansson, como prometido em acordo feito entre europeus e africanos, seus votos teriam dado a vitória ao sueco. Fora o apoio sob encomenda da África, Blatter contou com o delator Chuck Blazer, dos Estados Unidos, e principalmente com Jack Warner, para dominar a América do Norte, a América Central e as infindáveis ilhas caribenhas. Na hora certa, como feito pela máfia, eles se tornariam dispensáveis, e então seriam chutados quando se metessem em confusão. Mas até então representavam um poder vital para o suíço chegar ao poder, assim como Havelange e Ricardo Teixeira na América do Sul. Não faltavam amigos poderosos a Blatter para elevá-lo ao cargo.

Quando chegou ao poder, após a eleição apertada contra Johansson, Blatter tratou de montar sua máquina de votos para não depender apenas dos amigos para se manter por lá. Expandiu o Programa de Financiamento e Assistência (FAP) a níveis nunca vistos para as federações nacionais e o Projeto Goal. Basicamente, esses projetos davam dinheiro para as associações de cada país anualmente. Ou seja, forneciam recursos para seus eleitores. No início do seu mandato, o FAP garantia 1 milhão de dólares por ano a cada país, sem necessidade de justificativa. Já o Goal abria a possibilidade de essas federações pedirem mais divisas para construções de sedes e campos com o fim, teoricamente, de desenvolver o futebol em seus países. Tal como em obras públicas com verbas arranjadas por deputados no Brasil, muitas vezes a estrutura prometida nunca saía do papel, embora o dinheiro entrasse no banco. Warner e outros membros do Comitê Executivo se meteram nesse tipo de artimanha de pedir dinheiro e nada realizar. Não é à toa que a Fifa se deu tão bem com a maioria dos políticos brasileiros.

Uma cena vista por mim no Congresso da Fifa de 2010 em Johannesburgo, durante a Copa do Mundo na África do Sul, dá uma ideia da importância desses programas para a base de apoio ao presidente da Fifa. Enquanto o braço direito de Blatter, Jérôme Valcke, lia tópicos da agenda para serem discutidos, delegados africanos dormiam em seus bancos, aos roncos, no final da plateia. Em determinado momento, Blatter toma a palavra e, como um político do interior, anuncia que será dobrado o valor da contribuição da FAP para cada uma das federações. Os cartolas africanos acordam e se levantam para aplaudir o presidente da Fifa em uma bonita ovação.

Ao final de sua gestão de 17 anos na Fifa, Blatter tinha distribuído o total de 6,7 bilhões de reais para as federações. Difícil é encontrar um efeito prático desse dinheiro para o futebol mundial. Ainda mais injustificável se tornam os montantes distribuídos a cartolas se pensarmos que todos os países-sede da Copa do Mundo, e portanto os povos dessas nações, tiveram de despender consideráveis recursos para realizar os Mundiais enquanto a Fifa limitava sua participação financeira, recusando-se a bancar a construção de estádios. Na conta final, Blatter sugava o dinheiro público daqueles que recebiam a Copa do Mundo para dá-lo a dirigentes espalhados pelo mundo.

Montada a sua base de poder, Blatter ainda tinha que se equilibrar entre os aliados e fazer manobras que começaram a complicar a imagem da entidade aos olhos do mundo. Foi o que aconteceu em 2000 na escolha da Alemanha para ser sede da Copa do Mundo de 2006, a primeira vez que uma sede era apontada já com o novo presidente. O apoio declarado de Blatter era para que a África do Sul fosse a preferida, para realizar o projeto pessoal de ter um Mundial em solo africano. Com os europeus ao lado dos germânicos, o quadro era bem dividido nos 24 votos do Comitê Executivo. Blatter poderia ser decisivo para a disputa com seu poder de minerva em caso de empate.

Entretanto, Charles Dempsey, representante da Nova Zelândia no Comitê Executivo, deu uma cartada decisiva para definir o vencedor. Pelos arranjos políticos anteriores à votação, seu voto seria da África do Sul, em acordo feito por cartolas da Oceania. Isso deixaria a votação empatada. Mas Dempsey não apareceu para votar. Alegou que sofrera pressões que não podia suportar. Havia notícias sobre envelopes de dinheiro embaixo de portas, mas nada comprovado. Certo é que a ausência do neozelandês garantiu a vitória alemã por 12 X 11, e retardou por mais quatro anos a Copa do Mundo na África do Sul.

Apenas 15 anos mais tarde, em 2015, quando os segredos da Fifa começaram a ser revelados com o império de Blatter em queda, a revista *Der Spiegel* descobriu que o comitê de candidatura alemã tinha uma conta secreta para supostamente pagar subornos pela escolha do Mundial. Era uma operação bem conhecida no "padrão Fifa". Primeiro, o presidente da Adidas, Robert Louis-Dreyfus, depositara 6,7 milhões de euros (na época, a moeda usada foi o franco suíço) de seu dinheiro pessoal, em julho de 2000, em uma conta secreta para ser manipulada pelos membros do Comitê Executivo da Copa do Mundo na Alemanha. Entre eles estava o ex-jogador Beckenbauer que, de acordo com a revista, conhecia a natureza das operações feitas com Dreyfus. Segundo, o dinheiro seria usado para a compra de quatro votos de representantes asiáticos no Comitê Executivo da Fifa.

Terceiro, garantido o Mundial para a Alemanha com os votos asiáticos, era hora de devolver o dinheiro do presidente da Adidas. Isso seria feito um ano depois, em 2001. Como em outras compras de voto, o próprio caixa da Fifa foi utilizado no esquema de propina. Segundo a revista alemã, o Comitê da Copa do Mundo de 2006 inventou uma festa de gala na véspera da abertura do Mundial em Berlim. Custo do evento: 6,7 milhões de euros. Esse dinheiro foi transferido pelos alemães para uma conta da Fifa. A festa nunca aconteceu, mas o montante não foi devolvido. Em seguida, a cúpula da Fifa transferiu o dinheiro para a conta do presidente da Adidas Louis-Dreyfus. Em resumo, Blatter apoiava a África do Sul publicamente, mas a sua máquina na federação internacional ajudava a construir o canal alemão de subornos por trás da cortina. Os africanos aprenderam a lição, como já vimos, e usaram o mesmo procedimento na eleição para a Copa do Mundo de 2010.

A federação alemã nega que tenha pago subornos para receber a Copa do Mundo, mas suas atitudes indicam que sua posição é frágil. Afinal, a própria federação reconhece que havia uma conta secreta relacionada à organização do Mundial. Mais, o presidente da federação, Wolfgang Niersbach, renunciou com o escândalo.

Com o caso alemão, os cartolas da Fifa registram acusações de compras de votos em todas as escolhas de Copa do Mundo, de 1998 a 2022. Há apenas a exceção do Brasil, em 2014, mas é preciso lembrar que o país era candidato único.

Não eram apenas votações eleitorais ou de escolha de sede de Copa do Mundo que complicavam Blatter. Sua gestão tornou-se uma sucessão de escândalos. O maior dos problemas, sem dúvida, era o caso ISL. Criada pelo fundador da Adidas Horst Dassler na década de 1980, a empresa tornara-se a principal parceira da Fifa e do Comitê Olímpico Internacional (COI) durante a década de 1990, comprando os direitos de marketing e de televisão da Copa do Mundo para revendê-los pelo mundo a preços inflacionados. Durante o mandato de Havelange e do início da gestão de Blatter, a entidade preferia vender esses direitos indiretamente em vez de negociá-los com as empresas, o que lhe daria mais lucro. O que não se sabia era o porquê dessa opção e o que explicava a grande influência de Jean Marie Weber, executivo da ISL, na Fifa. A entidade chegou a recusar uma oferta bem maior de outra agência de marketing pelas compras dos mesmos direitos relacionados ao Mundial. Blatter foi o principal responsável por dizer não.

A explicação de a ISL ter se tornado a queridinha dos cartolas da Fifa se revelou quando a empresa foi à bancarrota em 2001. Na época, Blatter tinha apenas três anos de gestão. A empresa acumulava dívidas de 450 milhões de dólares e um liquidante judicial, chamado Thomas Bauer, foi encarregado de tentar achar recursos para pagar os credores. As contas foram abertas e começaram a aparecer pagamentos de todos os tipos a cartolas da cúpula da Fifa. O total de pagamentos indevidos para os dirigentes ultrapassou 100 milhões de euros, embora fosse impossível saber seu montante preciso, já que a corrupção tinha raízes mais antigas e profundas, como deixou claro o processo suíço.

Tornado público em julho de 2012, o relatório da Justiça era destruidor: "O presidente do Conselho Supervisor da ISMM (grupo da ISL), por exemplo, explicou que o conceito sob o qual indivíduos bem conhecidos dos esportes são favorecidos a fim de promover políticas esportivas e metas econômicas se originou na década de 1970, quando o esporte se tornou um fato importante para a economia", registra o relatório final do caso. Por isso, a empresa "disponibilizou [dinheiro] para pagar comissões por direitos já adquiridos e direitos a serem adquiridos no futuro". Os executivos da ISL diziam que pagavam propina porque o sistema é assim e todo mundo pagava. Por isso, a ISL dava dinheiro para os dirigentes desde o início da década de 1990 de forma regular, mas já tinha feito operações antes de 1989, em valores desconhecidos. E não eram cartolas pé de chinelo que recebiam o dinheiro: era o topo da Fifa.

Ao final, ficou comprovado que pelo menos quatro altos membros da entidade receberam dinheiro da ISL: João Havelange, Ricardo Teixeira, Nicolás Leoz e Issa Hayatou, que viria a se tornar presidente após a derrocada de Blatter. O dinheiro passeou por inúmeras contas em paraísos fiscais em Liechtenstein e outros destinos antes de chegar aos bolsos dos dirigentes. Quem recebeu os maiores montantes foram os brasileiros, que, por isso, se tornaram alvo da Justiça suíça.

"Ricardo Teixeira se enriqueceu com o montante de comissões recebidas e, ao contrário de seus deveres, não as repassava; a Fifa sofreu prejuízo equivalente", descrevia o relatório. "O acusado João Havelange utilizou ilegalmente ativos confiados a ele para enriquecimento pessoal, em diversas ocasiões", continuava o documento.

Foram encontrados pagamentos diretos ao ex-presidente da Fifa, assim como diversas transferências para empresas em paraísos fiscais controladas ou por Teixeira ou pelo próprio Havelange. A ISL tinha criado uma filial em Liechtenstein e outra nas Ilhas Virgens Britânicas para repassar esses valores que foram pagos por pelo menos 11 anos aos dirigentes. No total, os dois receberam 45 milhões de reais.

Durante esse período, como presidente da Fifa, Havelange assinou contratos com a ISL que valiam mais de 1 bilhão de dólares, considerados os direitos de televisão e de marketing das Copas do Mundo de 2002 e 2006 para quase todos os países, com exceção dos europeus e dos Estados Unidos. Ele e Teixeira ainda participaram diretamente da negociação dos licenciamentos de televisão para o Brasil, comprados pela Rede Globo, o que é apontado como indevido pelo documento da Justiça suíça. De novo não há comprovação de que a emissora tenha agido de forma irregular. Seu dinheiro, no entanto, ajudou a abastecer os cofres da ISL pelo pagamento dos direitos dos Mundiais.

A Justiça suíça considerou que as atitudes de Havelange e Teixeira feriam os interesses da Fifa, possibilitando concorrência desleal e causando prejuízo aos cofres da entidade. A federação internacional, por meio de advogados, negava que tivesse sido lesada e rejeitava qualquer reparação. Em uma argumentação esdrúxula, o advogado da Fifa chegou a dizer que seria difícil recuperar algum dinheiro porque o "pagamento de suborno faz parte do salário usual da maioria da população" na América do Sul e na África. Com a corrupção instalada em sua cúpula, a federação internacional ainda se dava ao direito de chamar de corruptos os povos de dois continentes.

Por trás dessa cortina de fumaça havia a intenção de Blatter preservar Havelange e Teixeira. Por meio de seus advogados, a Fifa se ofereceu para pagar uma multa de ressarcimento de 2,5 milhões de francos suíços em nome de Teixeira e encerrar o assunto. Seus advogados ressaltavam que a entidade não queria mais se ver envolvida em um processo em que se falava de suborno, e por isso intercedia no caso. Durante o transcurso do processo, em 2005, houve uma revista à sede da Fifa com busca e apreensão de documentos, em operação que viria a se tornar rotina mais tarde naquele belo prédio em Zurique.

Os promotores, no entanto, entendiam que seria injusto que a federação internacional tivesse de quitar os débitos dos cartolas depois de ter sido prejudicada por suas operações. Houve reuniões em sequência durante o período de 2008 a 2010 para tentar fechar um acordo. Ao final, a promotoria propôs que Teixeira pagasse 2,5 milhões de francos suíços como ressarcimento, o que ele fez por meio de uma transferência de um banco em Andorra, mais um paraíso fiscal na sua lista.

Os promotores exigiam o mesmo do ex-presidente da Fifa João Havelange. Aqui chegamos a uma parte, no mínimo, bizarra da história. Defendido por Marcos Niederman, um dos advogados mais caros da Suíça, o dirigente brasileiro alegou que não tinha recursos suficientes para quitar esse valor. Seus advogados alegavam que a soma de 500 mil francos suíços seria a indenização adequada e que a redução do montante defendido de 2,5 milhões de francos suíços deveria levar em consideração as circunstâncias do caso Havelange, em primeiro lugar, e, em segundo, especialmente, a sua idade avançada. No processo, Havelange alegava que os bens totais dele e da esposa somavam 5,2 milhões de francos suíços. Basicamente, o dirigente que mandara na Fifa por 24 anos, em um mundo esportivo em que a propina era regra, argumentava que tinha poucos recursos para dar aos suíços. Os promotores aceitaram o acordo.

Isso fazia parte da lógica suíça, para a qual o mais importante era reparar a parte prejudicada, a Fifa, pelos prejuízos causados. O dinheiro, no entanto, seria dado a uma instituição de caridade. O mesmo pensamento dos promotores era compartilhado por Thomas Bauer, liquidante da ISL que deveria tentar recuperar o dinheiro que tinha sido desviado da empresa.

Conversei com Bauer algumas vezes durante seu trabalho de tentativa de recuperação de recursos da ISL quando trocávamos informações sobre o caso do Flamengo. O clube firmou em 1999 uma parceria com a empresa que tirou milhões de dólares da sede suíça para enviá-los a contas em paraísos fiscais na América do Sul. No Brasil, o presidente rubro-negro responsável pela gestão da parceria com a empresa, Edmundo Santos Silva, acabou sofrendo *impeachment* em um processo no clube, iniciado após uma matéria minha publicada pelo *Lance!*. Um dos membros de sua diretoria revelava que havia desvios de recursos em negociações de jogadores. Essas transações eram todas feitas com dinheiro da ISL. Embora tenham entrado milhões nos cofres rubro-negros, sua situação financeira só piorou com uma explosão da dívida. Nem os impostos devidos Santos Silva pagava. Era a mesma estrutura de parcerias da ISL vista pelo mundo que enriquecia os dirigentes e empobrecia o futebol. O modelo foi se intensificando justamente porque assim os recursos seriam tirados da Suíça e das mãos dos credores.

Se os credores da ISL não pareciam interessados em punir alguém, a Fifa estava ainda menos propensa a levar adiante qualquer intenção de penalizar os seus cartolas. Até porque, pelo que ficava claro no processo, a cúpula da entidade sempre soube dos subornos pagos a seus membros. "A constatação de que a Fifa tinha conhecimento dos pagamentos de suborno a pessoas em seus órgãos não é questionada. Isso acontece primeiramente porque diversos membros do Comitê Executivo recebiam dinheiro e, além disso, entre outras coisas, foi confirmado pelo ex-vice-presidente financeiro da Fifa, como testemunha, que certo pagamento feito a João Havelange pela Companhia 1 [ISL] em montante de 1 milhão de francos suíços foi transferido por engano para uma conta da Fifa. Não só o vice-presidente financeiro sabia disso, como, entre outras pessoas, P1 sabia disso". Esse P1 era Joseph Blatter. Esse episódio ocorreu em março de 1997, quando Blatter era secretário-geral da Fifa, e Havelange, seu presidente.

O relatório da Justiça suíça confirmava a história publicada pelo livro *Foul!*,* de 2006, do jornalista escocês Andrew Jennings, o mais completo trabalho sobre corrupção na Fifa. Na publicação ele revelava que a ISL chegara a mandar um pagamento de 1,5 milhão de francos suíços por engano para a conta da própria entidade em vez de destiná-lo a João Havelange. Blatter ficou sabendo da história e orientou que o dinheiro fosse devolvido e enviado ao ex-presidente da Fifa.

Obrigado a tratar do caso publicamente quando a Justiça divulgou o relatório da ISL, o Comitê de Ética da Fifa reconheceu que Blatter sabia dos pagamentos para Havelange. Questionado pelo Comitê de Ética, Blatter afirmou que não entendia como estavam mandando dinheiro que seria de outra pessoa para os cofres da entidade. Desconhecia que se tratava de uma comissão. Difícil é acreditar que ele tirou o valor da conta da federação internacional e enviou para o seu chefe sem sequer saber do que se tratava.

De qualquer maneira, o Comitê de Ética, formado pelo próprio Blatter, tratou de inocentá-lo. Disse que sua atitude não configurava um desvio de conduta, apenas um deslize. Assim, o dirigente máximo da Fifa, que participara das negociações de todos os contratos com a ISL, saía ileso do maior escândalo da federação internacional. Para os outros três membros do Comitê Executivo, o relatório do Comitê de Ética reservou palavras mais duras, mas não haveria punições: Teixeira, Leoz e Havelange já haviam deixado os quadros da Fifa para evitar o vexame de serem excluídos. Nenhum deles, no entanto, ficou sem as aposentadorias milionárias pagas pela federação internacional aos poderosos que encerram suas carreiras.

---

*No Brasil, o livro foi lançado em 2011 pela Panda Books sob o título *Jogo sujo*, com tradução de Renato Marques de Oliveira.

Assim, em abril de 2013, com a publicação do parecer do seu Comitê de Ética, a diretoria da federação internacional festejava o fim do caso da ISL com a afirmação de que “nenhuma pessoa suíça estava envolvida”. E Blatter esperava seguir com o seu reinado, embora tivesse deixado a maior parte de seus aliados pelo caminho, acusados de corrupção.

Havia um homem que resistia ao lado de Blatter, não importava o que lhe acontecesse: o secretário-geral Jérôme Valcke. Seu perfil já foi descrito por conta do papel na organização da Copa 2014. Antes de chegar à Fifa, preferia *tae kwon do* ao futebol e tinha desenvolvido uma carreira de jornalista e marqueteiro em canais de televisão e empresas em seu país. Aos poucos, na área esportiva, migrou para os altos cargos que lidavam com decisões importantes do esporte mundial até chegar ao departamento de marketing da Fifa, em 2003.

Uma das tarefas mais importantes de Valcke ao chegar à entidade era reestruturar o programa de marketing da entidade após a falência da ISL. Na década de 2000, a Copa do Mundo tornava-se cada vez mais atrativa para grandes empresas, a ponto de a Fifa acumular 15 patrocinadores. Em um mundo em que os conglomerados cresciam exponencialmente, começava a haver conflitos entre as atividades dos parceiros. Era hora de dar uma limpada no cenário, reduzir o número de marcas e aumentar os pedidos para quem dava dinheiro ao futebol.

Nesse ambiente começou, durante o ano de 2004, a ser renegociado o contrato da Fifa com a Mastercard, gigante de cartões de crédito que tinha contrato pela Copa do Mundo desde 1994. Seu compromisso iria até o Mundial de 2006, na Alemanha, e a intenção era prorrogar até a edição de 2014. Como de praxe nesse tipo de acordo, havia uma cláusula de preferência para a continuidade da parceria que dava grandes vantagens à empresa para continuar associada ao Mundial. A lógica seria dar à empresa o primeiro lugar na fila para que arrematasse a categoria de serviços financeiros disponível pelo novo pacote para a competição. Valcke decidiu não cumprir o que estava assinado pelos seus antecessores.

Pelas regras do contrato com a Mastercard, a Fifa deveria avisá-la com antecedência de noventa dias quando abriria concorrência para o contrato, especificando quais seriam as condições de disputa. A partir disso a empresa teria prazo para estabelecer uma proposta financeira para os cartolas. Se o departamento de marketing da federação internacional aceitasse os números ofertados, estava acabado ali: haveria renovação. Caso não houvesse acerto, a Fifa poderia ir ao mercado procurar outro parceiro, mas só poderia fechar se este lhe oferecesse mais dinheiro.

O aviso do caso para a Mastercard até foi feito. Só que, enquanto a empresa analisava qual seria sua oferta, funcionários do departamento de marketing, sob ordens de Valcke, foram procurar executivos da concorrente Visa. Demonstraram interesse em firmar parceria e começaram uma negociação. Quando questionados pela Visa se o concorrente tinha alguma preferência no contrato firmado anteriormente, os executivos da Fifa mentiram: afirmaram que não havia nenhum impedimento para a negociação. Reunião após reunião, o francês que chefiava o marketing da Fifa incentivava a oferta a ser feita pela Visa. Enquanto isso, enrolava a Mastercard sem lhe dizer que havia concorrência. O pacote de patrocínio foi reconfigurado, repaginado, rediscutido com o favorecimento de Valcke à Visa em todos os passos. Chegou a pôr o presidente da Fifa, Joseph Blatter, em contato com o presidente da Visa, Christopher Rodrigues, para estreitar relações.

Até que chegou a hora de cada uma das empresas fazer a sua oferta. Mastercard ofereceu 170 milhões de dólares, Visa, 140 milhões de dólares, mais algum dinheiro para investimento em marketing. Em setembro de 2005, o Comitê Executivo recebeu um relatório de Valcke sobre as negociações. Ele tentou inflar os números da Visa – isto é, mentiu para o seus superiores –, mas não adiantou. Diante dos valores maiores, os cartolas aprovaram a renovação com a Mastercard. A partir dali, era apenas uma questão de formalidade alinhavar um contrato entre as partes. O vice-presidente da Fifa, Julio Grondona, chegou a dar uma entrevista parabenizando a Mastercard pela renovação com a entidade.

Mesmo assim, Valcke não se deu por vencido. Ignorou a ordem dos seus chefes, manteve a negociação com a Visa e mentiu para todos ao dizer que a transação ainda estava em aberto. Mais do que isso, informou à Visa que, se fizesse uma oferta de mais dinheiro, levaria o negócio. A empresa topou. No encontro seguinte do Comitê Executivo, em março de 2006, ele apresentou um valor igual para as duas empresas – 180 milhões de dólares – e alegou que havia uma disputa por marcas entre a Mastercard e a Fifa para fazer tender a balança para o outro lado. E, com o contrato já escrito, ele conseguiu a reversão do negócio e o Comitê Executivo aprovou que se fechasse o acordo com a Visa.

Ora, até entre os funcionário de marketing da Fifa já se discutia que aquilo não ia ficar bem para eles, em uma mensagem interna de e-mail mandada para Valcke. Recomendava-se que recuassem e assinassem com a Mastercad. Valcke não considerou a recomendação e foi adiante para fechar com a concorrente, ignorando cláusulas contratuais e condutas minimamente éticas em negócios.

Um processo da Mastercard contra a Fifa descreve todo o processo e a corte foi duríssima com os dirigentes da entidade, principalmente com Valcke: "Negociadores da Fifa mentiram repetidamente quando asseguravam à

Mastercard de que não assinariam contrato com ninguém pelos direitos de marketing depois de 2006, a não ser que não chegassem a um acordo com a Mastercard", descreve a sentença final. "A conduta da Fifa nessa negociação de contrato foi qualquer coisa menos *fair play*." Questionado em depoimento, Valcke disse que "era um jogo" e chamou sua atitude de "mentiras comerciais".

A bomba estourou no caixa da entidade. O processo terminou com um acordo pelo qual a Fifa indenizaria a Mastercard: 90 milhões de dólares. Isso significava que, além de sem escrúpulos, o negócio realizado por Valcke tinha sido ruim para os cofres da entidade. Nunca foi plenamente explicada sua insistência em enganar um parceiro de longo prazo da Fifa em favor de outra empresa.

Oficialmente, Blatter ficou irritado com o subordinado: "Não poderia aceitar esse tipo de comportamento", afirmou em um comunicado da Fifa. Por isso, em 2006 Valcke perdeu seu emprego como diretor de marketing quando saiu a sentença do caso Mastercard. Logo se percebeu, no entanto, que suas práticas de negócios eram similares à da cúpula da entidade, talvez até estimuladas pelos chefões. Chuck Blazer, aquele delator que apareceria diante da corte de Nova York para entregar todos os parceiros, também foi testemunha no caso da disputa das empresas de cartão de crédito. Enrolou tanto a corte norte-americana que ao final do depoimento foi classificado como "falso e fabricado". A Justiça nova-iorquina, por sinal, afirmou que todos os funcionários da Fifa não tinham nenhuma credibilidade, pelo que ficou demonstrado no processo. Coerente com essa premissa, Blatter foi buscar Valcke e o trouxe de volta para a Fifa. E com um cargo maior do que tinha antes. Ele voltaria como secretário-geral da federação internacional, em substituição a Urs Linsi. Ocuparia o segundo maior cargo na hierarquia do futebol no ano seguinte ao tribunal norte-americano confirmar sua conduta mentirosa no caso Mastercard.

Promovido pelas mãos de Blatter, o retorno de Valcke o deixava no posto de escudeiro do presidente no período turbulento que estava por vir. As guerras comerciais com patrocinadores, as disputas com o governo brasileiro, os atrasos nas preparações das Copas do Mundo da África do Sul e do Brasil dificultariam o cenário para a dupla. O desfecho do caso ISL, já relatado aqui, seria uma eterna dor de cabeça. Mas o que abalaria as estruturas da Fifa seria um novo escândalo relacionado, mais uma vez, à escolha da Copa do Mundo e à compra de votos de altos executivos da Fifa.

Blatter e Valcke foram diretamente responsáveis por esse novo problema ao criarem um plano de escolher dois países para sede do Mundial em uma mesma rodada. Esse plano foi posto em prática em dezembro de 2008. Sua justificativa era que isso reduzia os gastos das associações nacionais com as candidaturas, pois não haveria concorrências milionárias entre os países. Não foi o que aconteceu. Pelo contrário, o que se viu foi uma sequência de pagamentos milionários, promessas de investimento, presentes caros, entre outros benefícios para agradar aos eleitores do Comitê Executivo. Chegou a transformar os pedidos de dinheiro de Jack Warner e o escândalo alemão da compra de votos em um negócio de amadores.

A dimensão do problema foi maior porque havia 11 países envolvidos. Quando a Fifa abriu as inscrições em 2008, houve uma divisão entre nações europeias e de outros continentes. Para a Copa do Mundo de 2018 concorriam Inglaterra, Espanha, Holanda, Bélgica e Rússia. Para o Mundial de 2022, os postulantes eram Catar, Estados Unidos, Austrália, Coreia do Sul e Japão. As regras estabelecidas pelo Comitê de Ética da entidade pregavam que os candidatos não poderiam ofertar "favorecimentos" aos 24 cartolas votantes e deveriam seguir "os mais altos padrões éticos".

Como de hábito, a Fifa mandaria a sua protocolar comissão para avaliar as condições de cada país para receber o Mundial. Em geral, essas recomendações eram feitas por especialistas da entidade em instalações de transporte, estádios, clima, entre outros itens. Seu relatório entregue ao Comitê Executivo da Fifa mostrava um quadro em que quase todos os países apresentavam risco baixo geral, e em todas as categorias. Havia duas exceções: o Catar representava alto risco para os atletas, o que se explicava pela temperatura de cinquenta graus atingida no verão, justamente o período da Copa do Mundo; e a Rússia era classificada como risco médio por seus problemas de transporte. A questão é que o relatório dos especialistas não fazia um ranking com notas de cada país, como o COI. Isso aumentava a possibilidade de que os cartolas ignorassem tudo que estava escrito e fizessem a escolha apenas por sua cabeça.

Ficou claro que os dirigentes da Fifa estavam pouco interessados em relatórios técnicos quando, no final de 2010, o jornal inglês *Sunday Times* publicou uma reportagem com vídeos de dois dos dirigentes negociando seus votos em troca de dinheiro. Repórteres do jornal apresentaram-se a Reynald Temarii, do Taiti, e Amos Adamu, da Nigéria, como representantes de um fundo norte-americano para ajudar a candidatura do país. Na conversa, os dirigentes falavam sobre investimentos em projetos esportivos em seus países feitos por esse fundo para que garantissem o apoio aos Estados Unidos.

Os métodos poucos ortodoxos dos cartolas da Fifa eram expostos, de novo, ao mundo. E era hora de fazer alguma coisa para garantir um mínimo de credibilidade para a votação que ocorreria em dezembro de 2010. Houve um processo rápido no Comitê de Ética para suspender os dois cartolas e retirá-los da votação final. "Enquanto eu estiver no Comitê de Ética, nós vamos ter tolerância zero com os desvios de padrão", bravateava o chefe do comitê, Claudio Sulser, amigo de Blatter. Logo em seguida, ele tratava de criticar o sensacionalismo da imprensa, em ataque aos periódicos ingleses – esses mesmos jornais que tinham garantido que dois dos cartolas potencialmente corruptos da Fifa não participassem da votação das sedes da Copa. Era o jogo da Fifa: fingir que fazia algo para resolver problemas e criticar interferências externas.

Foi em clima de tensão que chegou a semana da votação. Nem a temperatura em Zurique – sete graus negativos – era capaz de esfriar os ânimos de cartolas. Escondidos em carros luxuosos, e debaixo de casacos de grife, eles passavam direto por jornalistas sem dar explicações sobre mais aquele golpe no sistema Fifa. A sede da entidade e o hotel Baur au Lac criavam suas barreiras aos questionamentos, mesmo procedimento adotado durante o congresso da entidade. Ao mesmo tempo, atrás de portas fechadas, Blatter tentava acalmar os seus patrocinadores quanto aos danos causados à imagem da Copa do Mundo. Em público, o que se podia ouvir era o discurso do espanhol Ángel María Villar, em que partia para um confronto aberto com a sociedade. Afirmava não haver corrupção na Fifa e fazia acusações aos jornais ingleses de tentar desestabilizar a entidade. Os aplausos da maioria dos dirigentes presentes mostravam que sua fala fazia eco entre os pares: não queriam mudança no sistema. Pedidos ingleses para adiar a votação das sedes eram ignorados.

A falta de preocupação da Fifa com sua reputação ficou clara na escolha dos países. Surpreendentemente, a Rússia ganhava a Copa do Mundo de 2018, e o Catar, o Mundial de 2022. Eram justamente os dois países que obtiveram as piores avaliações dos especialistas da entidade. Eram justamente as nações que souberam manobrar nos bastidores com os poderosos da federação, suscetíveis a pressões e promessas de dinheiro. Os ingleses, com estádios prontos e tradição no futebol, eram punidos com votação insignificante para humilhar até o *lobby* do seu príncipe William. Mas, como se revelaria depois, não havia inocentes no processo.

No palanque da Fifa subiram quase trinta executivos russos para festejar o prêmio do Mundial: esconderam atrás deles as belas modelos levadas para fazer campanha para que o país ganhasse a Copa do Mundo. Não eram elas, no entanto, os trunfos para a eleição. O poder estava nas mãos do primeiro-ministro Vladimir Putin. Tanto é assim que a federação internacional atrasou uma entrevista da comissão russa para que ele pudesse chegar de avião a Zurique. A cena de sua coletiva para repórteres estrangeiros foi uma das mais intimidantes a que já assisti no mundo da cartolagem. Com dois seguranças que tinham mais de dois metros de altura protegendo-o, um de cada lado, ele apontava para os jornalistas que pediam perguntas como quem indica alguém condenado à prisão na Sibéria. Sua fala rápida e cortante mostrava quem mandava naquele recinto.

Mais discretos, os catarianos tentavam mostrar um verniz para o mundo, explicando como conciliariam as proibições religiosas vigentes no país (veto de consumo de álcool em vários locais ou exibição de corpos de mulheres) com o ambiente de descontração que se espera na Copa do Mundo. Ou então se esforçavam para convencer o mundo do futebol que os aparelhos de ar-condicionado em estádios seriam suficientes para a prática do esporte em um verão no deserto. Mal sabiam os responsáveis pela candidatura do país árabe que seus maiores problemas ainda estavam por vir, com as acusações de que tinham pagado a cartolas para levar o Mundial para casa.

Afinal, apenas após a votação se revelou o tamanho dos desvios cometidos naquela escolha. De novo, o *Sunday Times* publicava ter provas de que o Catar operou com trinta fundos para abastecer as contas de dirigentes e garantir a Copa do Mundo. Só para Jack Warner, então presidente da Concacaf e já conhecido por levar dinheiro em eleições do Mundial, seria dado 1,6 milhão de dólares para um dos seus milhares de projetos de "desenvolvimento do futebol". O filho do nigeriano acusado de pedir dinheiro, Samson Adamu, teria direito a 1 milhão de dólares para organizar um jantar de gala com expoentes do futebol africano às vésperas do Mundial de 2010. Quem era acusado de estar por trás de toda a operação de financiamento era o catariano Mohammed bin Hammam, membro do Comitê Executivo da Fifa e aliado de longo tempo de Blatter. Lembre-se das denúncias de que a primeira eleição do suíço fora comprada por um... árabe, que era um dos seus principais apoiadores. Espalhadas por jornais, havia ainda acusações de conluio entre Catar e Espanha por troca de votos.

O comitê para a Copa do Mundo no Catar tentava dissipar as denúncias, minimizando o papel de Bin Hammam em sua candidatura. Um esforço infrutífero diante das evidências em sentido contrário: "Ele sempre nos aconselha e está do nosso lado. É nosso maior trunfo", afirmava o xeque Mohammed bin Hamad bin Khalifa Al Thani, presidente do comitê de candidatura do Catar, durante a campanha.

Pressionada pela opinião pública, a Fifa foi obrigada a iniciar um processo de investigação daquele processo. Para isso foi contratado o ex-membro do FBI Michael Garcia, que teria amplos poderes para apurar os problemas ocorridos. Pelo menos essa era a promessa da Fifa. Seu trabalho durou quase três anos e produziu um relatório de mais de quatrocentas páginas. Havia frenesi entre os jornalistas para saber o que, de fato, o investigador descobrira. Só que a federação internacional, como de hábito, tratou de abafar qualquer tentativa de esclarecer o caso. O documento original feito por Garcia não foi publicado. Em seu lugar surgiu um resumo do que ele tinha descoberto, com conclusões feitas pelo Comitê de Adjudicação da entidade, encarregado de punir seus dirigentes em caso de desvio. Foi publicado no segundo semestre de 2014.

Por esse documento é possível vislumbrar a ponta do iceberg do que foi aquele processo de escolha da Copa do Mundo. Mas o comitê, presidido pelo alemão Hans Joachim Eckart, fez questão de não se aprofundar nos desvios ou indícios apontados. Resultado: chegou-se à conclusão de que não havia nenhum caso significativo que tenha comprometido o processo de determinar a sede do Mundial. Garcia se revoltou e afirmou que aquele papel não representava de forma correta o que ele tinha encontrado em suas apurações. O leitor pode julgar por si mesmo quem está certo com o relato que aqui segue do que aconteceu.

Em relação ao Catar, onde havia a maior suspeita de problemas, foi descoberto que dois consultores atuavam em paralelo ao comitê de candidatura do país fazendo promessas para eleitores. Como não eram membros oficiais da postulação, as supostas irregularidades que cometeram foram ignoradas.

Mais concreto eram os indícios em torno do amistoso entre Brasil e Argentina, realizado no Catar em 2010, antes da votação da sede do Mundial. Os presidentes das duas confederações, Ricardo Teixeira e Julio Grondona, tinham votos na escolha da Copa do Mundo, e votaram, sim, no país do Oriente Médio. A suspeita era de que o pagamento dessa partida tinha sido feito para influenciar seus votos, uma acusação que já era publicada havia algum tempo por veículos de comunicação europeus.

O amistoso foi bancado por uma tal GSSG, companhia de construção do Catar. Ela era só a primeira de uma rede de empresas que atuou nesse amistoso. Entre elas estão firmas na Suíça, na Argentina, nas Ilhas Cayman, em Cingapura. As confederações argentina e brasileira eram apenas o final da cadeia no qual chegava um tanto do dinheiro inicial. No caso argentino, o pagamento de comissões à World Eleven, além de outras duas empresas, é que deveria ser investigado, pois poderia ser uma forma simulada de dar dinheiro a Grondona em troca de voto. Obviamente o comitê de investigação da Fifa não foi muito adiante nessa apuração e limitou-se a concluir que amistosos entre países, perto de votações de Copa do Mundo, eram problemáticos.

O caso, no entanto, não morreu. Em 2015, um ano depois da divulgação do relatório da Fifa, a procuradoria da Suíça decidiu retomar essa investigação com a colaboração da Kentaro, empresa que organizara a partida. Havia um particular interesse nisso, visto que uma firma suíça, Swiss Mideast, organizara toda a operação financeira do amistoso. De saldo, Teixeira já estava fora da Fifa quando essa nova suspeita estourou e nega ter trocado seu voto. Grondona morreu durante o processo. "Tudo passa", dizia a frase em seu anel.

O comitê de candidatura do Catar tinha várias formas de "agradar" seus eleitores. No caso africano, pagou um jantar em um Congresso da Confederação Africana de Futebol no valor de 1,8 milhão de dólares. Outro 1,2 milhão de dólares foi dado em pagamento impróprio ao onipresente Jack Warner. Nada disso foi considerado suficiente para comprometer o processo de escolha da Copa do Mundo, embora todos esses cartolas tenham, sim, votado em favor do país árabe.

Mas o Catar não estava sozinho na sua ânsia de bajular os membros do Comitê Executivo. O comitê japonês deu presentes entre 700 e 2 mil dólares para os cartolas e suas esposas, incluindo joias, bolsas e câmeras. Nada foi devolvido, mas foi visto com indiferença na Fifa, já que os japoneses foram mal na votação. A Inglaterra se encarregou de arrumar um emprego para um indicado de Jack Warner, enquanto tentava ajudar com dinheiro seu clube "Joe Public Football" e pagava por eventos de luxo. A Austrália prometeu investimento em vários países por meio de um fundo global para o futebol.

Da Rússia, pouco se soube. Inicialmente, o comitê de candidatura ignorou pedidos de colaboração. Depois, pressionado, alegou que seus arquivos do computador tinham sido perdidos em um acidente. E ficou por isso mesmo.

Nada disso impediu que o presidente do comitê da Fifa, Hans Joachim Eckert, afirmasse: "A percepção de que a votação teria sido comprada se o país-sede não é considerado favorito [como fez a mídia] é especulação". E encerrou a investigação sobre a escolha da Copa do Mundo.

Seu relatório ignorou, por exemplo, a mensagem de e-mail enviada pelo secretário-geral Jérôme Valcke ao membro do Comitê Executivo da entidade, Jack Warner, em que ele afirma que o Catar "comprou" o Mundial. Enviada em 2011, pouco antes da reeleição de Blatter, a correspondência do cartola tratava da candidatura de oposição de Mohammed bin Hammam contra o presidente. E mostra como os casos de corrupção da entidade se enredam. Segue aqui o que ele disse:

"Sobre MHM [Mohammed bin Hammam], eu nunca entendi por que ele está concorrendo. Se ele acha que tem uma chance ou se é uma forma extrema de mostrar quanto não gosta de Blatter", diz. E completa: "Ou ele [Bin Hammam] acha que pode comprar a Fifa como comprou a Copa do Mundo. Tem dito desde o primeiro dia, que ele vai desistir em 1º de junho e fazer um discurso de dez minutos".

Essa mensagem foi tornada pública por Jack Warner em 2011, quando o cartola foi suspenso da Fifa juntamente com Bin Hammam, pelas acusações de compras de voto na eleição presidencial. Ambos acabaram expulsos. Confrontado com o conteúdo do texto, Valcke admitiu que a mensagem de e-mail era verdadeira e tentou explicar o inexplicável: disse que se referia ao "forte apoio financeiro" que o Catar teve em sua candidatura. Não foi punido.

Naquela época, Joseph Blatter e o seu Comitê de Ética, que se dizia independente, estavam mais preocupados em limpar a casa de inimigos. Por isso, foi com celeridade que o organismo investigou o caso de tentativa de compra de votos de Bin Hammam de delegados de países caribenhos. Em um congresso no Caribe, Warner, em seu nome, distribuiu envelopes não marcados para presidentes de associações da região. Cada um dos pacotes tinha 40 mil dólares. Era o mesmo método usado para comprar votos em favor de Blatter, 13 anos antes, na sua primeira eleição. Só que daquela vez o alvo foram delegados africanos e o novo presidente não fez a mínima questão de apurar irregularidades.

Expulso, Warner disse que Blatter tinha lhe oferecido de presente 1 milhão de dólares para sua associação, sem prestação de contas, para agradá-los. E o acusou de distribuir computadores e outros itens como presentes para os delegados caribenhos. Sem nenhuma vergonha, porém coerente, o dirigente reclamava que presentes e subornos de um lado eram punidos, e do outro, não.

Ironicamente, quem denunciara Jack Warner e Bin Hammam foi o secretário-geral da Concacaf, Chuck Blazer. Sim, ele mesmo, o delator inicial do caso Fifa, aquele que principiou o desmonte de um esquema de corrupção de que participara e que durara mais de vinte anos no futebol das Américas. Derrubava seu parceiro de poder por anos, Jack Warner, para ficar ao lado de Blatter. Fez isso com uma declaração que, mais tarde, poderia ser considerada uma das mais hipócritas da história do futebol.

"Claro que foi difícil [denunciar o colega]. Mas mais difícil seria ignorar a tentativa de subornar membros da Fifa. Não houve escolha", atacou. Em seguida, vinha a lição de moral: "Eu disse para Warner: o que você está fazendo? Em 21 anos, nós nunca compramos votos". Se a dupla comprou ou não votos é incerto, mas é fato que venderam seus apoios para a Copa do Mundo pelo menos duas vezes durante sua gestão na Concacaf. Na Fifa, cartolas posam de bons samaritanos até serem descobertos. A partir daí, o jeito é confessar e atacar para todos os lados, mostrando que são todos muito parecidos. E, de fato, havia poucas diferenças entre a maior parte dos membros do Comitê Executivo. A questão era quando cada um deles teria sua face oculta revelada à mídia.

A QUEDA DE BLATTER

O Baur au Lac, hotel onde seis dirigentes da Fifa foram presos naquela manhã do dia 27 de maio, fica a 3,8 quilômetros da sede da Fifa em Zurique. De bonde, é possível ir de um lugar a outro em meia hora, sem pressa. A notícia da detenção dos cartolas correu ainda mais rápido até o escritório de Blatter. Só que, como um romano com os bárbaros à sua porta, ele não compreendeu que o seu império caía ali.

Não quis aparecer diante das câmeras naquela situação. Enviou para uma entrevista, para dar explicações sobre o caso, o seu diretor de comunicação Walter de Gregorio. Do alto de sua arrogância, o dirigente afirmou que as prisões eram positivas para a Fifa. "Isso é bom para a Fifa. Não é bom em termos de imagem e de reputação, mas é bom para a limpeza. Não é um bom dia. Mas é também um bom dia. O processo [de reformas] vai continuar forte." De fato, o processo iria continuar, mas não seriam mais Blatter e seus aliados quem dariam as cartas.

Em sua alienação, o presidente da Fifa manteve a eleição para dois dias depois da prisão dos dirigentes. Concorreria com o príncipe da Jordânia, Ali bin al-Hussein. Venceu, apesar do apoio de europeus ao seu rival. Ao lado de Issa Hayatou, assumiu novamente a presidência com um discurso que não mencionava o que tinha acontecido durante a semana, exceto algumas metáforas sobre tirar o barco de águas turbulentas e recuperar a Fifa. "Não sou perfeito. Ninguém é perfeito. Mas fizemos um bom trabalho na Fifa. Vamos, Fifa. Vamos, Fifa."

No entanto, as suas exaltações não serviam para parar a investigação do FBI e da procuradoria da Suíça. Em uma apuração paralela à norte-americana, o organismo suíço passou a verificar a compra de votos na escolha da Copa do Mundo de 2018, na Rússia, e a de 2022, no Catar. E revelações se sucediam de todos os lados. Outra escolha de sede do Mundial, da África do Sul, complicaria de vez a situação do presidente da entidade. Logo após a eleição de Blatter, a polícia dos Estados Unidos já indicava que o pagamento de 10 milhões de dólares em propina para associações ligadas a Jack Warner tinha sido ordenado por Jérôme Valcke, braço direito de Blatter. A conta utilizada para a transferência do dinheiro era a da Fifa. Mais uma vez, a contabilidade da federação aparecia em intermediação de suborno entre seus dirigentes.

Enfim, o presidente da Fifa percebeu o quanto o escândalo já tinha criado um cerco em volta dele. Dois dias depois de reeleito, anunciou que não sentia mais o apoio do mundo do futebol e por isso convocaria novas eleições e deixaria o cargo assim que o novo mandatário fosse eleito. Sua intenção de sair foi anunciada no dia 2 de junho, apenas sete dias após a prisão dos cartolas no Baur au Lac. Esses sete dias foram destruidores para uma era de 41 anos de poder na Fifa, primeiro com Havelange e depois com Blatter. Mas estavam longe de representar o fim da linha: o dirigente suíço previa ficar mais seis meses no cargo, o FBI continuava suas investigações, e a cartolagem não desapegava do poder.

Não seria um semestre tranquilo. Os aliados de Blatter foram caindo um a um enquanto ele tentava pelo menos garantir um mínimo de dignidade em sua saída. Walter de Gregorio, aquele que classificara como positiva a prisão de cartolas, acabou sendo o primeiro a ser derrubado. Duas semanas depois das detenções, ele fez uma piada durante uma entrevista para uma televisão suíça: "O presidente da Fifa, o secretário-geral e o diretor de comunicação estão em um carro. Quem está dirigindo o carro? A polícia", completou. Sua demissão foi anunciada em seguida.

Sua saída não seria suficiente para limpar a imagem da Fifa. O Comitê Executivo marcara uma reunião em 20 de julho para decidir o que fazer com relação às novas eleições: foi definido que o pleito ocorreria em fevereiro do ano seguinte. A cena marcante daquele evento, no entanto, ocorreu após a reunião, quando Blatter se preparava para dar suas explicações aos jornalistas sentado a uma mesa. Um comediante inglês chamado Simon Brodkin se posicionou na frente do dirigente, do outro lado da mesa. Tirou um maço de notas falsas e jogou para o alto. Fez a festa dos fotógrafos, que conseguiram imagens do presidente da Fifa envolto em uma chuva de dinheiro, fotos que se tornaram um símbolo da crise na entidade. Atrás das notas, a cara de Blatter mostrava um misto de contrariedade, espanto e medo. Esse é um retrato do cartola acuado por fatos que nunca esperaria que ocorressem com ele.

O próximo a ser atingido seria o secretário-geral Jérôme Valcke, cuja situação já estava fragilizada pela informação de seu envolvimento na intermediação de propina paga pela África do Sul a Jack Warner. Contudo, seria um caso de menor importância que viria a derrubá-lo. Em 17 de setembro, Benny Allon, um empresário israelense que lidava com ingressos de Copa do Mundo há 25 anos, convocou veículos de imprensa internacionais para fazer uma denúncia contra o braço direito de Blatter. Alegava que Valcke era seu sócio em um esquema para venda ilegal de bilhetes do Mundial acima do preço, no qual dividiriam os lucros. Apresentava como provas mensagens de e-mail trocadas com o dirigente francês, nas quais negociavam pacotes de ingressos e falavam de ganhos. Ressalte-se que nada do que demonstrava era conclusivo para determinar a culpa do secretário-geral da Fifa. O indício mais grave era uma mensagem de e-mail em que Benny Allon dizia ao dirigente "nós ganhamos 114 mil dólares cada um na Alemanha". Havia ainda a alegação de que o israelense tinha levado uma mala cheia de dinheiro para a sede da Fifa para dar a Valcke, dinheiro este que nunca seria entregue.

O secretário-geral negou todas as acusações. Em outros tempos, isso talvez servisse para isentá-lo, visto que a denúncia de Benny Allon não estava bem fundamentada com provas. Mas, em meio a uma crise sem precedentes na Fifa, ganhavam outro relevo as informações dadas pelo empresário, que, lembre-se, era um negociador oficial de ingressos da Copa do Mundo havia 25 anos por meio de sua empresa JB Sports Marketing. Seria a gota d'água para um cartola cujo nome esteve envolvido em polêmicas e acusações de irregularidades desde que chegara à Fifa como diretor de marketing. No mesmo dia em que as denúncias se tornaram públicas, foi emitido um comunicado: "[...] a Fifa comunica, hoje, que o seu secretário-geral foi posto em suspensão e liberado de suas funções efetivas imediatamente até novo aviso". Havia pouca ou nenhuma esperança de que Valcke pudesse voltar de fato à federação internacional, onde mandara e desmandara por oito anos. Em voo a caminho da Rússia, onde negociaria a organização de mais um Mundial, "o senhor Copa do Mundo" teria de se conformar em voltar a Zurique e negociar um pagamento de rescisão. Seu sonho de uma candidatura à presidência da Fifa para se manter no poder estava sepultado.

Tal qual um rei no tabuleiro de xadrez que perde sua rainha e a proteção de seus peões, Blatter estava condenado a vagar pelo tabuleiro à espera do golpe final. E ele não demoraria. Em 28 de setembro, outra reunião do Comitê Executivo da Fifa era interrompida por uma batida da polícia suíça na sede da entidade. Era parte de sua investigação por compra de votos na escolha do Catar para 2022, um desdobramento da apuração que já encontrara mais de cem movimentações financeiras suspeitas relacionadas à votação para esse Mundial. Dessa vez, nem a sala de Blatter foi poupada. O dirigente teve que passar pelo constrangimento de cancelar uma entrevista coletiva que costuma dar após os encontros do Comitê Executivo porque havia policiais no prédio. O jeito foi tirar os jornalistas da sede da Fifa para tentar minimizar a vergonha.

Pior, juntamente com a operação, a procuradoria da Suíça anunciou que abrira uma denúncia criminal contra Blatter por duas operações em que havia suspeita de pagamento ilegal. Uma delas era relacionada ao contrato de televisão da Copa do Mundo para Trinidad e Tobago. Em 2006, o presidente da Fifa vendera os direitos de transmissão do Mundial para seu então aliado Jack Warner por um preço irrisório. Seu lucro seria milionário, já que recebera praticamente de graça aqueles direitos. Até na cartada final para a retirada de Blatter havia as digitais do cartola da América Central, tal foi o seu poder durante os 17 anos em que o suíço esteve no poder.

A outra descoberta da procuradoria da Suíça era ainda mais explosiva. Havia o registro de um pagamento de 2 milhões de francos suíços feito pela Fifa em 2011 para o presidente da UEFA, Michel Platini. A transferência de dinheiro se deu no primeiro semestre daquele ano, um pouco antes da eleição para a presidência da entidade, marcada para maio. Pois bem, depois desse pagamento, Platini, que cogitava a sua candidatura para enfrentar Blatter, desistiu da postulação e preferiu apoiar a reeleição. O indício de uma compra de apoio era claro.

Em sua defesa, o francês argumentou que executara um trabalho como consultor para a Fifa de 1999 a 2002: ele auxiliava o presidente na montagem do programa FAP de distribuição de dinheiro para associações nacionais. Sua versão era que a federação internacional, sem recursos naquela época, pedira que guardasse aquela dívida para que fosse paga posteriormente. Era um argumento frágil. Primeiro, a Fifa já acumulava lucros naquele período: tinha ganhado mais de 100 milhões de dólares durante o período de quatro anos da Copa do Mundo no Japão. Segundo, não havia nenhum contrato relacionado aos seus serviços que sustentasse a alegação de Platini. O francês, inicialmente, seria testemunha no caso, mas logo se tornou réu da Justiça suíça.

Não havia alternativa para o Comitê de Ética da Fifa senão abrir uma investigação para verificar as acusações sofridas pelos dois principais cartolas do mundo do futebol. E assim foi feito em 2 de outubro. No mesmo dia, em uma atitude inédita, quatro dos maiores patrocinadores da Fifa – Visa, Coca-Cola, McDonald's e Inbev (a cervejaria) – soltaram notas em que pediam a renúncia imediata de Blatter. Embora não ameaçassem romper seus contratos, as empresas usavam um tom longe do tradicional linguajar corporativo que pede providências por uma gestão mais transparente, sem especificar exigências. Estava claro em seus comunicados que entendiam que só a saída do suíço representaria de fato uma evolução para a federação internacional começar a limpar seus quadros dos escândalos de corrupção.

Isso aumentava a pressão sobre o Comitê de Ética – órgão independente, mas criado por Blatter. Seria o organismo capaz de derrubar aquele que o criara após anos em que só reagia a denúncias da imprensa e era usado para cortar a cabeça de inimigos ou de cartolas já desgraçados? Robert Torres estava encarregado do caso Blatter. Tratava-se do chefe da Suprema Corte de Guam, pequena ilha no Pacífico que é território não incorporado aos Estados Unidos. O país tem um PIB similar ao da Fifa e população em torno de 200 mil habitantes, mas isso não o impedia de ter voto válido na Fifa, que se orgulha de ser mais abrangente que a Organização das Nações Unidas (ONU). Foi com a incorporação desses territórios e países que Havelange e Blatter expandiriam seu poder ao fornecer um fluxo de dinheiro que supostamente era enviado para o desenvolvimento do futebol, mas que, em geral, acabava nas mãos de cartolas.

Torres, no entanto, tem uma formação sólida em direito, tendo feito cursos até mesmo em Harvard. Toda a ajuda dada por Blatter aos países menores não seria suficiente para salvá-lo diante de mais uma evidência contra ele. A acusação era a de ter feito um pagamento desleal – ou seja, contra os interesses da Fifa – para Platini.

Em 8 de outubro, seis dias após a instalação do procedimento, um comunicado no site da Fifa indicava em seu título: "O Comitê de Ética Independente bane vários oficiais". Era preciso ler o primeiro dos quatro parágrafos para entender a dimensão da medida: "A Câmara de Adjudicação do Comitê de Ética, comandada por Hans Joachim Eckert, baniu provisoriamente o presidente da Fifa, Joseph S. Blatter, o presidente da UEFA e vice-presidente da Fifa, Michel Platini, e o secretário-geral da Fifa, Jérôme Valcke [que já estava em suspensão por seu empregador Fifa], por noventa dias". Havia a possibilidade de estender a punição por mais 45 dias. Os cartolas poderiam recorrer de suas suspensões – como o fizeram. Mas caso as penas não fossem revertidas – como aconteceu –, aquela sentença representava a aposentadoria para o futebol do homem que mandara na Fifa por 17 anos. Além disso, impedia que o favorito a sucedê-lo fosse candidato na eleição seguinte.

Em uma longa entrevista ao jornal *Financial Times*, publicada em 29 de outubro, Blatter, já suspenso, fez um resumo de seus anos à frente da entidade. Negava ter se apropriado de dinheiro em benefício próprio, ou ter se tornado milionário. "Não, eu não sou um homem rico. Sou pago pela Fifa. Eu nunca pedia dinheiro. O que faço com o meu dinheiro? Minha filha tem um apartamento, eu tenho um apartamento aqui e ali. É tudo. Não estou gastando para mostrar que tenho dinheiro. Se for olhar os mais ricos da Suíça, não consigo me aproximar dos 3 mil mais ricos porque eles têm mais de 25 milhões de dólares." Mas o dirigente não dizia o quanto ganhava da entidade. Só mais tarde se saberia que seus ganhos somavam 13 milhões de reais em um ano.

Mais do que isso, em relação às acusações sofridas, minimizava como tolices a cessão de um contrato sem custo de televisão para o aliado Jack Warner, bem como considerava regular ter pago 2 milhões de francos suíços a Platini sem que tivesse havido um contrato, uma testemunha. Não falava sobre o caso ISL e seus subornos de mais de 100 milhões de dólares, e classificava o episódio do rompimento com a Mastercard como apenas um erro de alguém que não foi esperto. Admitia, no entanto, que tinha decidido não seguir na Fifa em junho por conta da pressão que inviabilizava sua quinta gestão. Atribuía essa pressão à onda internacional contra a Fifa surgida da eleição para as sedes da Copa do Mundo de 2018 e 2022. Insinuava ser uma reação dos Estados Unidos (e do FBI) e da Inglaterra (imprensa contrária ao dirigente) às derrotas sofridas no processo, mas prometia investigar mais o caso.

A longa série de perguntas do jornal inglês, no entanto, revelava como o próprio Blatter reconhecia os problemas de corrupção na federação internacional, embora dissesse ser culpa dos outros, não sua. Disse que surgiram vários "vilões" no Comitê Executivo durante o processo. E reconhecia que foram manobras deles que levaram à escolha do Catar como sede do Mundial. Citou, por exemplo, uma explicação de Platini para ter votado no país do Oriente Médio: pressão de Nicolas Sarkozy, presidente da França na época. "Se você olhar a minha cara quando eu abri o envelope, eu não estava feliz de dizer Catar, definitivamente, não." O que Blatter não explica é como sua gestão nada fez para atingir esse sistema corrompido da federação internacional. Pelo contrário, apropriou-se de vilões como Ricardo Teixeira, Mohammed bin Hammam, Jack Warner, Chuck Blazer e Julio Grondona para fortalecer o seu duradouro poder.

Com a sua saída, quem assumia a Fifa seria Issa Hayatou, aquele mesmo que recebera dinheiro da ISL e fora excluído do COI. Na UEFA, o vice era Ángel María Villar, espanhol que no auge dos escândalos de 2011 pregava que nada de errado havia na federação internacional. Para a posição de Valcke estava escalado Markus Kattner, responsável pelas finanças da Fifa, uma das áreas mais problemáticas da entidade, como se pode verificar pela quantidade de pagamentos investigados. Isso mostrava que não interessava à Fifa quantos cartolas caíssem, o sistema do futebol internacional reagia para manter tudo igual ao que estava antes da crise.

Havia, sim, uma proposta de mudanças na estrutura da Fifa, discutida em um comitê de reformas. Isso não era bem uma novidade. Blatter vinha conduzindo pretensas alterações na entidade desde que as acusações de corrupção ficaram mais fortes, no início da década. Era uma forma de responder a uma sociedade cada vez mais preocupada com a lisura de negócios, ainda mais quando se tratava do esporte mais popular do mundo. O problema é que essas promessas de reconstrução surgiam no auge das crises e, quando a tormenta passava, a cúpula da entidade tratava de amenizar seus efeitos.

Entretanto, com Blatter e todos os seus aliados caídos, os tecnocratas chamados para cuidar da operação de fato da Fifa tinham maior liberdade. Foi assim que se prepararam para anunciar o novo pacote de reformas diante de um sonolento presidente Issa Hayatou. Um dos pontos propostos era o fim do Comitê Executivo em prol de um conselho que seria maior – e menos poderoso. Decisões sobre dinheiro e contratos ficariam nas mãos do corpo técnico, enquanto esse poder teria apenas a possibilidade de fornecer diretrizes. O novo conselho seria votado por todos os membros e não apenas por suas confederações, distorção que tinha proporcionado à Conmebol e à Concacaf escolherem um membro corrupto atrás do outro para que depois ele fosse derrubado pela polícia. Uma espécie de "ficha limpa" seria implantada para avalizar todos os novos membros que entrassem e impedir problemas iguais aos do passado. Os salários dos executivos da entidade, prometia-se, seriam divulgados. Blatter sempre escondeu seus vencimentos como se fosse um mapa do tesouro logo abaixo do genérico item "bonificações para membros do Comitê Executivo", texto que abrangia todos os pagamentos à cúpula.

Não estava incluída, porém, uma participação de clubes e de jogadores nas eleições e decisões mais importantes da entidade, principalmente na eleição para presidente. Sem isso, os destinos do futebol mundial continuariam a ser deliberados apenas pelos cartolas de confederações nacionais, tão preocupados com os bônus da Fifa ou com o dinheiro que ganhariam na Copa do Mundo e pouco atentos ao que ocorria de fato no gramado. Os dirigentes de clubes europeus, que já têm longa disputa com a federação internacional, reclamaram. Essa questão não é apenas da Fifa, mas de todas as suas filiadas que limitam a democracia de participantes ativos do futebol com uma série de regras.

Mais difícil seria convencer torcedores, dirigentes, jogadores e jornalistas de que a mudança era real por vir embalada com a cara de Issa Hayatou. Quando o encontro foi aberto para perguntas, o jornalista do *Daily Telegraph* Paul Kelso foi direto ao ponto: "O senhor é corrupto?". O presidente da Fifa respondeu que nada havia contra a pessoa dele, justificando que o dinheiro da ISL fora destinado a uma festa da confederação africana, que ele presidia. Mas esse estava longe de ser o principal incômodo para a nova cúpula da Fifa. Mais cedo, naquela manhã de 3 de dezembro, o mundo da cartolagem sofrera mais um abalo. Dois membros do Comitê Executivo da entidade, o hondurenho Alfredo Hawit, presidente da Concacaf, e o paraguaio, Juan Ángel Napout, presidente da Conmebol, foram presos. Ou seja, aquela reforma tinha sido aprovada por dois homens que estavam detidos por corrupção.

Blatter podia estar em casa frustrado por não poder tocar o seu legado, como explicara a repórteres. Mas o legado de sua era à frente da entidade insistia em não abandonar a sede em Zurique, como um fantasma que sempre volta.

O IMPÉRIO CONTRA-ATACA

Encerrado o primeiro dia da operação do FBI na prisão de cartolas, em maio, a procuradora-geral dos Estados Unidos, Loretta Lynch, deixara claro: não tinha acabado. A investigação continuaria e ainda haveria consequências no mundo do futebol. Bastava verificar a quantidade de indivíduos listados como conspiradores cujos nomes nunca tinham sido revelados para ter certeza de que ela falava a verdade.

Mas boa parte dos dirigentes de confederações, associações nacionais e da própria Fifa preferiu ignorar os fatos, como já havia ocorrido anteriormente. Foi assim que se tornaram alvo de nova operação da polícia norte-americana. Na manhã do dia 3 de dezembro, como tinham feito seis meses antes, oficiais suíços foram à paisana ao Baur au Lac, o hotel à beira do lago de Zurique onde se hospedam os cartolas mais importantes. Saíram de lá com os presidentes da Concacaf, Hawit, e da Conmebol, Napout, levados para uma prisão local em carros comuns. As duas confederações continentais somavam agora três dirigentes máximos que receberam ordens de prisão. Até aquela manhã, Napout e Hawit posavam de reformadores de suas entidades como se estivessem resolvendo o problema de corrupção no futebol no continente.

"A América é uma. O homem que cria fronteiras. Eu acredito em uma única América e em um trabalho de reconstrução da Conmebol, e nós vamos entregar algo real e ir em frente em 2016", discursava Napout no período em que esteve à frente da confederação sul-americana. Uma semana antes de ser detido, ele estivera no Brasil para a reunião da Conmebol, onde fez discurso similar sobre a recuperação da entidade.

Outros 14 cartolas e executivos seriam indiciados naquela mesma tarde, incluindo os brasileiros Marco Polo Del Nero, outro que tinha discurso de reformista, e Ricardo Teixeira. No Brasil, a CBF também via seus três últimos dirigentes máximos com ordens de detenção. Havia ainda um ex-membro do Comitê Executivo da Fifa, o guatemalteco Rafael Salguero, um juiz em seu país, Hector Trujillo, e um ex-presidente da República de Honduras, Rafael Callejas. Já o boliviano Romer Osuna era membro do Comitê Interno de Auditoria da Fifa, responsável por ajudar na reforma da entidade. No total, eram nove homens da América do Sul e sete da América do Norte, da América Central e do Caribe. Somados todos os cartolas, executivos e empresas, chegava-se ao total de 41 réus nas duas operações do FBI. Havia 94 acusações criminais que pesavam contra eles, entre conspiração, fraude eletrônica e lavagem de dinheiro em diversos tipos de negócios, com o dinheiro sendo transferido de banco para banco, sempre com passagem pelos Estados Unidos.

Como já mencionei anteriormente, o FBI chamou o novo pacote de acusações de "superindiciamento". O relatório tinha 237 páginas, listando o que já fora descoberto anteriormente e acrescentando novos esquemas e novas formas de ganhar dinheiro inventadas pelos cartolas. Era possível enriquecer escalando os melhores jogadores em sua seleção, organizando amistosos, vendendo competições a quem pagasse mais, negociando votos para presidente da Fifa ou para a escolha da sede da Copa do Mundo, desviando fundos de programas de desenvolvimento ao esporte. As possibilidades eram ilimitadas.

O documento mostrava, por exemplo, como os executivos do futebol não tinham mudado a sua forma de agir nem depois da primeira operação da polícia norte-americana: "Nos meses seguintes à revelação do indiciamento de 27 de maio de 2015, vários dos conspiradores dos réus que foram acusados no indiciamento original procuraram se aproveitar dos efeitos de ruptura das acusações em sua vantagem, em alguns casos procurando manter ou modificar suas posições de poder", contou o relatório do FBI.

Os dois dirigentes presos em Zurique eram os maiores exemplos: Hawit e Napout passaram a se apresentar como agentes da reforma em suas entidades, embora estivessem envolvidos nos mesmos esquemas de obtenção de propina dos seus antecessores. O guatemalteco Rafael Salguero tentou recuperar seu cargo no Comitê Executivo da Fifa após a prisão de Eduardo Li, que o substituíra na posição.

Houve ainda tentativas de atrapalhar a investigação da polícia norte-americana após o estouro da primeira operação, a chamada obstrução de Justiça. Um executivo tentava convencer um comparsa a não relatar nada do que sabia à polícia norte-americana; o outro ressaltava que nada poderia ser dito ao telefone porque poderiam estar sendo gravados; um terceiro destruiu evidências de corrupção; e houve quem tentasse inventar contratos falsos para justificar propinas que tinha recebido. Eram estratégias de quem, agora, agia praticamente como fugitivo da polícia.

Cabem aqui dois exemplos. Em 26 de julho de 2015, em uma discussão com o executivo da Traffic Fabio Tordin, Alfredo Hawit, presidente da Concacaf, disse que não poderiam rastrear certos pagamentos de propina que recebera por um motivo peculiar. "Ele não me pagou. Comprou uma terra em Honduras... para minha mulher." Seu azar era que esse diálogo se deu na Pensilvânia, isto é, perto dos ouvidos do FBI.

Pouco depois, em 2 de setembro de 2015, o guatemalteco Rafael Salguero conversava com o mesmo Fabio Tordin, da Traffic, sobre possíveis problemas que teriam com a polícia por conta das operações do FBI. Lembrava os pagamentos indevidos recebidos por ele mesmo, por Hawit e pelo panamenho Ariel Alvarado (membro do Comitê Disciplinar da Fifa e da Concacaf). "Nós estamos os três na mesma merda", reconheceu. De novo seu erro foi esquecer que um diálogo em Miami estaria sob o escrutínio da polícia norte-americana.

Essas gravações demonstravam como o mundo do futebol tinha passado a viver sobre a vigilância da polícia dos Estados Unidos. "A mensagem desse anúncio [de indiciamento] deve ser clara para todo indivíduo culpado que permanecer nas sombras esperando fugir da nossa investigação: vocês não vão esperar. Vocês não vão escapar de nossa atenção", ameaçava a procuradora Loretta Lynch ao anunciar a segunda operação sobre a Fifa.

Nomes como Salguero e Hawit podem soar distantes do mundo suíço de Joseph Blatter ou mesmo da realidade brasileira, mas isso é apenas uma impressão. Ambos compunham, durante considerável tempo, o grupo de poderosos do Comitê Executivo da Fifa que dava todas as cartas do futebol mundial. Algumas vezes, em Zurique, encontrei-me com Salguero após reuniões do grupo. Simpático e meio desligado, era dos poucos que aceitavam dar informações sobre as negociações para a realização da abertura da Copa do Mundo de 2014 na Arena Corinthians. Em março de 2014, a três meses do Mundial, ele era taxativo sobre a necessidade de o clube pagar por todas as estruturas provisórias para fazer o Mundial: "O Corinthians quer ganhar tudo de presente", reclamou. Naquela época, o Corinthians teve que se virar com um plano emergencial que lhe custou 90 milhões de reais para proporcionar, entre outros itens, as mordomias que o próprio dirigente guatemalteco receberia no primeiro jogo entre Brasil e Croácia. Salguero, sim, é que até poderia se cansar de ganhar presentes.

Essa era uma prática comum entre os membros do Comitê Executivo. Ao final de 2015, após 17 anos de mandato de Blatter, todos os dirigentes mais importantes estavam envolvidos em alguma acusação de irregularidade. Foram 11 membros da cúpula do futebol mundial pegos no esquema de propinas do FBI. A investigação suíça atingia outros dois dirigentes do topo: Blatter e Platini. Antes deles, já tinham caído Mohammed bin Hammam e João Havelange, além de outros peixes pequenos que também tinham cadeira nas decisões da cúpula. Em instâncias menores de poder, como comitês de governança, de Copa do Mundo, de disciplina, havia outros cartolas igualmente detidos e acusados de esquemas de corrupção. Não havia como negar que os presentes e as propinas fossem uma prática disseminada entre os dirigentes que andavam pelos corredores da sede da Fifa. Os rumores na entidade sobre pacotes de dinheiro não eram apenas boatos.

Pelo esquema descoberto pelo FBI, um total de mais de 200 milhões de dólares em propinas tinham sido arrecadados pelos cartolas. No caso ISL, outros 100 milhões de euros foram destinados a subornos para os dirigentes. Outros casos menores representavam desvios significativos, como o pagamento feito a Platini por Blatter. Mais do que isso, o total de dinheiro mostrava como o mundo do futebol fora administrado para gerar riqueza para cartolas em um sistema que, não por acaso, a Justiça norte-americana classificou como similar ao da máfia. Sobrava dinheiro no andar de cima, enquanto jogadores de futebol penavam com salários mínimos em países em desenvolvimento.

Sim, os dirigentes das Américas foram os mais atingidos por terem sido alvo do FBI, mas os casos descobertos pela Justiça suíça deixavam claro que os cartolas europeus não tinham o que festejar. O problema era global. Ao final do ano de 2015, a Fifa era uma entidade rica, mas sem um presidente de fato, sem um órgão de poder confiável, sem credibilidade perante o público. Sua reputação tinha sido destruída por 25 anos de corrupção generalizada, de 1991 a 2015, cometida por aqueles que mais deveriam preservá-la. É certo que as raízes do problema eram anteriores a esse período, mas foi nessa época que houve a explosão de dinheiro para o futebol. A Fifa ganhou em torno de 15 bilhões de dólares durante a gestão de Blatter. A renda da Copa do Mundo praticamente triplicou sob a sua presidência. De nada servia, no entanto, se o dinheiro era usado para fins escusos e não para o futebol.

Por isso, o próprio presidente da Fifa por 17 anos reconhecia que sua reputação estava manchada em entrevista ao *Financial Times*. Ainda atordoado, quatro meses depois da primeira operação do FBI, Blatter analisava a força do impacto sobre sua vida desde que a Fifa se tornara um caso de polícia com o desencadear da primeira onda de prisões sobre seus cartolas, em 27 de maio de 2015, às vésperas da reeleição dele para a presidência: "Eu me senti como se fosse um boxeador que está indo para o 12º round e diz: 'Vou ganhar'. Então... Bong!".

A CARTOLAGEM SE REGENERA

Após o nocaute de Blatter e a segunda fase da operação do FBI, o mundo do futebol foi lançado no caos e na incerteza sobre seu futuro. Todas as bases do poder constituído nos últimos 25 anos tinham sido corroídas pelas acusações de corrupção. Houve entidades como a CBF que insistiram em manter de pé o velho sistema, ainda que capenga. E, para isso, instalaram no poder uma figura como o coronel Antônio Carlos Nunes, presidente da Federação do Pará, para substituir Marco Polo Del Nero a partir de 7 de janeiro de 2016. A principal consequência de sua posse no cargo de homem mais importante do futebol brasileiro – em que só chegou por causa de sua idade avançada – foram constrangimentos semanais com suas entrevistas que mostravam que, na prática, ele pouco apitava nos rumos da CBF.

Ao assumir a presidência, Nunes indicou como melhor técnico do Brasil o desconhecido Dado Cavalcanti, do Paysandu. Ao ir à sua primeira reunião internacional, na Conmebol, no Paraguai, mostrou desconhecer um documento que proibia a criação da Primeira Liga, instituição criada por 15 dos principais clubes brasileiros para organizar a Copa Rio-Sul-Minas, uma tentativa de substituir os deficitários Estaduais. Detalhe: Nunes é que tinha assinado o documento. Ao participar da eleição para presidente da Fifa, afirmou que a vitória do italiano Gianni Infantino era um triunfo brasileiro porque ele entendia a "picardia" latina.

O sistema da CBF tentava controlar seu presidente para melhorar a imagem da entidade. Um desafio, visto que pouco tinha mudado nas práticas dentro da confederação. Braço-direito de Del Nero, Rogério Caboclo tornou-se uma espécie de primeiro-ministro, inclusive usando mudanças do estatuto feitas em 2015 que lhe davam poder de supervisionar o trabalho de Nunes. Assinaturas de contratos de patrocínio ou de compromissos financeiros passaram a ter de contar com o aval do diretor, sem que o presidente tivesse a prerrogativa de fazê-lo sozinho.

Em paralelo, o secretário-geral de CBF, Walter Feldman, fazia um discurso reformista e lançava um comitê para revisão das leis da entidade. Esse grupo, que trabalharia durante o ano de 2016, tinha em sua cabeça os mesmos presidentes de federações responsáveis pela estrutura da CBF que elegera três ex-presidentes acusados de receber propinas e com ordens de prisão decretadas nos Estados Unidos. Eram os mesmos homens que continuavam a falar com Del Nero por telefone, assim como conversavam com Teixeira antes, e que em sua maioria ainda não viam provas conclusivas de qualquer crime cometido na entidade. Conversas com alguns desses dirigentes mostravam que a maioria sequer tinha conhecimento do teor completo das acusações feitas pelo Departamento de Justiça dos Estados Unidos aos ex-comandantes da confederação. Assim como a maior parte dos cartolas não se deu ao trabalho de analisar as contas da entidade no dia 7 de março de 2016, data da assembleia para aprovar o documento contábil da CBF. Lembre-se: era o balanço referente ao ano do maior escândalo de corrupção da história da confederação.

Só a briga política levou o presidente da Federação Catarinense e vice da CBF, Delfim Peixoto, a questionar judicialmente as contas da entidade – ele se ressentia de ter sido preterido da presidência com a saída de Del Nero. O dirigente conseguiu uma liminar para barrar a aprovação do balanço de 2015 com a alegação de que não tivera acesso aos documentos contábeis. A diretoria da CBF argumentava que deixava seus advogados verem os comprovantes de receitas e despesas, mas que não permitiria tirar fotos. Em meio à disputa, a confederação derrubou a decisão judicial e seus presidentes de federação trataram de aprovar com celeridade as contas da entidade. Na sede da confederação, todos reclamavam de cansaço por ter que ficar dois dias para analisar um balanço e lembravam que suas mulheres queriam passear pelo Rio de Janeiro.

Do papel na mão de um presidente de federação, era possível ver os números contábeis da CBF de 2015. Eles mostravam uma entidade ainda rica, e ainda obscura. A renda da entidade, no pior ano de gestão de sua história, atingia quase 600 milhões de reais, um recorde. Sim, havia lucro e um montante de 227 milhões de reais em caixa. Um dinheiro para fazer inveja aos quebrados clubes nacionais que penavam com orçamentos que atingiam no máximo 350 milhões de reais, sendo que suas despesas eram bem mais altas para pagar jogadores que faziam a roda do futebol brasileiro girar. Não por acaso houve um debandada de jogadores do país nos primeiros meses de 2016, repetindo o que já ocorrera em 2015. Em números finais, os times nacionais venderam 680 milhões de reais em atletas, enquanto só investiram 114 milhões de reais em contratações. Um futebol cada vez mais pobre em talentos.

Mesmo assim, não há distribuição de dinheiro da confederação para os clubes; há, sim, para as federações em formato de mesadas de 75 mil reais. Esses repasses são classificados por cartolas da confederação como valores destinados ao "desenvolvimento do futebol". Uma prática, aliás, similar a que ocorre na Fifa, em que o programa de distribuição de dinheiro para associações nacionais foi a principal política de Joseph Blatter para se manter no poder, assim como fizera Havelange antes dele.

Como de hábito, os números contábeis da CBF eram apresentados de forma resumida para a assembleia da entidade, sem detalhamento algum. Havia no documento mais de 100 milhões de reais em despesas administrativas. Um item nunca explicado pela confederação apesar de seguidos pedidos de repórteres e da CPI do Futebol. Sabe-se que ali estão as comissões de contratos, pagamentos a advogados e outros serviços de terceiros. O que não se sabe é quem leva esse dinheiro e porque os nomes são escondidos pela entidade, apesar das promessas de Walter Feldman de apresentar um balanço "detalhado como vocês nunca viram".

Aos clubes, cabe apenas uma participação lateral neste processo, alijados da assembleia de contas ou de aprovação das regras gerais do futebol brasileiro. Só lhes resta opinar sobre formatos e regulamentos do Brasileiro sempre sujeitos ao aval e ao controle da confederação. O movimento da Primeira Liga que ensaiou tomar o campeonato nacional para si e organizá-lo em 2017 ainda era cauteloso e adiava planos mais ambiciosos. Assistiam ao futebol brasileiro mudar, sem alterar a essência.

Uma demonstração disso estava em outro centro de poder do futebol brasileiro: a TV Globo. Dona de todos os contratos importantes de transmissão dos jogos, incluindo competições no exterior como a Copa América e a Copa Libertadores, a emissora sentiu os efeitos do escândalo de corrupção quando seus acordos comerciais foram afetados. Foi o que ocorreu com a principal competição de clubes do continente. Os direitos da emissora sobre a Libertadores ficaram ameaçados em novembro de 2015, logo após o estouro da segunda fase das operações do FBI.

Esfacelada pelas acusações de corrupção, a Conmebol rompeu o contrato com a Fox Sports, acionista da própria T&T, que detinha todos os direitos de transmissão da competição sul-americana. Rapidamente, sem concorrência, assinou novo compromisso com a Fox Sports para lhe vender todos os direitos da competição por um total de 150 milhões de dólares por ano até 2018. Prometia fazer licitações no futuro, mas, por enquanto, mantinha as velhas práticas de contratos assinados no escuro.

É certo que havia uma fundamentação para o rompimento: a investigação do Departamento de Justiça dos Estados Unidos demonstrara que a T&T pagara propinas para dirigentes da confederação sul-americana – incluindo seus ex-presidentes Nicolás Leoz e Eugenio Figueredo – para obter essas propriedades como já descrito neste livro. Todos os direitos da emissora carioca sobre a Libertadores, no entanto, se davam por meio desta T&T. Ou seja, a Globo não ficou nem um pouco satisfeita quando recebeu a notificação da Conmebol datada de 4 de novembro em que era informada da rescisão do compromisso com a T&T, o que significava que perderia as prerrogativas de passar a lucrativa Copa Libertadores já no ano seguinte, em 2016. Diante desse quadro, a emissora não hesitou em entrar com um processo judicial contra a Conmebol e a empresa T&T, em que tentava fazer valer seus contratos assinados entre 2008 e 2012. "A autora (Globo) corre o sério risco de ter seus direitos sobre as Copas Libertadores da América e Sul-Americanas frustrados, com o que sofreria graves prejuízos em sua audiência, e de causar prejuízos às empresas a quem já vendeu as cotas de patrocínio", alegava a emissora em sua ação na Justiça do Rio de Janeiro, onde requeria liminar para garantir seus direitos. Não conseguiu a decisão, mas transmitiu a competição mesmo assim com a assinatura de novos contratos para a Libertadores, com a revisão dos valores anteriores.

Havia uma razão para a Globo lutar de forma tão firme pelos seus contratos antigos: eles lhe permitiam pagar pela principal competição sul-americana menos do que pelo Campeonato Paulista. Era o que revelavam os acordos contidos no processo. Assinado em 2008, o contrato da Libertadores de 2015 a 2018 previa que a emissora pagaria apenas 10,850 milhões de dólares anuais pelos direitos de transmitir a competição em TV aberta para o Brasil. Isso significava cerca de 40 milhões de reais no câmbio do início de 2016. Havia ainda um compromisso adicional pelo qual a empresa pagaria 2 milhões de dólares por um vídeo do campeão. Feitas todas as contas, o valor era próximo de 13 milhões de dólares. Apenas para comparação, só pelo Paulista a emissora acabara de renovar um compromisso pelo qual aceitava pagar mais que o dobro desse valor. Ou seja, pagava mais por um campeonato regional bem menos atrativo do que um torneio com os principais clubes do continente. Detalhe: no caso do Paulista, os times participam das negociações, na Libertadores, não.

Não era só o valor. O contrato tinha cláusulas que davam à emissora dois jogos por rodada da Libertadores, a prerrogativa de impor partidas depois das 21:45 horas nas quartas-feiras (e preservar as suas novelas), e direito de preferência sobre a renovação. Por exemplo, se um concorrente quisesse obter os direitos da Libertadores, a proposta seria apresentada à Globo, que teria a chance de igualá-la e ficar com o contrato. Esse tipo de mecanismo tinha sido proibido em contratos relacionados ao Brasileiro em processo no Cade (Conselho Administrativo de Defesa Econômica), organismo de regulação do governo nacional. A alegação do órgão era que essa cláusula impedia o direito de concorrência. Detalhe: o contrato da emissora tinha sido assinado em 2008, sete anos antes de ter validade a partir do ano de 2015. Ou seja, foi firmado em um período em que o mercado de direitos de eventos esportivos estava em baixa. No Brasil, os contratos similares são assinados, em geral, dois ou três anos antes de entrarem em vigor.

Ciente do bom negócio que executara, a Globo tratou de renovar seus acordos pela Libertadores em 2012. Outro contrato que consta no processo mostra que a emissora obteve os direitos sobre a competição até 2022, isto é, dez anos depois da assinatura do compromisso. Havia um reajuste para 25 milhões de dólares anuais a serem dados à T&T pela Libertadores. Ainda assim, o total pago pela competição sul-americana a partir de 2019 era inferior ao que clubes como Flamengo, Corinthians, São Paulo e Palmeiras ganhavam sozinhos pelo Brasileiro em um ano.

Tanto que havia cláusulas que previam a renegociação dos valores desse contrato. Em um dos itens contratuais, estava dito que a Conmebol podia pedir uma revisão em caso de mudanças macroeconômicas. Essa mesma prerrogativa era dada a clubes brasileiros que participassem da competição: eles poderiam pedir mais dinheiro à emissora. Aí, entra um detalhe interessante: os times brasileiros e estrangeiros nunca tiveram acesso a esse documento, isto é, sequer sabiam desse direito. Certo é que a Globo teve de aumentar os valores pagos pela Libertadores na revisão de seus contratos após o escândalo da Fifa.

Durante o mês de dezembro de 2015 e janeiro de 2016, os clubes sul-americanos decidiram se unir para reagir ao escândalo de corrupção na Conmebol. Esse movimento se iniciou com times argentinos e uruguaios e depois se estendeu para os brasileiros e outras equipes do continente. A intenção era obrigar a confederação sul-americana a abrir a caixa-preta da Libertadores, mostrar os documentos e quanto se ganhava de dinheiro com a competição. Estavam insatisfeitos porque as cotas do campeonato levavam a um ganho máximo de 5 milhões de dólares no caso de um time campeão até 2015, um valor irrisório se compararmos com a Liga dos Campeões da Europa. De imediato, diante do movimento dos clubes, a Conmebol aumentou suas cotas, saltando de 300 mil para 600 mil dólares em jogos da primeira fase. Ainda era um valor bem abaixo do potencial da competição. "É o suficiente, mas temos que ver se é o que corresponde aos clubes", destacou o presidente do Boca Juniors, Daniel Angelici. "Queremos austeridade e transparência nas receitas da Libertadores. Não podemos reter jogadores por aqui. Os melhores jogadores da Europa saem do Brasil, da Argentina e do Uruguai."

As resistências às mudanças eram a regra apesar do quadro caótico em que entrou o futebol sul-americano. Embora tenha rompido alguns contratos, a Conmebol repetia a CBF ao manter os laços com o velho sistema. Com três ex-presidentes presos – Leoz, Figueredo e Napout –, a entidade realizou um sorteio da Libertadores no final de dezembro de 2015 em um auditório em Luque, Paraguai, que mantinha o nome do paraguaio eleito presidente vitalício da confederação sul-americana. Ironia: Leoz estava em prisão domiciliar a poucos quilômetros dali em sua mansão em Assunção. À frente da entidade, estava naquela ocasião o uruguaio Wilmar Valdez, único do comitê executivo que não se envolvera nas suspeitas do FBI de corrupção e que adotara um discurso reformista para a confederação. Seu pedido durante o sorteio era por uma nova entidade que superasse os vícios do passado. Assim como ocorria na CBF, essas promessas se prendiam aos discursos. Valdez apresentou-se como candidato a presidente da Conmebol em janeiro, mas teve de retirar sua postulação por falta de apoio. Aceitou um cargo na cúpula da Fifa em troca da desistência.

Em 26 de janeiro, foi eleito por unanimidade o paraguaio Alejandro Dominguez. Não haveria problema em ser mais um presidente do país-sede da Conmebol não fosse ele ligado ao ex-presidente Napout, que acabara de ser preso na Suíça um mês e meio antes. "Conheço Juan Angel (Napout) e não vou negar sua amizade. Está passando por um momento delicado e se declarou inocente", explicou o novo presidente. Foi eleito com o apoio da CBF do coronel Nunes e da AFA, que era agora dirigida por Luis Segura, eleito após a morte de Julio Grondona. Como no Brasil, não havia renovação na outra grande potência de futebol do continente. Segura fora vice da AFA com Grondona e integrava o círculo íntimo do ex-presidente. À exceção do coronel Nunes, que tinha dificuldades até de articular ideias, todos voltavam a prometer reformas, transparência e mudanças... E foi com esses novos velhos nomes que a Conmebol já negociava seu apoio na eleição presidencial da Fifa.

A federação internacional teria seu primeiro pleito aberto – com resultado imprevisível – em 18 anos. A última vez em que houve uma disputa real foi em 1998 quando Blatter, como já vimos, teve que se esforçar para bater o europeu Lennart Johansson. O quadro era fragmentado diante da exclusão da corrida do presidente da UEFA, Michel Platini, por causa do envolvimento em pagamentos recebidos da Fifa. Quem tomou seu lugar na liderança dos países europeus foi seu braço-direito Gianni Infantino, ítalo-suíço de 45 anos que ocupava o cargo de secretário-geral da UEFA. Quem o convenceu a ser candidato foi o vice-presidente da UEFA Angel Maria Villar, um dos mais resistentes a qualquer tipo de reforma dentro da Fifa. Sua gestão na confederação europeia, no entanto, teve méritos de criar regras financeiras de responsabilidade para clubes e de promover a maior competição do continente, a Liga dos Campeões, a patamares inéditos. Em resumo, Infantino é um burocrata do futebol, não um dos cartolas que ocupava a cúpula do esporte.

Os outros concorrentes também não eram *outsiders*. O xeque do Bahrein Salman Ibrahim Al-Khalifa se apresentava como presidente da confederação asiática. Tinha sido alçado ao Comitê Executivo da Fifa havia dois anos, mas nunca se opôs ao sistema político de Blatter. Em seu país, sofria acusações de participação em um caso de abuso aos direitos humanos contra jogadores de futebol que tinham protestado contra o regime político, comandado por sua família. Outro representante do Oriente Médio foi o príncipe Ali Bin Al-Hussein, que tinha, sim, lançado discursos de reforma na Fifa e enfrentado Blatter quando este se candidatou a reeleição. Correndo por fora, Jérome Champagne, ex-dirigente da Fifa durante a gestão do suíço, e Tokyo Sexwale, ativista sul-africano contra o *apartheid*.

Esses nomes talvez digam pouco ao leitor. Mais importante era notar que as supostas reformas da federação internacional andavam, mas não tocavam em pontos centrais. O maior exemplo era a eleição. O novo presidente foi escolhido pelo mesmo grupo de 209 associações nacionais que tinha montado o sistema que gerara uma instituição mafiosa, segundo a definição do juiz Raymond Dearie, da corte dos Estados Unidos, que julga as acusações de corrupção contra cartolas.

Como se detalhou neste capítulo, a Conmebol, maior atingida pelo escândalo, pouco mudou em sua estrutura, substituindo um presidente preso por outro da mesma linha política. A Concacaf sofreu uma intervenção da Fifa, mas não conseguia se reerguer. Uma reportagem de Tariq Panja e David Voreacos, da *Bloomberg*, de 23 de fevereiro de 2016, mostrava o cenário de caos na sede da confederação em Miami no dia do seu congresso. Uma firma de advocacia contratada para realizar auditoria na entidade, sob supervisão do Departamento de Justiça dos Estados Unidos, constatou que o dinheiro do futebol foi gasto com voos de jatinhos, carros de luxo, salários milionários para cartolas e até clubes de *striptease*. Sim, havia na contabilidade da entidade 25 mil dólares em despesas com esse tipo de "diversão adulta" para dirigentes. Quem aproveitou enquanto pôde foi o ex-presidente da entidade Jeffrey Webb, agora detido em prisão domiciliar nos Estados Unidos. Após o escândalo, a federação estava quase falida ainda que houvesse 9 milhões de dólares em recursos próprios no paraíso fiscal das Ilhas Cayman. Detalhe: as contas estavam sob controle de Webb. Neste caso, trata-se de uma entidade com sede nos Estados Unidos e, portanto, sob a jurisdição da investigação do FBI. Por isso, teve que congelar salários, cancelar contratos e abrir todos os seus documentos contábeis pressionado pelo governo norte-americano. Ainda assim, não havia certeza sobre sua salvação.

A Fifa até congelou recursos para entidades como a Conmebol e a Concacaf. Mas a verdade é que os candidatos a presidente tinham que obter o apoio dessas confederações para se eleger. Infantino foi à América do Sul para abraçar o novo presidente da confederação sul-americana e conseguir o apoio do continente; o xeque Salman arrumou conversas em particulares para tentar convencê-lo a mudar de ideia. Votos da Concacaf foram igualmente disputados, assim como os da África, onde o presidente da confederação continua a ser Issa Hayatou, acusado de levar dinheiro da ISL. Foi ele, aliás, quem conduziu a transição da federação internacional para o novo presidente. Para que apoiasse reformas na entidade, lhe foi prometido um gordo pagamento de comissão sobre seu salário. Na eleição, garantiu que seus aliados ficassem a favor do xeque.

Em 26 de fevereiro, no dia da eleição, discursos dos candidatos deixavam mais claro que as negociações na Fifa continuavam a passar pela quantidade de dinheiro destinada a cada um. Durante sua fala, Infantino prometeu um aumento de 1 milhão de dólares nos pagamentos anuais feitos a essas entidades. Foi o momento mais aplaudido de seu discurso. Era uma repetição do que ocorria com Blatter, que só acordava os delegados quando lhes falava sobre qual valor seria destinado a cada uma das associações. Antes do ítalo-suíço, o sul-africano Sewale fez uma lembrança a Blatter e Havelange, classificando-os como amigos. Outro momento de aplausos gerais, revelando que tudo que acontecera na Fifa não fora suficiente para derrubar os velhos ídolos dos cartolas.

Ao final, Infantino foi eleito presidente no segundo turno, com 115 votos contra 88 do xeque Salman. O apoio do príncipe Ali, desafeto do xeque e um candidato com discurso reformista, foi essencial para sua vitória. Houve alívio por parte de manifestantes em favor dos direitos humanos que protestavam fora da sede da Fifa em Zurique, a quase zero grau. Ao assumir, Infantino discursou: "A Fifa passou por tempos tristes, mas esses tempos acabaram. Nós precisamos implantar as reformas, a boa governança e transparência. Nós também precisamos de respeito. Nós vamos ganhar esse respeito de volta com trabalho duro, compromisso, e garantimos que vamos manter o foco neste jogo maravilhoso que é o futebol".

Seu discurso ocorria 25 anos após o ex-presidente da Conmebol, Nicolás Leoz, fazer o primeiro pedido de suborno a José Hawilla por um contrato da Copa América. Durante esse período, como já faziam antes, os cartolas da América do Sul, da América do Norte, da África, da Ásia e da Europa usaram o "jogo maravilhoso" como cortina de fumaça para obter ganhos milionários com o crescimento econômico do futebol. Por 25 anos, eles roubaram a bola de quem gostava do futebol. Não há nenhuma certeza de que ela vai ser devolvida.

CONHEÇA OUTROS TÍTULOS DE JORNALISMO INVESTIGATIVO DA PANDA BOOKS

Jogo sujo
Andrew Jennings
16 X 23 cm | 352 pp.
ISBN 978-85-7888-114-6

Tendo testemunhado, em Washington, a investigação sobre o escândalo de corrupção olímpica em 1998, o autor decidiu não parar por aí. A pedido de Colin Gibson, editor do *Daily Mail*, Jennings reuniu anos de pesquisa sobre os cartolas do futebol. O que descobriu deixou ele próprio estarrecido: na Fifa, acontecem negócios abomináveis.

Um jogo cada vez mais sujo
Andrew Jennings
16 X 23 cm | 240 pp.
ISBN 978-85-7888-354-6

Corrupção na escolha das sedes, vendas dos direitos de transmissão sob suspeita e por que você não conseguiu comprar ingressos para a Copa. Andrew Jennings revela o padrão Fifa de fazer negócios e manter tudo em silêncio.

La Doce
Gustavo Grabia
16 X 23 cm | 208 pp.
ISBN 978-85-7888-204-4

A La Doce, torcida do Boca Juniors, é a *hinchada* mais temida do mundo. Brigas com torcedores rivais parecem ser a parte mínima de seu currículo. Grabia pesquisou a fundo a história da La Doce e revela seus laços políticos, a extorsão de homens públicos, empresários e jogadores, atuando como uma organização semelhante à máfia.

O jogador secreto
Anônimo
16 X 23 cm | 224 pp.
ISBN 978-85-7888-496-3

O Jogador Secreto faz revelações estarrecedoras: as intrigas, as puxadas de tapete, as negociatas, as festinhas sexuais, as conversas de vestiários. Descobrir sua identidade virou uma questão de honra para os jogadores profissionais do mundo inteiro.

Sportonomics
Gavin Newsham
16 X 23 cm | 232 pp.
ISBN 978-85-7888-405-5

Ao trazer estatísticas e curiosidades bizarras do universo esportivo, o jornalista britânico põe em xeque questões raramente discutidas no meio. Por tratar de assuntos intrigantes, o livro fascina não apenas o público especializado, mas o leitor curioso em geral.